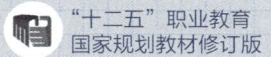"十二五"职业教育
国家规划教材修订版

国家职业教育汽车检测与维修专业
教学资源库配套教材

U0771834

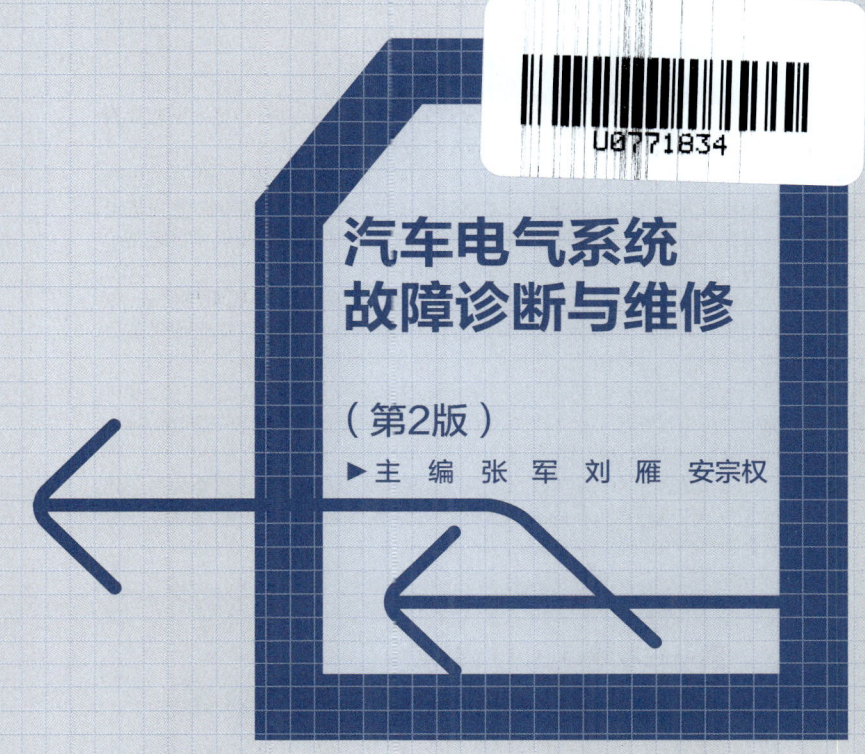

汽车电气系统
故障诊断与维修

（第2版）

▶主编 张军 刘雁 安宗权

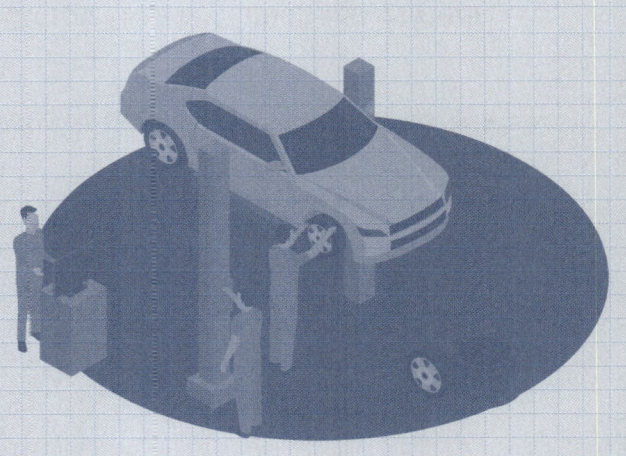

高等教育出版社·北京

内容提要

本书是"十二五"职业教育国家规划教材修订版,同时也是国家职业教育汽车检测与维修专业教学资源库配套教材。

现代汽车越来越向着舒适、安全、环保、节能的方向发展,先进的电气系统已成为汽车的标准配置。本书采取项目化教学,任务驱动,将先进电气系统的结构、工作原理、检测与维修方法按照学生的认知规律贯穿整个项目的实施中,达到提高学生技能水平的目的。

本书主要内容包括汽车总线、电气电源、起动、点火、照明与信号、仪表与警报、刮水、电动座椅等系统的检测与维修,每个项目均包括任务目标、任务描述、学习单元、任务实施、任务工单和习题等内容。

本书重点/难点的知识点/技能点配有微课等丰富的数字化资源,视频类资源可通过扫描书中二维码在线观看,学习者也可登录智慧职教(www.icve.com.cn)搜索课程"汽车电气系统故障诊断与维修"进行在线学习。

本书适合作为高职院校汽车类专业相关课程的教材,也可作为汽车售后服务站专业技术人员的培训教材。授课教师如需本书的教学课件或有其他需求,可发送邮件至 gzjx@ pub.hep.cn 索取。

图书在版编目(CIP)数据

汽车电气系统故障诊断与维修/张军,刘雁,安宗权主编.--2 版.--北京:高等教育出版社,2022.6

ISBN 978-7-04-056233-0

Ⅰ.①汽… Ⅱ.①张… ②刘… ③安… Ⅲ.①汽车-电气设备-故障诊断-高等职业教育-教材 ②汽车-电气设备-车辆修理-高等职业教育-教材 Ⅳ.①U472.41

中国版本图书馆 CIP 数据核字(2021)第 112574 号

QICHE DIANQI XITONG GUZHANG ZHENDUAN YU WEIXIU

策划编辑	姚 远	责任编辑	姚 远	封面设计	贺雅馨	版式设计	杜微言
插图绘制	于 博	责任校对	王 雨	责任印制	赵 振		

出版发行	高等教育出版社	网　　址	http://www.hep.edu.cn
社　　址	北京市西城区德外大街 4 号		http://www.hep.com.cn
邮政编码	100120	网上订购	http://www.hepmall.com.cn
印　　刷	天津市银博印刷集团有限公司		http://www.hepmall.com
开　　本	787mm ×1092mm　1/16		http://www.hepmall.cn
印　　张	14.75	版　　次	2015 年 1 月第 1 版
字　　数	300 千字		2022 年 6 月第 2 版
购书热线	010 - 58581118	印　　次	2022 年 6 月第 1 次印刷
咨询电话	400 - 810 - 0598	定　　价	46.80 元

本书如有缺页、倒页、脱页等质量问题,请到所购图书销售部门联系调换

版权所有　侵权必究

物 料 号　56233-00

"智慧职教" 服务指南

"智慧职教"是由高等教育出版社建设和运营的职业教育数字教学资源共建共享平台和在线课程教学服务平台,包括职业教育数字化学习中心平台(www.icve.com.cn)、职教云平台(zjy2.icve.com.cn)和云课堂智慧职教 App。用户在以下任一平台注册账号,均可登录并使用各个平台。

- **职业教育数字化学习中心平台(www.icve.com.cn):为学习者提供本教材配套课程及资源的浏览服务。**

登录中心平台,在首页搜索框中搜索"汽车电气系统故障诊断与维修",找到对应作者主持的课程,加入课程参加学习,即可浏览课程资源。

- **职教云平台(zjy2.icve.com.cn):帮助任课教师对本教材配套课程进行引用、修改,再发布为个性化课程(SPOC)。**

1. 登录职教云平台,在首页单击"申请教材配套课程服务"按钮,在弹出的申请页面填写相关真实信息,申请开通教材配套课程的调用权限。

2. 开通权限后,单击"新增课程"按钮,根据提示设置要构建的个性化课程的基本信息。

3. 进入个性化课程编辑页面,在"课程设计"中"导入"教材配套课程,并根据教学需要进行修改,再发布为个性化课程。

- **云课堂智慧职教 App:帮助任课教师和学兰基于新构建的个性化课程开展线上线下混合式、智能化教与学。**

1. 在安卓或苹果应用市场,搜索"云课堂智慧职教"App,下载安装。

2. 登录 App,任课教师指导学生加入个性化课程,并利用 App 提供的各类功能,开展课前、课中、课后的教学互动,构建智慧课堂。

"智慧职教"使用帮助及常见问题解答请访问 help.icve.com.cn。

配套资源索引

序

　　为贯彻落实《教育部财政部关于实施国家示范性高等职业院校建设计划加快高等职业教育改革与发展的意见》(教高〔2006〕14号)和《关于全面提高高等职业教育教学质量的若干意见》(教高〔2006〕16号)文件精神,深化高职教育教学改革,加强专业与课程建设,推动优质教学资源共建共享,提高人才培养质量,教育部启动高等职业教育专业教学资源库建设项目,旨在运用信息技术手段,采取校企合作模式,整合社会资源,采用整体顶层设计、先进技术支撑、开放式管理、网络运行的方式建设专业教学资源库,带动全国高职院校专业教学模式和教学方法改革,整体提升高等职业教育人才培养质量和社会服务能力。

　　2007年11月,在国家示范性高等职业院校建设工作委员会的指导下成立课程开发与教学资源建设协作组,开始开展汽车检测与维修专业教学资源库的建设研究工作。2010年6月,汽车检测与维修专业教学资源库被教育部正式确定为首批高等职业教育专业教学资源库立项建设项目,由邢台职业技术学院牵头,联合柳州职业技术学院、芜湖职业技术学院、湖南交通职业技术学院、长春汽车工业高等专科学校、辽宁省交通高等专科学校、无锡职业技术学院、深圳职业技术学院、贵州交通职业技术学院、云南交通职业技术学院、长春职业技术学院、天津交通职业学院、黄冈职业技术学院、大连职业技术学院、湖北职业技术学院、金华职业技术学院、重庆工业职业技术学院、成都航空职业技术学院、昌吉职业技术学院、日照职业技术学院等19所高职示范校,以及中国汽车工程学会、一汽大众公司、柳州五菱汽车工业有限公司、芜湖市运安机动车检测有限公司、长沙申湘丰田汽车销售有限公司、河北华安投资有限责任公司、辽宁和兴大众汽车销售服务有限公司、深圳市深业实业(集团)有限公司、一汽无锡柴油机厂、贵州汽车修理公司、云南交通职业技术学院汽车服务中心、吉林省华阳集团长春宝兴行、天津市优耐特汽车电控技术服务有限公司、黄石市德众汽车销售服务有限公司、大连上通汽车(集团)、孝感国富汽车销售服务有限公司、众泰控股集团有限公司、成都畅易信息服务有限公司、四川申蓉汽车股份有限公司、邢台蓝池汽车集团有限公司、韩国现代集团等行业协会和企业,共建汽车检测与维修专业教学资源库。项目按照"跟踪先进、用户为本、校企合作、共建共享"的建设思路,系统完成了"三级六层"(专业级、课程级、素材级三级教学资源,专业标准、课程标准、学习情境、学习单元、八要素学习包、素材资源六层建设内容)平台研制;系统开发了在全国范围内具有普适性和先进性的专业人才培养方案及课程体系,校企合作开发了12门核心课程,研制了覆盖"亚、欧、美"三大车系的视频、图片、动画等多种媒体的优质教学资源。本项目已于2013年1月通过教育部财政部验收(教职成司函〔2013〕17号)。

　　为了实现汽车检测与维修专业教学资源库建设成果的转化和推广,切实扩大优质教学资源的辐射效应,更好地服务全国高职汽车检测与维修专业教育教学,并为相关产业领域在岗人员提高和更新技能、满足社会人员多样化学习需要提供有效服务,在高等教育出版社的大力支持和配合下,我们策划成套出版高职汽车检测与维修专业系列教材。本套教材具有如下特点。

1. 以资源库建设项目的整体框架和技术路线作为本套教材顶层设计的依据,以扎实的专业人才需求调研为基础,以广泛论证的人才培养方案为准绳,综合考虑职业能力发展规律、高职教育规律、院校教学实践等现实需求,规划系列教材。

2. 围绕培养学生的综合职业能力这条主线设计教材的结构,将源于企业的真实项目作为课程教学内容的主要载体,理论联系实际,从应用的角度组织内容,突出实用性,并同时注意将新技术等内容纳入教材。

3. 将"问题引导式""案例式""任务驱动式""项目驱动式"等多种教学方法引入本套教材体例的设计中,融入启发式教学方法,务求好教好学爱学。遵循高职院校学生的认知规律和学习特点,对于基本理论和方法的讲述力求简单易于理解,多用图表来表达信息。

4. 充分利用教学资源库项目中丰富的数字化教学资源,注重立体化教材的建设。学习者可登录高等职业教育教学资源中心网站,浏览课程标准、教学设计、八要素学习包等课程教学辅助资源,通过主教材、教学辅助资源的有机结合,切实提高学习效果。

希望本套教材的出版能为全国高职汽车检测与维修专业提供一套完整的、教学理念和专业技术先进的、可学习借鉴的课程教学解决方案和资源,从而有效推动汽车专业教育教学改革,提高人才培养质量,进而整体提升汽车专业服务经济社会发展的能力。

国家职业教育汽车检测与维修专业教学资源库项目组
2019 年 6 月

第2版前言

现代汽车机械技术与电子技术高度一体化,随着汽车维修技术的不断更新,为了适应汽车市场变化的要求,汽车维修企业组织不断的进行调整,这些都对汽车维修技术人员提出了更高的要求。先理论后实践的传统教学模式,验证性教学内容实训,已不能适应学生技能培养的要求,需要培养学生在实际工作中为完成工作任务,以问题为导向不断提出问题、发现问题、分析问题、解决问题的能力,将知识技能融于工作过程口,并将素质培养贯穿于整个工作过程。以服务发展为宗旨,把"以服务客户为中心"作为主线的培养越来越受到学生们的欢迎、企业的认可,并得到职业院校的高度重视。

本书适合高职院校汽车制造与试验技术、汽车检测与维修技术、汽车电子技术等专业学生学习使用,并可供汽车售后服务维修技术人员参考使用。

本书编写的主要目的是让学生系统掌握汽车电气电子系统故障诊断与维修的方法以及在故障诊断过程中仪器的使用、资料的查询等技能。

本书遵循学生认知规律,从体系结构、内容与方法、工作任务等多个方面进行了精心设计,体现了高等职业教育的特色,主要特点有以下几个方面:

1. 本书将课程思政融入课堂,培养学生的家国情怀、创新精神、诚实守信、爱岗敬业、团结互助、感恩意识、坚守意识。将工匠精神、品德修养、文化传承、品牌力量等课程思政元素贯穿整个课程实施过程,融入红旗品牌技术,弘扬民族品牌,增强文化自信,服务学生的全面发展。

2. 本书以能力、素质培养为目标,培养学生的安全意识、环保意识。以任务驱动,工单引领,以学生为中心,理实一体将新知识、新技术融入课程。

3. 本书按照能级递进的人才培养规律,由初级到高级,由易到难,并且融合"1+X"证书标准,把理论知识和实践内容有机融合、互化共生、递进发展,设计了8个项目,共计10个任务。各任务均有明确的能力等级,注重学生"做中学",从"做"中发现问题、分析问题、解决问题,突出学生能力发展。

4. 本书从职业岗位需求出发,以企业典型工作任务为依据,融入企业、行业标准,校、企专家共同研讨,以企业实际工作案例设计了本书的工作任务,以工作流程为主线,构建了"学习目标→项目导入→任务实施"三阶递进的项目化内容体系。

5. 作为"十二五"职业教育国家规划教材修订版、国家职业教育汽车检测与维修专业教学资源库和国家精品资源共享课的配套教材,本书每个项目包含丰富的资源,包括:教学设计、教学课件、教学录像、演示录像、任务工单、维修手册、测试习题、动画等,学习者可通过扫描教材二维码观看或进入智慧职教(http://www.icve.com.cn),进行线上线下学习,从而培养综合技能。

教师在使用本书时,一定要指导学生完成任务实施过程中"任务工单"的填写,完成任务工单的内容即完成了项目工作任务。

本书的参考学时为 64 学时,各项目的参考学时见下表。

项目	内容	学时分配
一	汽车总线系统的认知	14
二	汽车整车电气系统的认知	8
三	汽车蓄电池的检测与使用	4
四	汽车交流发电机检修	8
五	汽车起动系统检修	10
六	汽车照明与信号系统检修	8
七	汽车仪表与警报系统检修	6
八	汽车车窗清洁装置检修	6
学时总计		64

本书由长春汽车工业高等专科学校张军、贵阳职业技术学院刘雁、芜湖职业技术学院安宗权担任主编,副主编有杨金玉、孙乐春、郭其涛、汪月英,参编人员为李雪松、刘欣欣、冷帅、李楠、王卫军。其中,项目一、项目三由张军负责修订,项目二由刘雁负责修订,项目四由李雪松、杨金玉负责修订,项目五由刘欣欣、李楠负责修订,项目六由孙乐春、安宗权负责修订,项目七由汪月英、王卫军负责修订,项目八由郭其涛、冷帅负责修订。

编者

2022 年 1 月

第1版前言

一、编写意图

现代汽车越来越向着舒适、安全、环保、节能的方向发展,越来越智能化、人性化。以微机控制技术为核心的电子控制装置占整车的电子部件的比例咸来越高,空调系统、安全保护装置、导航系统、巡航系统、自动泊车辅助变道系统、防盗系统、信息娱乐系统等新技术不断应用在汽车上,构成集网络传输、控制于一身的电气系统。掌握上述新技术对于高职院校的学生来说是一项严峻的考验。编写本书的主要目的是让学生系统地掌握汽车电气系统的新技术、新知识,掌握现代汽车舒适与安全系统装备的结构及检测、维修方法。

二、适用范围

本教材适用于高职院校的汽车检测与维修技术专业、汽三电子技术专业、汽车运用专业的学生,以及汽车售后服务维修技术人员。

三、编写思路

本教材以能力培养为目标,以任务为导向,以学生为中心,理实一体,将新知识、新技术融入教材体系。

(1)在编写过程中,对本教材的体系结构进行了精心的设计,按照任务目标→任务描述→任务实施这一思路进行编排,按照学生的认知规律,由简单到复杂来安排项目的实施,每一个学习情境都有相对的独立性,情境涉及的知识比较先进,针对性强,基本上涵盖了德系、日系和美系车型的新技术。语言言简意赅、重点突出;在实例选取方面,实用性强、针对性强。

(2)本教材除了主体教材之外,还配有国家职业教育专业教学资源库数字课程,包括:教学设计、教学课件、教学录像、演示录像、任务工单、维修手册、测试习题,供教师、学生查阅使用,实现教学资源与教学内容的有效对接,融"教、学、做"为一体。

四、教材内容

本教材的参考学时为70学时,其中实践环节为32学时。各学习情境的参考学时,见下表。

学习情境	内容	学时分配	
		讲授	实训
1	汽车总线系统的认知	8	6
2	汽车整车电气系统的认知	4	4
3	汽车蓄电池的检测与使用	2	2

续表

学习情境	内容	学时分配	
		讲授	实训
4	汽车交流发电机检修	4	4
5	汽车起动系统检修	4	4
6	汽车点火系统检修	2	2
7	汽车照明与信号系统检修	4	4
8	汽车仪表与警报系统检修	4	2
9	汽车车窗清洁装置检修	4	2
10	汽车电动座椅的检修	2	2
课时总计		38	32

五、编写团队

本书由张军、安宗权担任主编,参与本书编写的人员还有丛彦波、杨金玉、孙乐春、郭其涛等。由于编者水平有限,书中难免存在不足之处,敬请广大读者批评指正。

编者

2014 年 5 月

目　录

项目一 汽车总线系统的认知

任务目标

1. 知识目标

（1）掌握汽车总线系统的工作原理。

（2）掌握汽车总线系统的检测方法。

2. 技能目标

能够使用 VAS6150 或 VAS6356 对汽车总线系统进行检测。

3. 素养目标

（1）能够与团队成员沟通、交流、协作完成任务。

（2）能够总结汇报任务成果。

（3）能够细心、耐心完成任务操作，培养工匠精神。

任务描述

一辆 2015 年生产的宝来轿车，行驶里程 50 000 km，用户反映左后电动车窗不能升降，经维修人员诊断确认，故障是由舒适总线系统故障引起的，随后用户要求维修人员予以解释。

总线系统常见故障有 CAN_H、CAN_L 线搭铁；CAN_H、CAN_L 线断路；CAN_H、CAN_L 线和电源正极相连。这些故障是由舒适系统总线断路引起的。完成任务前必须掌握总线系统的构成及总线系统的故障诊断方法。

学习单元 1.1　总线系统信息传输方式及总体构成

1.1.1　总线系统信息传输方式

总线系统的信息一般采用多路传输。多路传输也叫时分复用技术（Time-Division Multiplexing，TDM），是将不同的信号相互交织在不同的时间段内，沿着同一个信道传输，在接收端再用某种方法将各个时间段内的信号提取出来还原成原始信号的通信技术。多路传输原理如图 1-1 所示。

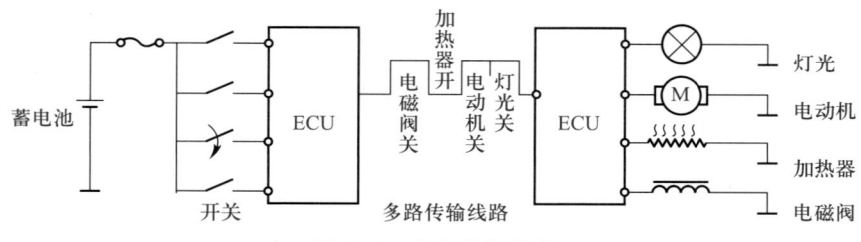

图 1-1　多路传输原理

1.1.2　总线系统构成

总线系统主要由控制单元、数据总线、网络、通信协议和网关等组成。

1. 控制器

控制器（ECU）是用于探测信号或进行信号处理的电子装置。

2. 数据总线

数据总线（BUS）是控制单元之间进行数据传递的通道，即所谓的信息"高速公路"。如果一个控制单元可以通过数据总线发送数据，又可以从数据总线接收数据，则这样的数据总线就称为双向数据总线。汽车上的数据总线实际是一条导线或两条导线。

3. 网络

局域网是指在一个有限区域内连接的计算机网络，通过这个网络实现系统内的信息资源共享，汽车上的总线传输系统（车载网络）是一种局域网。

图 1-2 所示是迈腾轿车的数据总线和连接到总线上的数据模块，几条数据总线又连接到局域网上，构成了整个车载网络。

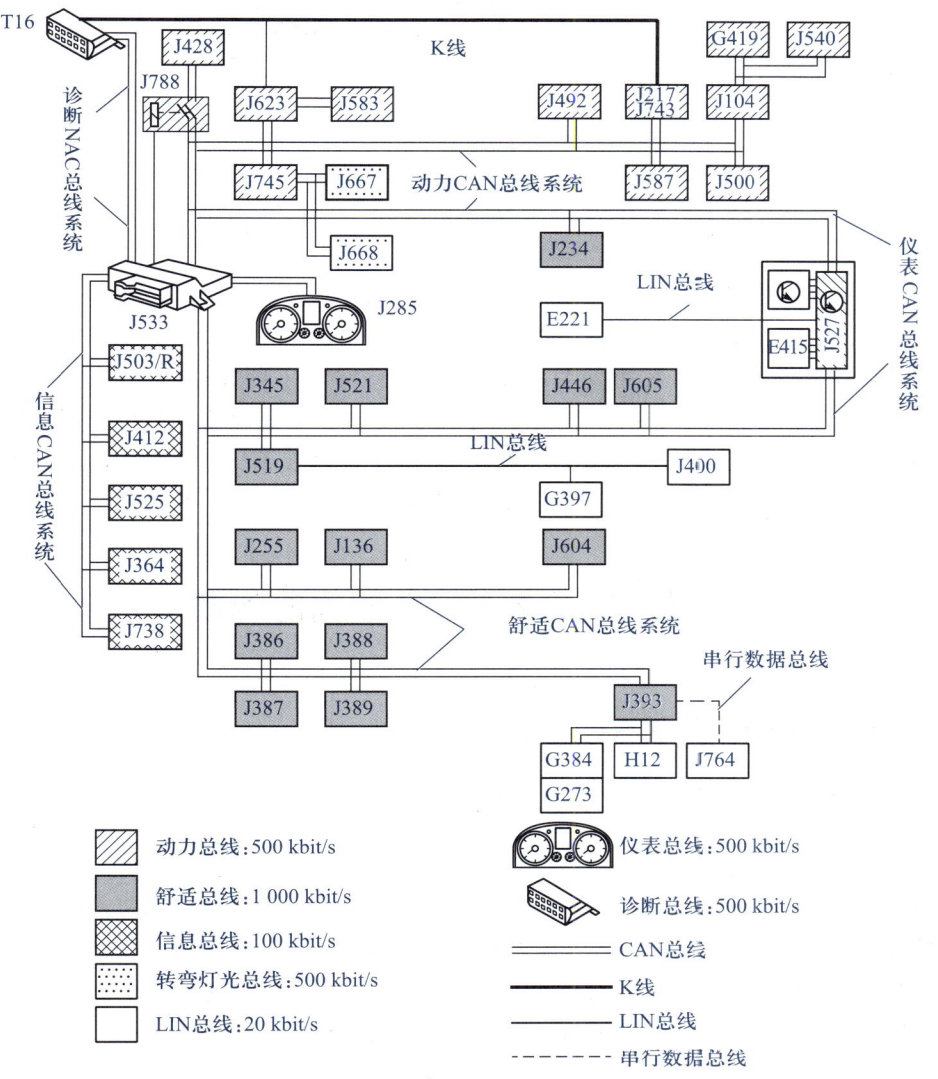

图 1-2　迈腾轿车车载网络系统

4. 通信协议

通信协议犹如交通规则，其包括"交通标志"的制订方法。通信协议本身取决于车辆要传输多少数据，要用多少模块，数据总线的传输速度要多快。大多数通信协议（以及使用它们的数据总线和网络）都是专用的，因此，维修诊断时需要使用专门的软件。

5. 网关（Gateway）

按照汽车装配的不同控制单元对总线系统性能要求的不同，汽车上的总线系统各有不同。图1-3所示为一汽-大众迈腾轿车CAN总线系统，共设定了动力系统（驱动系统）总线、舒适系统总线、信息系统总线、仪表系统总线和诊断系统总线5个不同的区域。

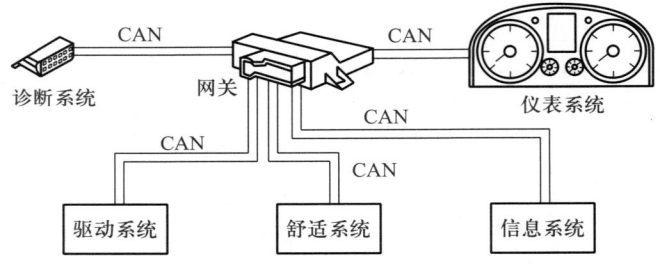

图1-3 一汽-大众迈腾轿车CAN总线系统

由于不同区域车载网络的速率和识别代号不同，因此，一个信号要从一个总线区域进入另一个总线区域，必须对它的识别代号和速率进行改变，从而能够让另一个数据总线系统接收，这个任务由网关来完成。另外，网关还具有改变信息优先级的功能，如车辆发生碰撞事故，安全气囊控制单元会发出负加速度传感器的信号，这个信号的优先级在动力系统总线中是非常高的，但这个信号转到舒适系统车载网络后，网关调低了它的优先级，因为它在舒适系统中的功能只是开关车门和灯具。

学习单元 1.2 CAN 总线的构成

1.2.1 CAN 总线组成及功能

CAN总线包括控制单元（ECU）、控制器（Controller）、收发器（Transceiver）等，如图1-4所示。

1. 控制单元

控制单元接收来自传感器的信号，将其处理后再去控制执行器，同时根据需要将传感器的信息通过CAN数据总线发送给其他控制单元。

2. 收发器

收发器由1个发送器（Transmitter）和1个接收器（Receiver）组成，其作用是将控

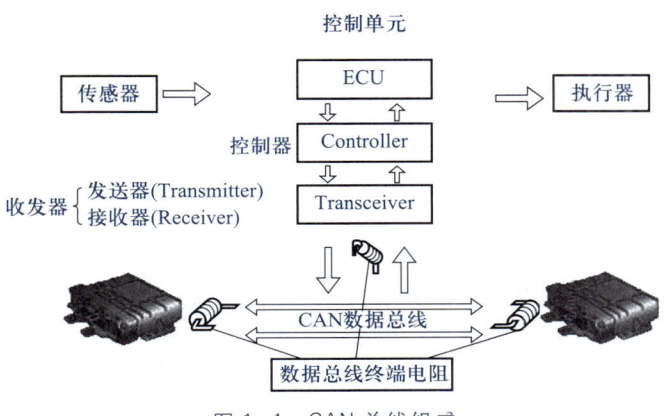

图 1-4　CAN 总线组成

制器提供的数据转换成 CAN 总线网络信号发送出去,同时,它也接收总线数据,并将数据传送到控制器。

（1）发送器

发送器将控制单元计算和处理的信息发送到总线上。

（2）接收器

接收器将从 CAN 总线上接收的电信号转化成数字信号传送到控制器,由控制器进行控制运算。

1.2.2　数据传输形式和数据传输原理

1. 数据传输形式

目前,在汽车上应用的总线数据传输可以采用单线形式,也可以采用双线形式。原则上数据传输总线用一条导线就足以满足功能要求了,使用第二条导线传输信号只不过是为了与第一条导线上的传输信号形成镜像关系,这样可有效地抑制外部干扰。控制单元之间的所有信息都是通过两根数据线 CAN_L 线和 CAN_H 线来传输的,例如,发动机和自动变速器控制单元之间的数据传输如图 1-5 所示。控制单元间进行大量的信息交换,CAN 数据总线完全可以胜任。如果需要增加额外信息,只需修改软件即可。

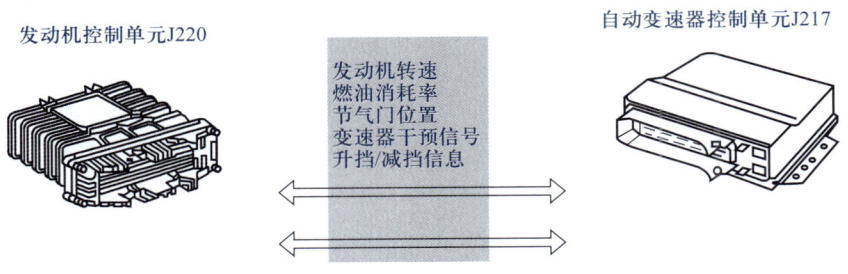

图 1-5　发动机和自动变速器控制单元之间的数据传输

2. 数据传输原理

CAN 总线中的数据传输就像进行一个"电话会议",如图 1-6 所示。一个电话用户(控制单元)将数据"讲入"网络中,其他用户通过网络"接听"这个数据,对这个数据感兴趣的用户就会使用数据,而其他用户则选择忽略。

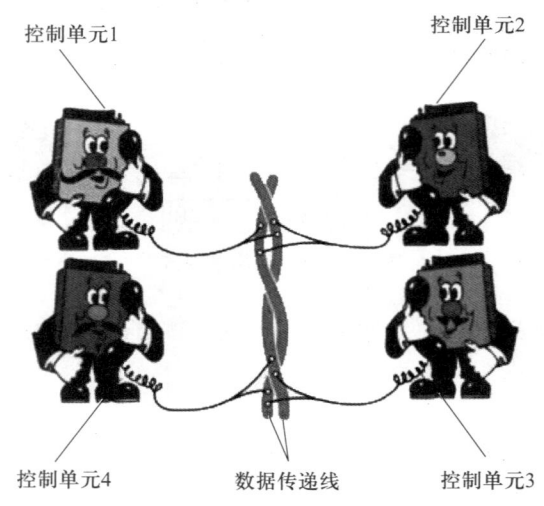

图 1-6 CAN 总线中的数据传输

3. CAN 总线传递数据的格式

CAN 总线传递的数据由多位构成。数据位数的多少由数据域的大小决定。CAN 总线在极短的时间里在各控制单元间传递的数据如图 1-7 所示,可将其分为开始域、状态域、检查域、数据域、安全域、确认域和结束域 7 个部分,该数据构成形式在两条数据传输线上是相同的。

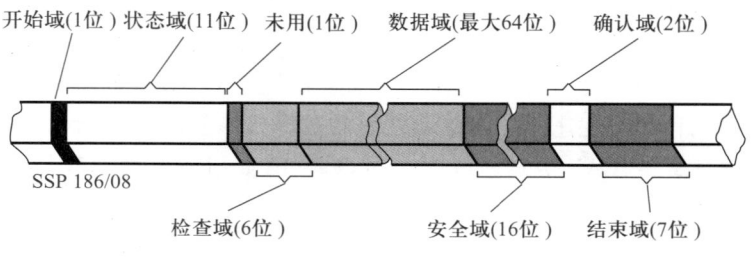

图 1-7 CAN 总线传递数据的构成

1)开始域。开始域标志着数据列的开始,由 1 位构成。带有大约 5 V 电压(由系统决定)的 1 位被送入 CAN_H 线;带有大约 0 V 电压的 1 位被送入 CAN_L 线。

2)状态域。状态域判定数据的优先权,由 11 位构成。如果两个控制单元同时要发送各自的数据,那么,具有较高优先权的控制单元优先发送。

3)检查域。检查域用于显示在数据域中所包含的信息项目数,由 6 位构成。此部分允许任何接收器检查是否已经接收到所传递过来的所有信息。

4）数据域。数据域包含传给其他控制单元的信息,最大由 64 位构成。

5）安全域。安全域检测传递数据中的错误,由 16 位构成。

6）确认域。确认域由 2 位构成。通过此部分,接收器信号传送给发送器,确认接收器已经接收到传输数据。若检查到错误,接收器立即通知发送器,发送器再重新发送一次数据。

7）结束域。结束域由 7 位构成,标志数据列的结束。此部分是显示错误并重复发送数据的最后一次机会。

4. CAN 总线的数据传递过程

CAN 总线并没有指定的数据接收者,数据在 CAN 总线传输过程中,可以被所有控制单元接收和计算。CAN 总线的数据传递过程如图 1-8 所示。

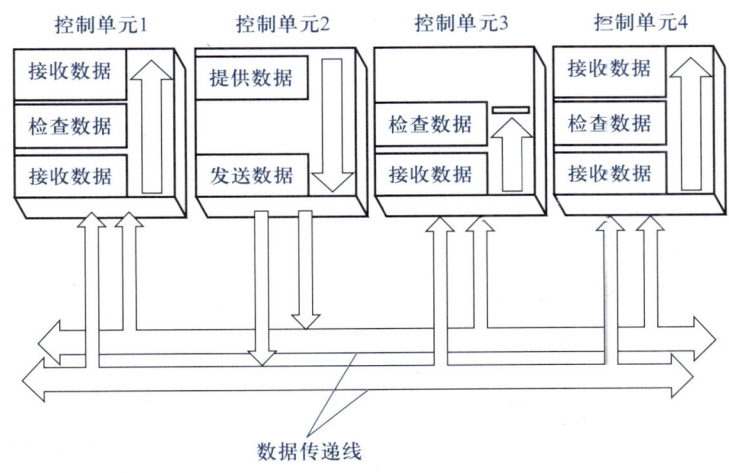

图 1-8　CAN 总线的数据传递过程

1）提供数据:控制单元的微处理器向控制器提供需要发送的数据。

2）发送数据:收发器接收由控制器传来的数据,转为 CAN 网络电信号并发送到 CAN 总线上。

3）接收数据:所有与 CAN 总线一起构成网络的控制单元转为接收器,从 CAN 总线上接收数据。

5. CAN 总线的传输仲裁

如果多个控制单元要同时发送各自的数据列,那么数据总线上就必然会发生数据冲突。为了避免发生这种情况,CAN 总线就必须决定哪个控制单元的数据列首先发送。总线传输仲裁的原则是:具有最高优先权的数据首先发送。

例如,由 ABS/EDL 控制单元提供的数据比自动变速器控制单元提供的数据更重要,因此具有优先权,如图 1-9 所示。数据列的状态域是 11 位编码,其数据的组合形式决定了数据的优先权。3 个控制单元同时发送数据列时,会在 CAN 总线数据传输线上进行一位一位的比较,如果 1 个控制单元正在发送 1 个低电位而检测到 1 个高电位,那么该控制单元就停止发送数据列而转为接收器。

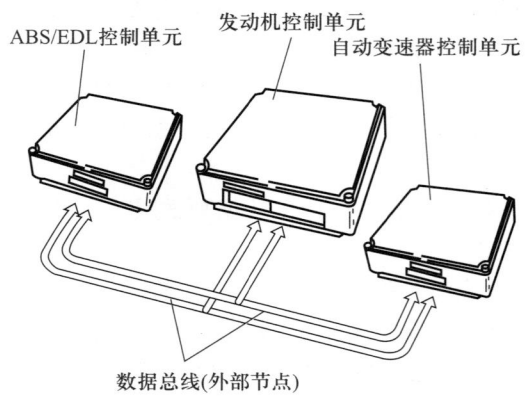

图 1-9   CAN 总线优先权判定举例

表 1-1 所示是 3 组不同数据列的优先权。以图 1-10 所示为例，在数据列的状态域位 1，ABS/EDL 控制单元发送了 1 个高电位，发动机控制单元也发送了 1 个高电位，自动变速器控制单元发送了 1 个低电位同时检测到 1 个高电位，那么自动变速器控制单元将失去优先权而转为接收器。在数据列的状态域位 2，ABS/EDL 控制单元发送了 1 个高电位，发动机控制单元发送了 1 个低电位同时检测到 1 个高电位，那么，发动机控制单元也失去优先权而转为接收器。在数据列的状态域位 3，ABS/EDL 控

表 1-1   不同数据列的优先权

优先权	数据报告	状态域形式
1	制动 1（Brake1）	001 1010 0000
2	发动机 1（Engine1）	010 1000 0000
3	变速器 1（Gearbox1）	100 0100 0000

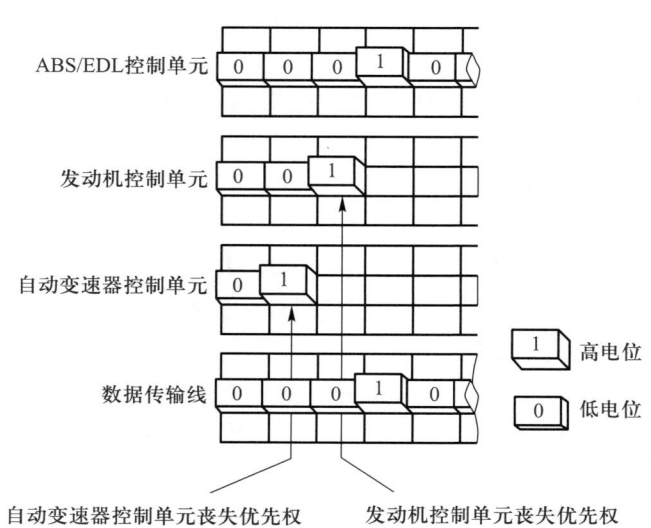

图 1-10   数据列优先权的判定

制单元拥有最高优先权并接收分配的数据,该优先权保证其持续发送数据直至发送终了,ABS/EDL 控制单元结束发送数据后,其他控制单元再发送各自的数据。

学习单元 1.3 大众车系 CAN 总线

随着汽车舒适系统、安全系统的不断升级,控制单元数量不断增加,同时车上的传感器、执行器不断增加,信息交换越来越密集,车辆的控制越来越复杂,传统点对点的连接方式使线束变得越来越庞大,汽车的设计及发展陷入困境。而德国博世公司开发的 CAN 总线系统解决了上述矛盾,它在增加控制单元的同时减少了线束的数量,使控制过程更加简化。

1.3.1 大众车系 CAN 总线类型

以迈腾轿车为例,该车的 CAN 总线系统被设定为 5 个不同的区域,分别为动力系统、舒适系统、信息系统、仪表系统、诊断系统 5 个子局域网,如图 1-11 所示。5 个子局域网的传输速率见表 1-2。在 CAN 总线系统下还存在 LIN 总线系统,其传输速率为 20 kbit/s,整个 CAN 总线系统最大可承载的传输速率为 1 000 kbit/s。

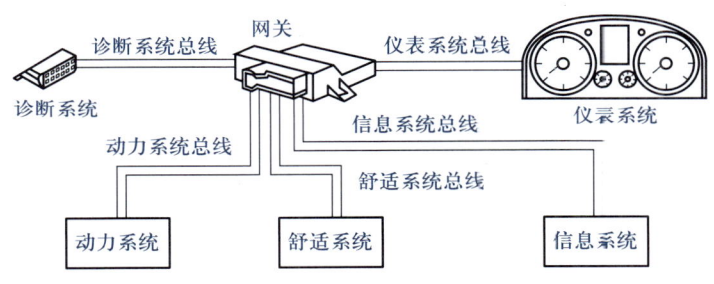

图 1-11 CAN 总线系统的子局域网

表 1-2 CAN 总线系统子局域网的传输速率

序号	局域网总线	电源供电线	传输速率/(kbit/s)
1	动力系统总线	15 号	500
2	舒适系统总线	30 号	100
3	信息系统总线	30 号	100
4	诊断系统总线	30 号	500
5	仪表系统总线	15 号	500

1.3.2 动力系统总线

动力系统总线主要由发动机控制单元、ABS 控制单元、ESP 控制单元、自动变速器控制单元、安全气囊控制单元、组合仪表控制单元等组成。

1. 动力系统总线信号波形

为了提高数据传递的可靠性,动力系统总线的两条导线(双绞线)分别用于不同的数据传送,这两条导线分别称为 CAN_H 线和 CAN_L 线。在显性状态和隐性状态之间进行转换时,CAN 导线上的电压会发生变化。

在隐性状态下,这两条导线上作用着相同的预先设定值,该值称为静电平。对于动力系统总线来说,这个值大约为 2.5 V。静电平也称为隐性状态,因为连接的所有控制单元均可修改它。

在显性状态下,CAN_H 线上的电压值会升高一个预定值(对动力系统总线来说,这个值至少为 1 V)。CAN_L 线上的电压值会降低一个同样值(对动力系统总线来说,这个值至少为 1 V)。于是,在动力系统总线上 CAN_H 线就处于激活状态,其电压值不低于 3.5 V(2.5 V+1 V=3.5 V),而 CAN_L 线上的电压值不高于 1.5 V(2.5 V-1 V=1.5 V)。

因此,在隐性状态下,CAN_H 线与 CAN_L 线上的电压差为 0 V;在显性状态下,该差值最低为 2 V。动力系统总线网络由 15 号供电线激活,传输速率为 500 kbit/s,是所有 CAN 总线中最高的,它采用终端电阻结构,其中心电阻的阻值为 66 Ω。动力系统总线上的信号变化波形如图 1-12 所示。

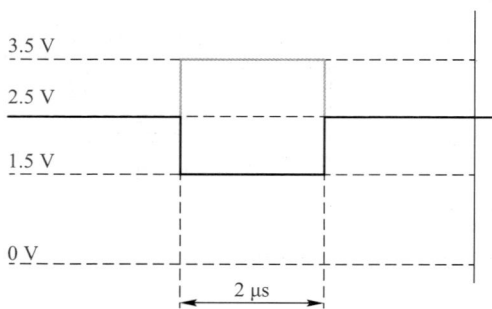

图 1-12   动力系统总线上的信号变化波形

2. 动力系统总线收发器内 CAN_H 线和 CAN_L 线上的信号转换

控制单元是通过收发器连接到动力系统总线上的,在这个收发器内有一个接收器,该接收器安装在接收一侧的差动信号放大器内,如图 1-13 所示。差动信号放大器用于处理来自 CAN_H 线和 CAN_L 线的信号,除此以外,它还负责将转换后的信号传送至控制单元的 CAN 接收区,这个转换后的信号称为差动信号放大器的输出电压。差动信号放大器用 CAN_H 线上的电压(U_{CAN_H})减去 CAN_L 线上的电压(U_{CAN_L}),计算出输出电压差,用这种方法可以消除静电平(对于动力系统总线来说是 2.5 V)或其他任意重叠的电压(例如干扰)。差动信号放大器内的信号处理如图 1-14 所示。

3. 动力系统总线差动信号放大器内的干扰过滤

由于数据总线也要布置在发动机舱内,所以数据总线就要遭受各种干扰,要考虑

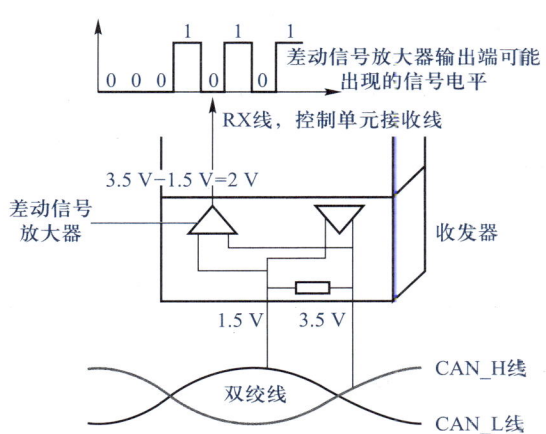

图 1-13　动力系统总线上的差动信号放大器

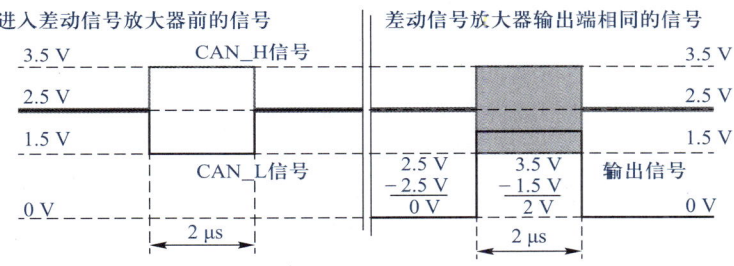

图 1-14　差动信号放大器内的信号处理

对地短路和达到蓄电池电压、点火装置的火花放电和静态放电。

　　CAN_H 信号和 CAN_L 信号经过差动信号放大器处理后,可最大限度地消除干扰的影响,即使车上的供电电压有波动(如在起动发动机时),也不会影响各个控制单元的数据传递的可靠性,如图 1-15 所示,图中可清楚地看到这种传递的效果。由于 CAN_H 线和 CAN_L 线是扭绞在一起的,所以干扰脉冲 X 总是有规律地作用在两条线上。

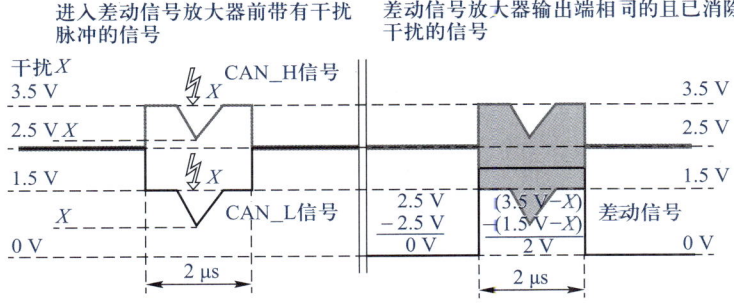

图 1-15　差动信号放大器内的干扰过滤

由于差动信号放大器总是用 CAN_H 线上的电压($3.5\,V-X$)减去 CAN_L 线上的电压($1.5\,V-X$),因此在经过差动处理后,($3.5\,V-X$)$-$($1.5\,V-X$)$=2\,V$,差动信号中就不再有干扰脉冲了。控制单元判断双线的电平及逻辑信号见表1-3。

表1-3　控制单元判断双线的电平及逻辑信号

状态	CAN_H/V	CAN_L/V	差动输出信号电压/V	逻辑信号
显性	3.5	1.5	3.5-1.5=2=2	0
隐性	2.5	2.5	2.5-2.5=0<2	1

1.3.3　舒适/信息系统总线

舒适/信息系统总线的联网控制单元包括自动空调控制单元、车门控制单元、舒适控制单元、收音机和导航显示控制单元。

控制单元通过舒适/信息系统总线的 CAN_H 线和 CAN_L 线来进行数据交换,如车门开/关、车内灯开/关、车辆位置(GPS)等。

由于使用同样的脉冲频率,所以舒适系统总线和信息系统总线可以共同使用一对导线,当然,前提条件是相应的车上有这两种数据总线。

1. 舒适/信息系统总线信号波形

为了使低速 CAN 总线抗干扰能力强且电流消耗低,舒适/信息系统总线与动力系统总线相比做了一些改动。首先,由于使用了单独的驱动器(功率放大器),这两个 CAN 信号就不再有彼此依赖的关系。与动力系统总线不同,舒适/信息系统总线的 CAN_H 线和 CAN_L 线不是通过电阻相连的,也就是说,CAN_H 线和 CAN_L 线不再彼此相互影响,而是彼此独立作为电压源来工作。对于 CAN_H 信号来说,隐性电平为 0 V,显性电平$\geqslant$4 V。对于 CAN_L 信号来说,隐性电平为 5 V,显性电平$\leqslant$1 V,如图 1-16 所示。

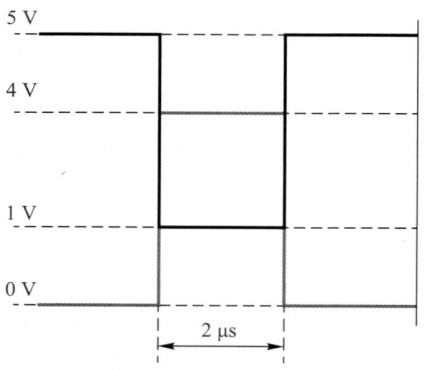

图1-16　舒适/信息系统总线的信号电压变化

于是,在差动信号放大器内相减后,隐性电平为$-5\,V$,显性电平$\geqslant$3 V,那么隐性电平和显性电平之间的电压变化(电压提升)$\geqslant$8 V。VAS5051 上的数字存储式示波器（DSO）显示的舒适/信息系统总线波形图（静态）如图 1-17 所示。

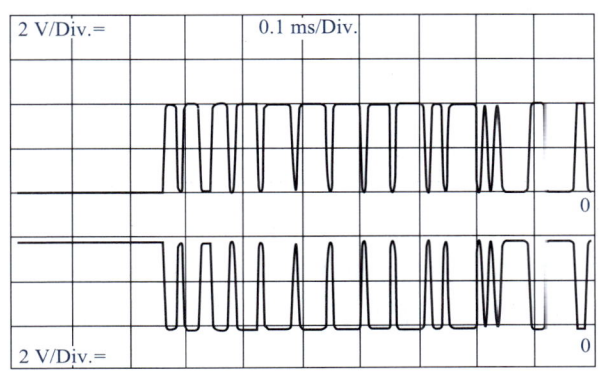

图 1-17　VAS5051 上的 DSO 显示的舒适/信息系统总线波形图（静态）

2. 舒适/信息系统总线的收发器

舒适/信息系统总线收发器的结构如图 1-18 所示，其工作原理与动力系统总线收发器基本一致，只是输出的电压电平和出现故障时切换到 CAN_H 线或 CAN_L 线（单线工作模式）的方法不同。另外，CAN_H 线和 CAN_L 线之间的短路会被识别出来，并且，在出现故障时会关闭 CAN_L 驱动器，在这种情况下，CAN_H 线和 CAN_L 线的信号相同。

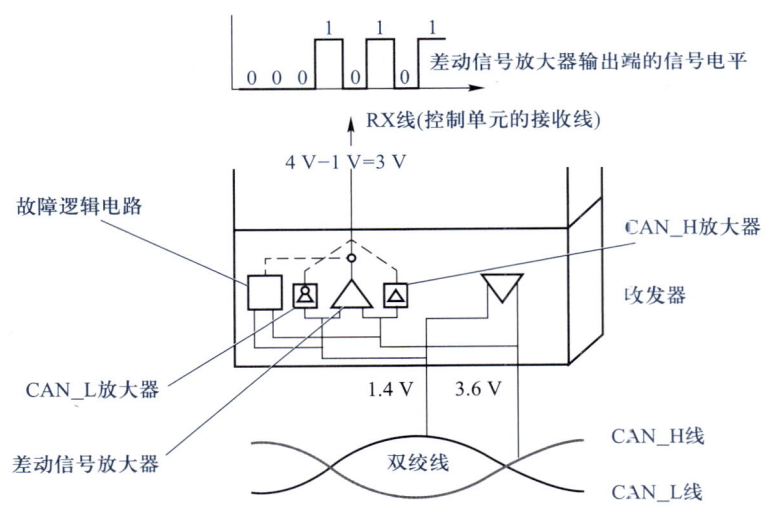

图 1-18　舒适/信息系统总线收发器的结构

CAN_H 线和 CAN_L 线上的数据传递由安装在收发器内的故障逻辑电路监控，故障逻辑电路检验两条 CAN 导线上的信号，如果出现故障（如某条 CAN 导线断路），那么故障逻辑电路会识别出该故障，从而使用完好的那一条导线（单线工作模式）。

在正常的工作模式下，使用的是 CAN_H"减去"CAN_L 所得的信号（差动数据传递），这样就可将故障对舒适/信息系统总线的两条导线的影响降至最低（与动力系统总线一致）。控制单元判断双线的电平及逻辑信号见表 1-4。

表 1-4   控制单元判断双线的电平及逻辑信号

状态	CAN_H/V	CAN_L/V	差动输出信号电压/V	逻辑信号
显性	4	1	$4-1=3>2$	0
隐性	0	5	$0-5=-5<0$	1

3. 单线工作模式下的舒适/信息系统数据总线

如果因断路、短路或达到蓄电池电压而导致两条 CAN 导线中的一条不工作了，那么就会切换到单线工作模式。在单线工作模式下，舒适/信息系统总线仍可工作。控制单元使用 CAN 总线不受单线工作模式影响，一个专用的故障输出用于通知控制单元现在收发器工作在单线模式下。VAS5051 上的 DSO 显示的舒适/信息系统总线工作在单线模式下的波形（静态）如图 1-19 所示。

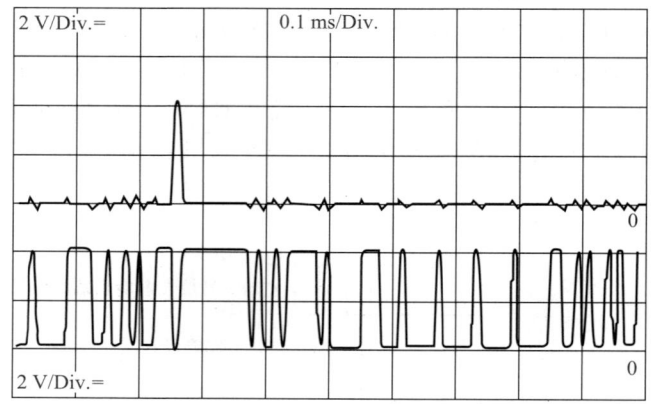

图 1-19   VAS5051 上的 DSO 显示的舒适/信息系统总线工作在单线模式下的波形（静态）

1.3.4   诊断系统总线

诊断系统总线用于进行诊断仪器和相应控制单元之间的信息交换，它与网关的连接如图 1-20 所示，被用来代替原来的 K 线或者 L 线的功能（废气处理控制器除外）。

诊断系统总线目前只能在 VAS5051 和 VAS5052 下工作，而不能适用于原来的诊断工具，如 V.A.G1552 等，诊断系统总线通过网关转接到相应的 CAN 总线上，然后再连接相应的控制器进行数据交换。

随着诊断系统总线的使用，大众车型将逐步淘汰控制器上的 K 线存储器而采用 CAN 线作为诊断仪器和控制器之间的信息连接线，称之为虚拟 K 线。

当车辆使用诊断系统总线结构后，VAS5051 等诊断仪器必须使用相对应的新型诊断线（VAS5051/5A 或 VAS5051/6A），否则无法读出相应的诊断信息。另外，车上的诊断接口也做出了相应的改动，如图 1-21 所示，诊断接口端子针脚对应的线束见表 1-5。

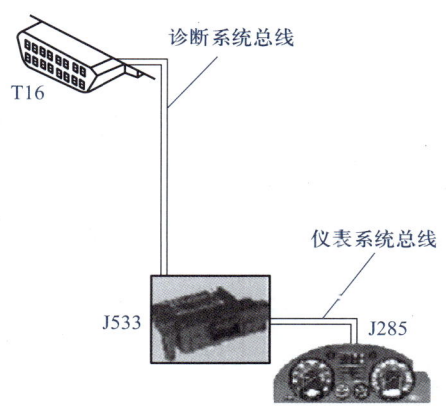

图 1-20　诊断系统总线与网关的连接

J285—仪表控制单元；J533—网关；T16—诊断接口

图 1-21　诊断接口

表 1-5　诊断接口端子针脚对应的线束

针脚号	对应的线束	针脚号	对应的线束
1	15 号线	7	K 线
4	接地	14	CAN_L 线
5	接地	15	L 线
6	CAN_H 线	16	30 号线

注：未标明的针脚号暂未使用。

学习单元 1.4　奥迪 A6 轿车总线系统

　　随着人们对车辆的操控性和舒适性要求越来越高，车辆上使用的电子部件越来越多，各个控制单元之间的数据传递就要求采用新的传送通道，但 CAN 数据总线系统不能完全满足数据传输性能的多样化要求，因此奥迪 A6 轿车采用多种新型的网络数据总线传输系统，如 LIN、MOST、Bluetooth 等新型总线传输系统。奥迪 A6 轿车车载网络拓扑如图 1-22 所示。图 1-23、图 1-24 所示为奥迪 A6 轿车车身前、后部车载网络控制单元。

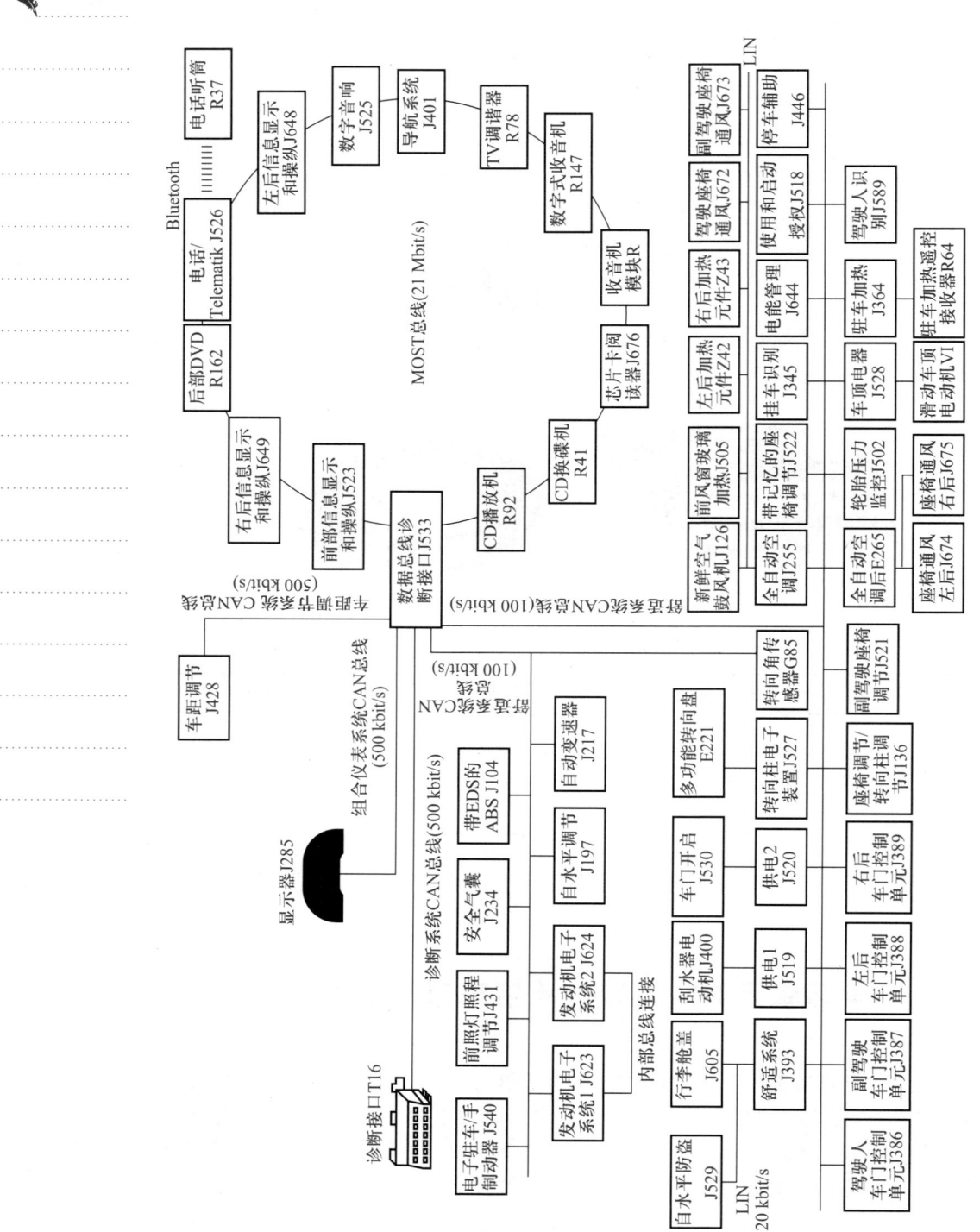

图 1-22　奥迪 A6 轿车车载网络拓扑

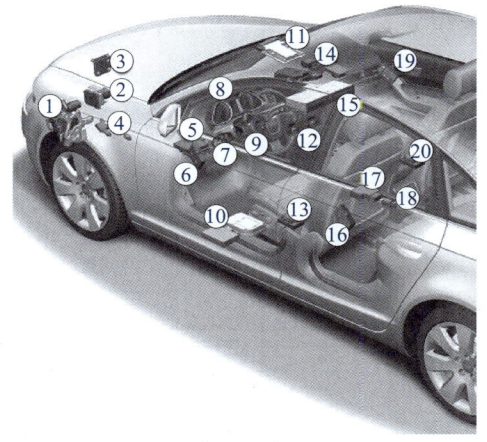

图 1-23　奥迪 A6 轿车车身前部车载网络控制单元

1—驻车加热控制单元 J364；2—带 EDS 的 ABS 控制单元 J104；3—车距调节控制单元 J428；4—左前轮轮胎压力监控发射元件 G431，在车轮拱形板内；5—供电控制单元 J519；6—驾驶人车门控制单元 J386；7—使用和启动授权控制单元 J518；8—组合仪表内控制单元 J285；9—转向柱电子装置控制单元 J527；10—电话、Telematik 控制单元 J526、电话发送和接收器 R36；11—发动机电子系统控制单元 J623；12—全自动空调控制单元 J255；13—座椅调节/转向柱调节控制单元 J136；14—水平调节控制单元 J197、前照灯照程调节控制单元 J431、轮胎压力监控控制单元 J502、供电控制单元 J520、前部信息显示和操纵控制单元 J523、数据总线诊断接口 J533、无钥匙式启动授权天线读入单元 J723；15—CD 换碟机 R41、CD 播放机 R92；16—左后车门控制单元 J388；17—安全气囊控制单元 J234；18—车身转动速率传感器 G202；19—副驾驶车门控制单元 J387；20—副驾驶座椅调节控制单元 J521

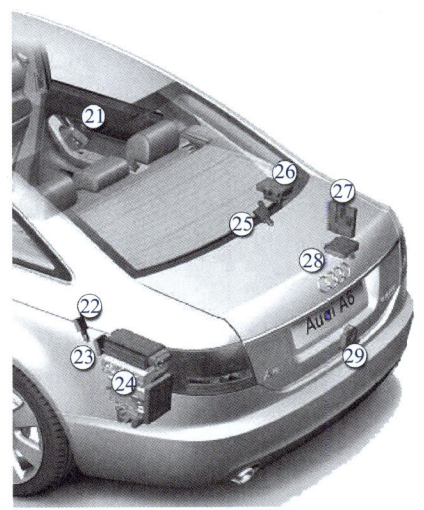

图 1-24　奥迪 A6 轿车车身后部车载网络控制单元

21—右后车门控制单元 J389；22—左后轮轮胎压力监控发射元件 G433，在车轮拱形板内；23—驻车加热无线电接收器 R64；24—导航系统控制单元 J401、语音输入控制单元 J507、数字音响控制单元 J525、收音机模块 R、TV 调谐器 R78、数字式收音机 R147；25—右后轮轮胎压力监控发射元件 G434，在车轮拱形板内；26—停车辅助系统控制单元 J446、挂车识别控制单元 J345；27—舒适系统中央控制单元 J393；28—电子驻车/手制动器控制单元 J540；29—电能管理控制单元 J644

1.4.1   CAN 总线

1. 动力系统 CAN 总线

1）动力系统 CAN 总线组成如图 1-25 所示，动力系统 CAN 总线连接发动机控制单元、变速器控制单元、制动 ESP 控制单元、安全气囊控制单元、电子驻车制动控制单元、前照灯照程调节控制单元等。

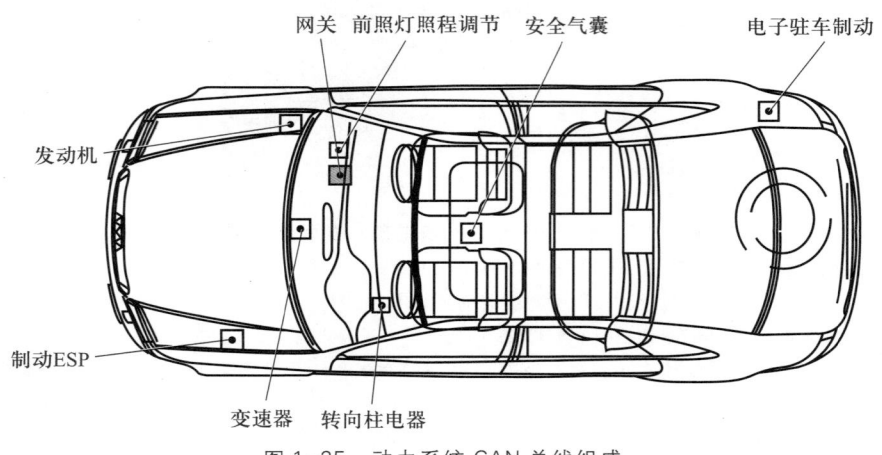

图 1-25   动力系统 CAN 总线组成

点火开关断开后，CAN 通信一直有效，通信断路时（如拔下插头或某一控制单元供电断路）会产生故障记忆，在重新连接正常后，必须删除所有控制单元的故障存储记录后才可以正常运行。

2）动力系统 CAN 总线特点如下。

① 500 kbit/s 特高速传输。

② 级别 CAN/C。

③ 双绞线：CAN_H 线为橙色/黑色，CAN_L 线为橙色/棕色。

④ 在一根导线断路/短路时，所有功能都会停止。

2. 舒适系统 CAN 总线

1）舒适系统 CAN 总线组成如图 1-26 所示，舒适系统 CAN 总线连接空调控制单元、停车辅助（APS）控制单元、挂车控制单元、蓄电池能量管理单元、车门控制单元、电子转向柱锁（ELV）控制单元、驻车加热控制单元、轮胎压力监控控制单元以及多功能转向盘、电子后座椅等控制单元。

点火开关断开后，CAN 通信一直有效，通信断路时（如拔下插头或某一控制单元供电断路）会产生故障记忆，在重新连接正常后，必须删除所有控制单元的故障存储记录后才可以正常运行。

2）舒适系统 CAN 总线特点如下。

① 传输速率为 100 kbit/s。

② 级别 CAN/B。

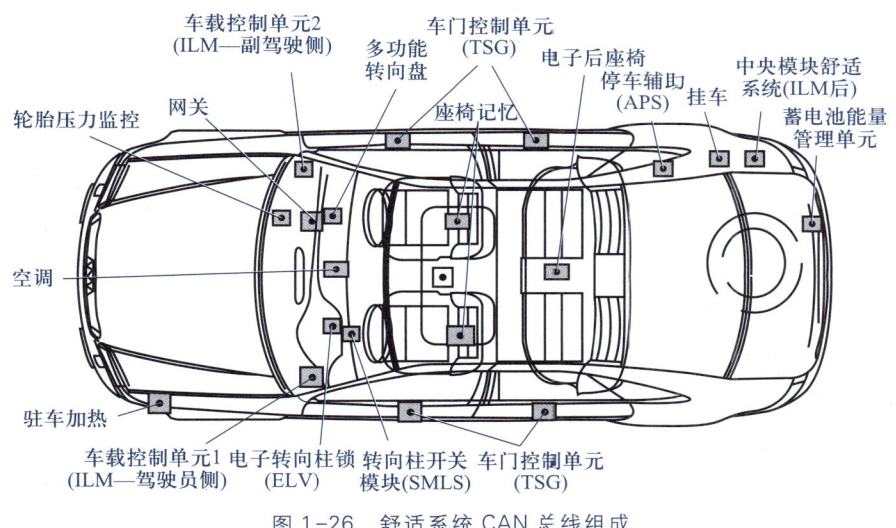

图 1-26　舒适系统 CAN 总线组成

③ 双绞线：CAN_H 线为橙色/绿色，CAN_L 线为橙色/棕色。

1.4.2　LIN 总线

1. LIN 总线的含义

LIN 是 Local Interconnect Network 的缩写，也被称为"局域子系统"，即 LIN 总线是 CAN 总线网络下的子系统。汽车上各个 LIN 总线系统之间的数据交换是由控制单元通过 CAN 总线实现的。奥迪 A6 轿车 LIN 总线组成如图 1-27 所示。

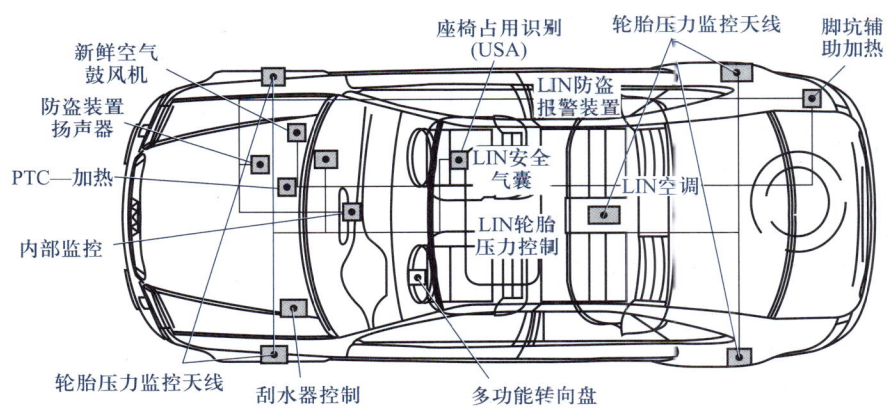

图 1-27　奥迪 A6 轿车 LIN 总线组成

2. LIN 总线传输特征

LIN 总线是一种低成本的串行通信网络，用于实现汽车中的分布式电子系统控制。LIN 总线的目标是为现有汽车网络（例如 CAN 总线）提供辅助功能，因此，LIN 总线是一种辅助的总线网络，在不需要 CAN 总线的带宽和应用在多功能的场合，如智能传感器和制动装置之间的通信,使用 LIN 总线可大大节省成本。LIN 总线的主要特性如下。

1)最大传输速率为 19.2 kbit/s。

2)低成本。基于通用 UART 接口,几乎所有微控制器都具备 LIN 总线需要的硬件。

3)只需要一根数据传输线。

4)单主控制器/多从控制器设备模式无须仲裁机制,通过单主/多从的原则保证系统安全。奥迪 A6 轿车空调系统的 LIN 总线子系统如图 1-28 所示。

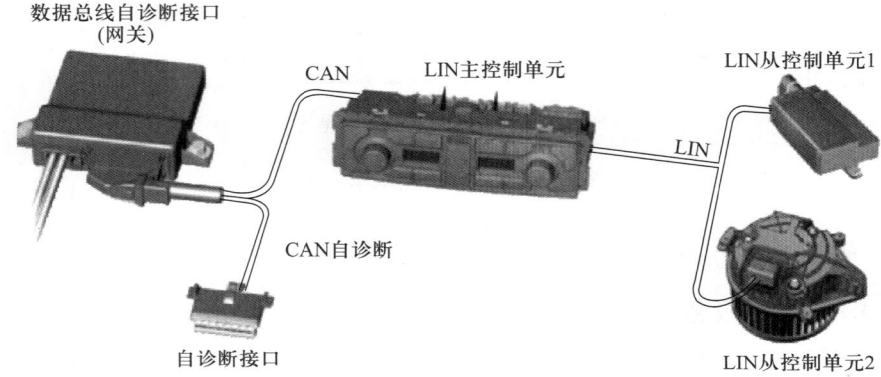

图 1-28   奥迪 A6 轿车空调系统的 LIN 总线子系统

5)从节点不需振荡器就能实现同步,节省了多从控制器部件的硬件成本。

6)保证信号传输的延迟时间。

7)不需要改变 LIN 节点上的硬件和软件就可以在网络上增加节点。

8)通常一个 LIN 网络上节点数目小于 12 个,共有 64 个标志符。

9)单线,基本色:紫色+标识色。

LIN 总线系统是单线式,底色是紫色,有标识色。该单线的横截面面积为 0.35 mm^2,无须屏蔽,该系统允许 1 个 LIN 主控制单元最多与 16 个 LIN 从控制单元进行数据交换。

3. LIN 总线组成和工作原理

(1)LIN 主控制单元

LIN 主控制单元连接在 CAN 总线上,它执行 LIN 总线的主功能。其主要作用如下。

1)监控数据传递和数据传递的速率,发送信息标题。

2)LIN 主控制单元的软件内已经设定了一个周期,这个周期用于决定何时将哪些信息发送到 LIN 总线上多少次。

3)LIN 主控制单元在 LIN 总线与 CAN 总线之间起"翻译"作用,它是 LIN 总线系统中唯一与 CAN 总线相连的控制单元。

4)通过 LIN 主控制单元进行 LIN 总线系统自诊断。

如图 1-29 所示,空调控制单元和天窗控制单元就是两个 LIN 主控制单元。前风窗加热器、鼓风机控制单元及电机和两个温度传感器是空调控制单元(主控制单元)中的从控制单元,天窗控制单元及电机则是天窗控制单元(主控制单元)中的从控制单元。

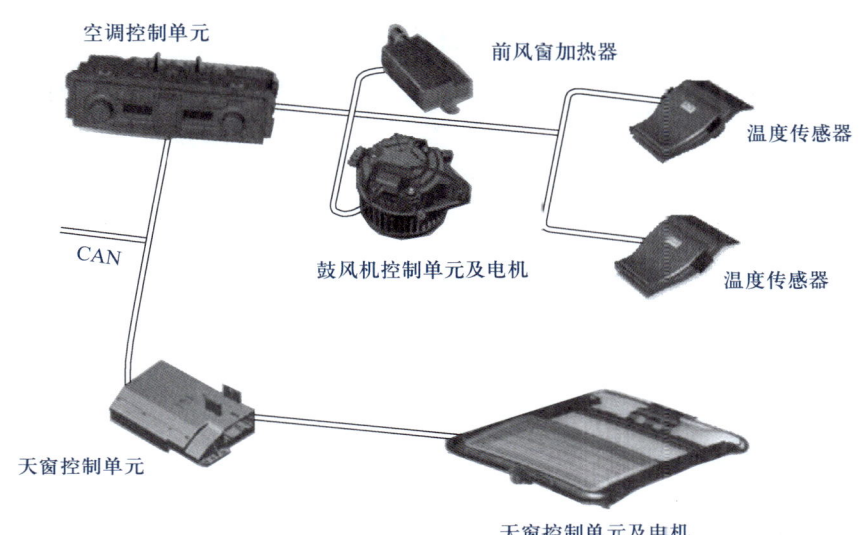

图 1-29　LIN 主控制单元与从控制单元之间的连接

（2）LIN 从控制单元

在 LIN 总线系统内,单个的控制单元、传感器及执行元件都可看作 LIN 主控制单元的从控制单元。传感器内集成有一个电子装置,该装置对测量值进行分析,数值是作为数字信号通过 LIN 总线传递的。有些传感器和执行元件只使用 LIN 主控制单元插口上的一个针脚,执行元件都是智能型的电子或机电部件,这些部件通过 LIN 主控制单元的 LIN 数字信号接受任务。LIN 主控制单元通过集成的传感器来获知执行元件的实际状态,然后就可以进行规定状态和实际状态的对比,从而获得相应的控制信号,控制执行元件的工作状态。LIN 从控制单元的特点如下。

1）接收、传递或忽略从主控制系统接收到的信息标题相关的数据,可以通过一个"叫醒"信号来唤醒主系统。

2）检查所接收数据的检查总量。

3）对所发送数据的检查总量进行计算。

4）同主系统的同步字节保持一致。

5）只能按照主系统的要求同其他子系统进行数据交换。

（3）数据传递过程

奥迪 A6 轿车空调系统带有子反馈的空调装置 LIN 总线信息数据传递流程如图 1-30 所示。

1）空调装置在 LIN 总线系统上发送信息标题——查询制冷剂温度。

2）传感器 G395 读取信息标题,进行转换,然后将当时的制冷剂温度值放到 LIN

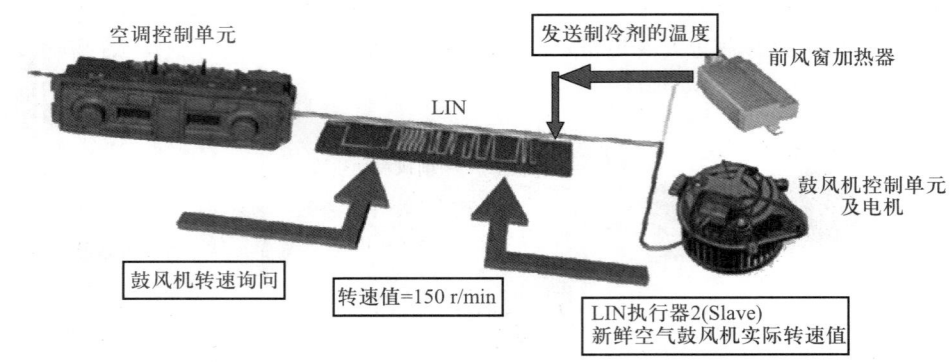

图 1-30   从控制器向 LIN 总线系统反馈温度信号

总线系统上。

3）制冷剂温度被空调装置识别。

4）奥迪 A6 轿车空调系统带有主反馈的空调装置 LIN 总线信息传递流程如图 1-31 所示。空调装置在 LIN 总线系统上发送信息标题——调节鼓风机的等级。

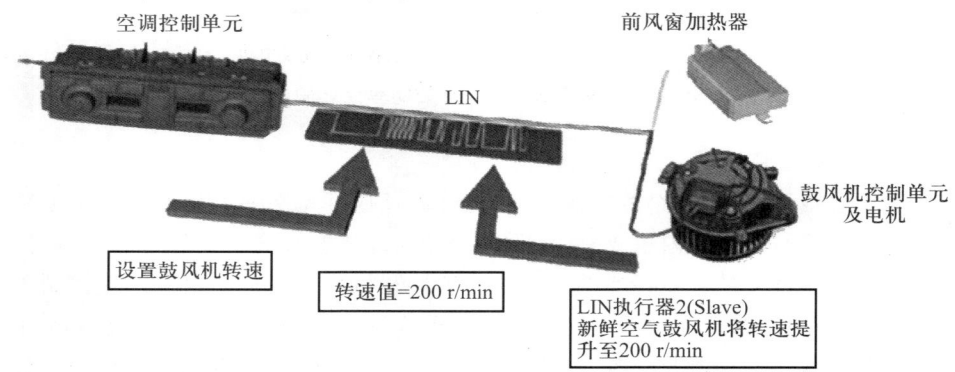

图 1-31   主控制器向 LIN 总线系统发送信息

5）所发送的信息标题用于新鲜空气鼓风机等级的调节。

6）空调装置发送所希望的鼓风机等级。

7）新鲜空气鼓风机读取信息，相应地控制鼓风机等级。

（4）LIN 总线系统的物理结构

LIN 总线系统的物理结构如图 1-32 所示。4 个信号收发两用机的任何一个都可以接通所属的晶体管，由此将 LIN 总线搭铁。在这种情况下，会由一个发送器传输一个主导位，如果晶体管都不导通，LIN 总线电路为高电压。

1.4.3   多媒体定向系统传输数据总线的结构与检修

1. 概述

在汽车网络中常见的多媒体定向系统传输（Media Oriented Systems Transport，MOST）是比较典型的光学网络，下面就来介绍一下 MOST 在汽车中的实际应用情况。

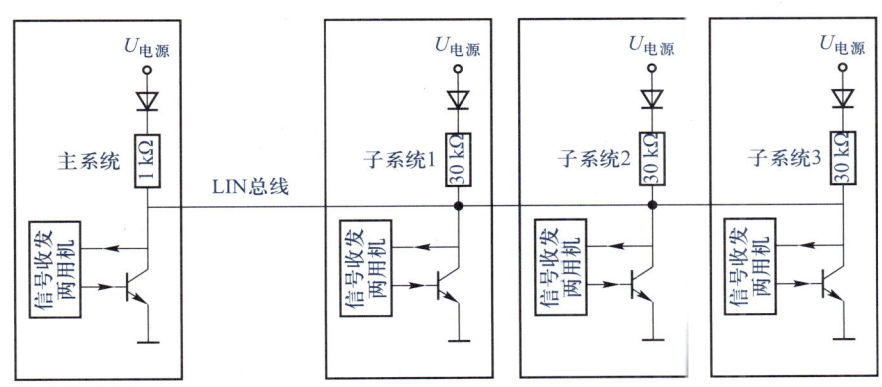

图 1-32　LIN 总线系统的物理结构

MOST 是媒体信息传送的网络标准。MOST 采用塑料光缆（Plastic Optical Fiber，POF）的网络协议，将音响装置、电视、全球定位系统及电话等设备相互连接起来，给用户带来了极大的便利。在 MOST 中，不仅对通信协议给出了定义，而且也说明了分散系统的构筑方法。

MOST 可以不需要额外的主控计算机系统，结构灵活、性能可靠且易于扩展。MOST 网络光纤作为物理层的传输介质，可以连接视听设备、通信设备以及信息服务设备。MOST 网络支持"即插即用"方式，在网络上可以随时添加和删除设备。MOST 具有如下优点。

1）保证低成本的条件下，可以达到 24.8 Mbit/s 的数据传输速度。

2）无论是否有主控计算机都可以工作。

3）使用 POF 优化信息传送质量。

4）支持声音和压缩图像的实时处理。

5）支持数据的同步和异步传输。

6）发送/接收器嵌有虚拟网络管理系统。

7）支持多种网络连接方式，提供 MOST 设备标准，以及方便、简洁的应用系统界面。

8）通过采用 MOST，不仅可以减轻连接各部件的线束质量、降低噪声，而且可以减轻系统开发技术人员的负担，最终在用户处实现各种设备的集中控制。

9）光纤网络不会受到电磁辐射干扰与搭铁环的影响。

MOST 利用一根光纤，最多可以同时传送 15 个频道的 CD 质量的非压缩音频数据，在一个局域网上，最多可以连接 64 个节点（装置）；从拓扑方式来看，基本上为一个环状拓扑，这种拓扑结构在增加节点时，不需要手柄及开关，而且媒体（光纤）没有集中在某特定装置的附近，可以节省光纤。MOST 为多媒体时代的车载电子设备所必需的高速网络、分散系统的构筑方法、遥控操作及集中管理的方法等提出了方案。在不久的将来，MOST 将成为汽车用多媒体设备所不可缺少的技术。

2. 奥迪 A6、A8 轿车 MOST 数据总线系统

在奥迪 A6、A8 轿车上信息系统的数据传递采用 MOST 总线系统,其是一种环形结构,如图 1-33 所示。

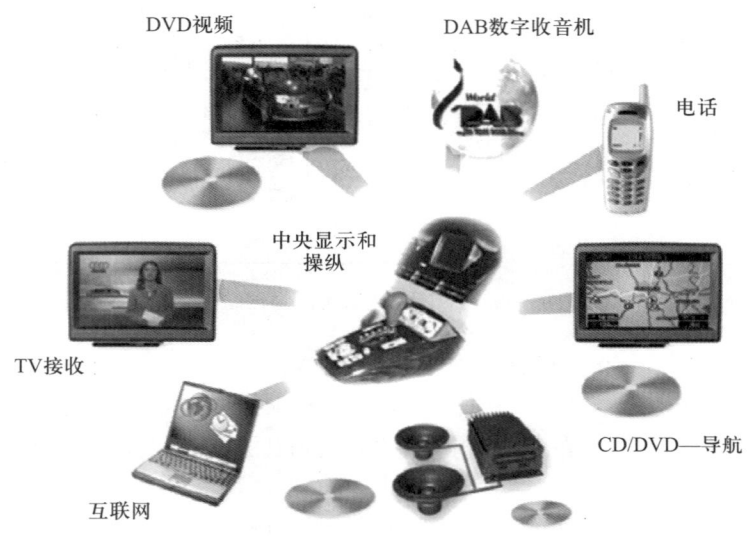

图 1-33 基于 MOST 总线系统的信息系统

3. 奥迪 A6L 轿车 MOST 总线系统模式

奥迪 A6L 轿车 MOST 总线系统有 3 种模式:睡眠模式、待命模式、工作模式,如图 1-34所示。

(1)睡眠模式

MOST 总线系统在睡眠模式时,MOST 总线内没有数据交换,所有装置处于待命状态,只能由系统管理器发出的光启动脉冲来激活,静态电流被降至最小值。睡眠模式的前提条件如下。

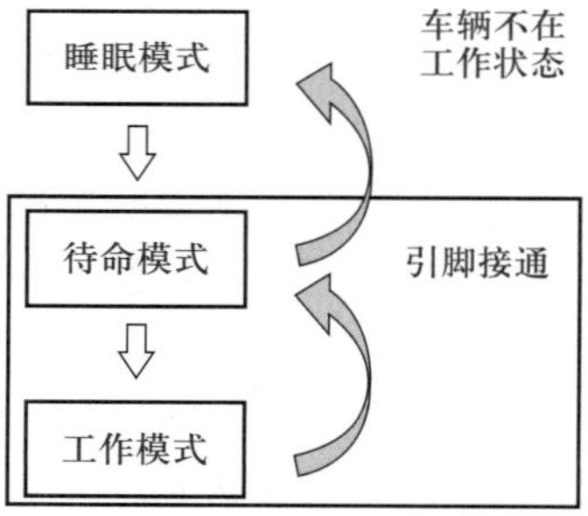

1)总线上的所有控制单元显示准备进入睡眠模式。

2)其他总线系统不经过网关向 MOST 提出要求。

图 1-34 MOST 总线系统的模式

3)诊断不被激活。

(2)待命模式

MOST 总线系统在待命模式时无法为用户提供任何服务,感觉就好像是系统已经关闭一样。这时 MOST 总线系统在后台运行,但所有的输出介质(如显示屏、收音机、放大器等)都不工作或不发声,这种模式在起动时及系统持续运行时被激活。待命模式的激活条件如下。

1)由其他数据总线经由网关激活,如驾驶人座位旁车门打开/关闭时。

2）由总线上的一个控制单元激活,如接收到一个待接听的电话。

（3）工作模式

MOST 总线系统在工作模式时,控制单元全部接通,MOST 总线上有数据交换,用户可使用所有功能。工作模式的激活条件如下。

1）MOST 总线处在待命模式。

2）由其他数据总线激活。

3）通过使用者的功能选择激活,如通过多媒体 E380 的操纵单元激活。

4. 奥迪 A6 轿车 MOST 总线系统的控制单元和工作过程

奥迪 A6 轿车 MOST 总线系统的每一个控制单元内都装有光电转换器和电光转换器,MOST 环状总线的结构为两个控制单元之间以光学方式点对点连接。

（1）MOST 总线控制单元的结构

MOST 总线控制单元的主要部件如图 1-35 所示。

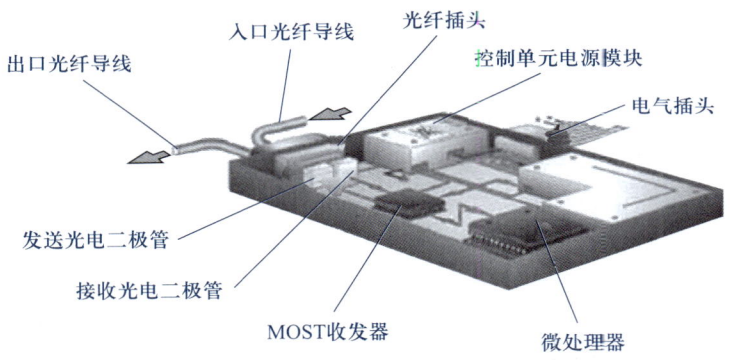

图 1-35　MOST 总线控制单元的结构

1）光纤导线—光纤插头。光纤使用专门的光纤插头与控制单元连接。插头上的一个信号方向箭头表明(至接收机的)输入端,插头外壳形成与控制单元的连接。光信号通过光纤导线和光纤插头进入控制单元或传到下一个总线用户,如图 1-36 所示。

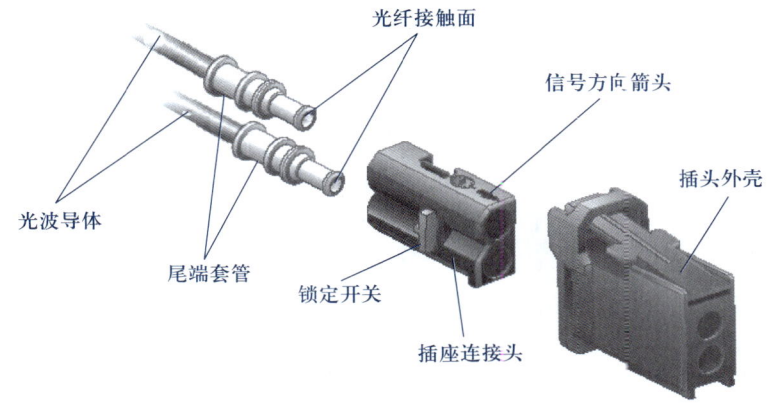

图 1-36　光纤导线—光纤插头结构

2）控制单元电源模块。由电气插头送入的电流再由内部供电装置分送到各个部件，这样就可单独关闭控制单元内某一部件，从而降低了静态电流。

3）收发单元——光纤发射器（FOT）。该装置由一个光电二极管和一个发光二极管构成，到达的光信号由光电二极管转换成电压信号后传至 MOST 收发机。发光二极管的作用是把 MOST 收发机的电压信号再转换成光信号，产生波长为 650 mm 的可见红光。数据经光波调制后由光纤传送到下一个控制单元。

4）MOST 收发器。MOST 收发器由发射机和接收机两个部件组成。发射机将要发送的信息作为电压信号传送至光纤发射器，接收机接收来自光纤发射器的电压信号并将所需的数据传送至控制单元（ECU）。其他 ECU 不需要的信息由收发器来传送，而不是将数据传送到 ECU 上，然后这些信息原封不动传送至下一个控制单元。

5）控制单元。控制单元的内部有一个微处理器，用于操纵控制单元的所有基本功能。

（2）MOST 总线控制单元的工作过程

MOST 数据总线的一个基本特征是，它不像 CAN-BUS 数据总线那样只传输控制数据和传感器数据，它还能传输数字信号、音频信号、视频信号、图形以及提供其他数据服务。为了满足数据传输的各种不同要求，每一个 MOST 数据总线信息分为 3 部分，如图 1-37 所示。

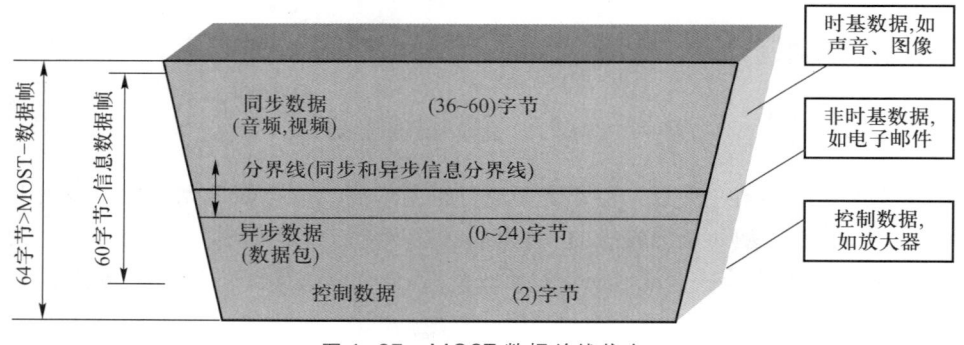

图 1-37 MOST 数据总线信息

1）同步数据（时基数据）：实时传送音频信号、视频信号等流动型数据。

2）异步数据：传送访问网络及访问数据库等的数据包。

3）控制数据：传送控制报文及控制整个网络的数据。

MOST 是以近似于数字电话交换机等使用的"帧同步传送"技术为基础的技术，因此，通过简单的硬件就可以实现流动型数据的同步传送，只会产生完全可以预测到的最小限度的滞后。与此相比，其他的网络协议对流动型数据的处理较为烦琐，也有数据滞后方面的问题。

 **任务实施**

任务　宝来轿车总线系统故障诊断

【任务要求】

1. 通过该任务的实施,应能够对信息系统进行设定和操作、故障诊断与排除,并掌握信息系统的工作原理。

2. 应具备完成任务所需的车辆和该车辆的电路图等资料。

3. 实训设备及仪器:X431、VAS6150、VAS6356 等诊断仪。

【任务指导】

一、宝来轿车总线系统电压的检测

宝来轿车动力系统和舒适系统中使用了两套 CAN 总线数据传输系统,系统网关内置于仪表内,负责动力系统 CAN 总线、舒适系统 CAN 总线和 K 线的数据交换,如图 1-38 所示。

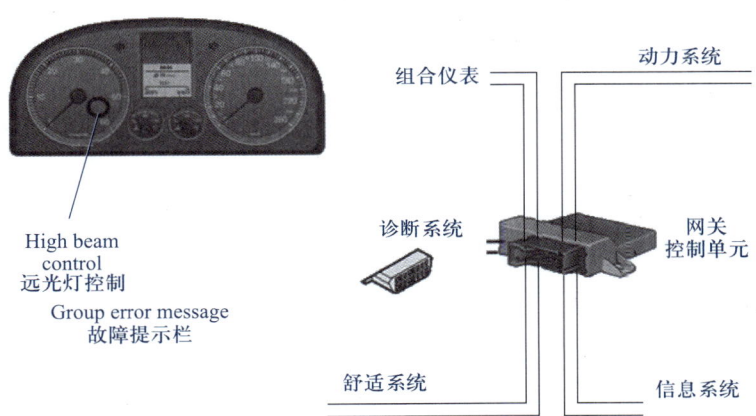

High beam control
远光灯控制
Group error message
故障提示栏

组合仪表　　动力系统
诊断系统　　网关控制单元
舒适系统　　信息系统

图 1-38　宝来轿车 CAN 总线数据传输结构

CAN 总线可以用万用表进行电压信号测试,判断 CAN 总线的信号传输是否存在故障,检测方法如图 1-39 所示。

用万用表电阻挡测量 CAN_H 线和 CAN_L 线之间的电阻,动力系统总线可直接测出电阻,舒适系统总线不能直接测出电阻。

（1）用万用表检测动力系统 CAN 总线

CAN_H 线上有信号传输时,总线上的电压值在 2.5~3.5 V 高频波动,因此 CAN_H 线的主体电压应是 2.5 V,万用表的测量值为 2.5~3.5 V,大于 2.5 V 但靠近 2.5 V。

同理,CAN_L 线信号在总线空闲时的电压约为 2.5 V,总线上有信号传输时,总线

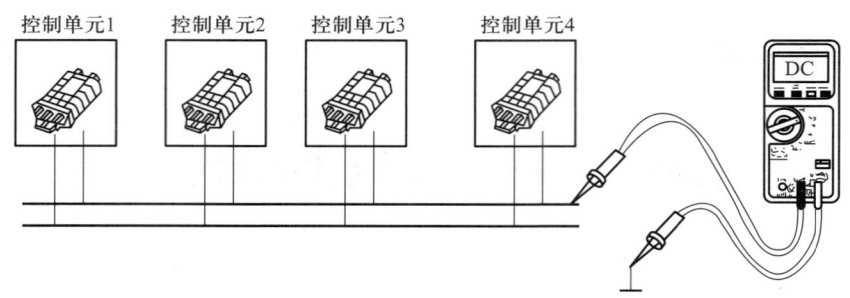

图 1-39 用万用表检测 CAN 总线

上的电压值在 1.5~2.5 V 高频波动,因此 CAN_L 线的主体电压应是 2.5 V,万用表的测量值为 1.5~2.5 V,小于 2.5 V 但靠近 2.5 V。

（2）用万用表检测舒适系统 CAN 总线

CAN_H 线信号在总线空闲时的电压约为 0 V,总线上有信号传输时,总线上的电压值在 0~5 V 高频波动,因此 CAN_H 线的主体电压应为 0 V,万用表的测量值为 0.35 V 左右。

同理,CAN_L 线信号在总线空闲时的电压约为 5 V。总线上有信号传输时,总线上的电压值在 0~5 V 高频波动,因此 CAN_L 线的主体电压应是 5 V,万用表的测量值为 4.65 V 左右。

二、CAN 总线的波形检测

1. 双通道模式 CAN 总线波形

双通道模式 CAN 总线波形必须采用带有双通道的示波器或检测仪进行检测,例如 VAS5051。

（1）检测电路的连接

双通道模式检测电路的连接如图 1-40 所示。

实训视频
CAN 总线波形检测

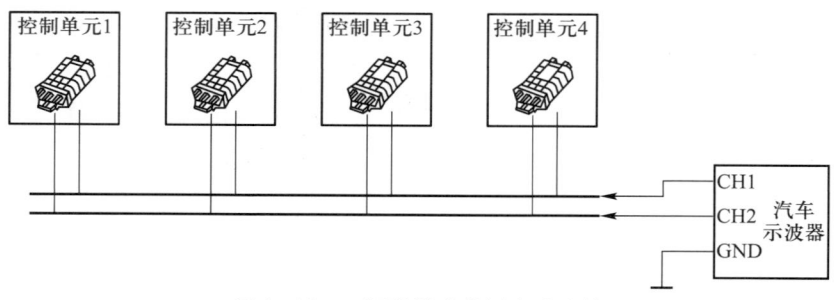

图 1-40 双通道模式检测电路连接

（2）CAN 总线的标准波形

CAN 总线的标准波形如图 1-41 所示。

2. CAN 总线故障波形

（1）CAN 总线搭铁时的信号波形

如图 1-42(a)所示,当 CAN 总线搭铁时,检测到的 CAN 总线的信号波形如图 1-42

（b）所示。

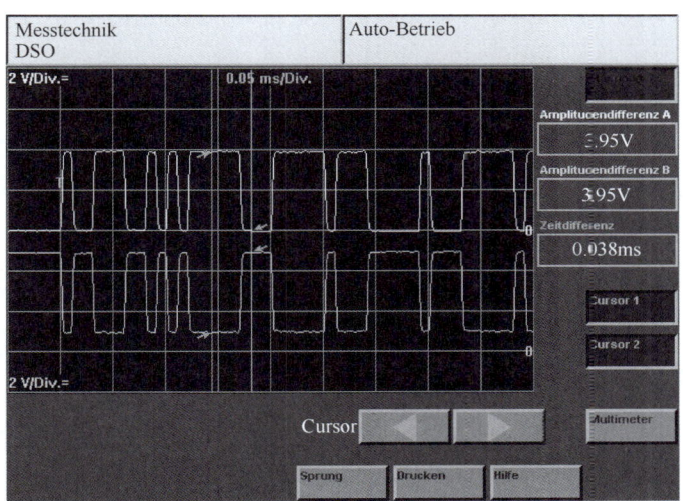

图 1-41　CAN 总线的标准波形

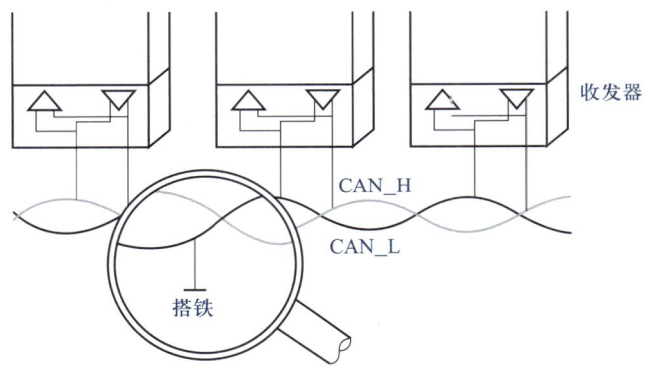

(a) CAN总线搭铁

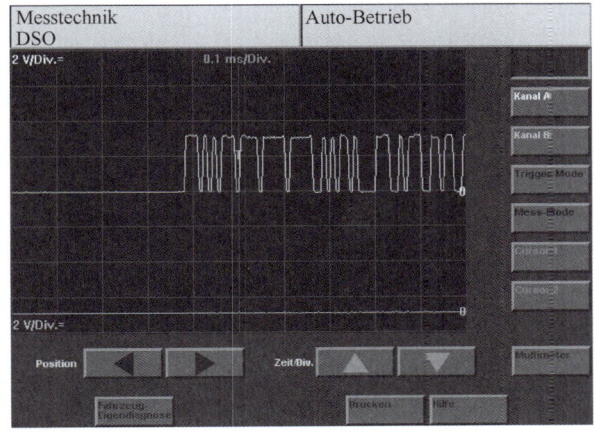

(b) CAN总线搭铁时的信号波形

图 1-42　CAN 总线搭铁及其信号波形

（2）CAN 总线对正极短路时的信号波形

如图 1-43（a）所示，当 CAN 总线对正极短路时，检测到的 CAN 总线的信号波形如图 1-43（b）所示。

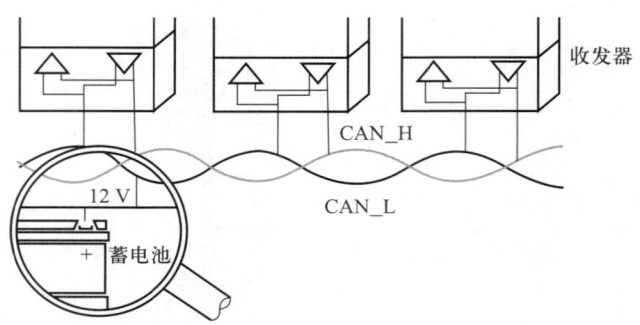

(a) CAN总线对正极短路

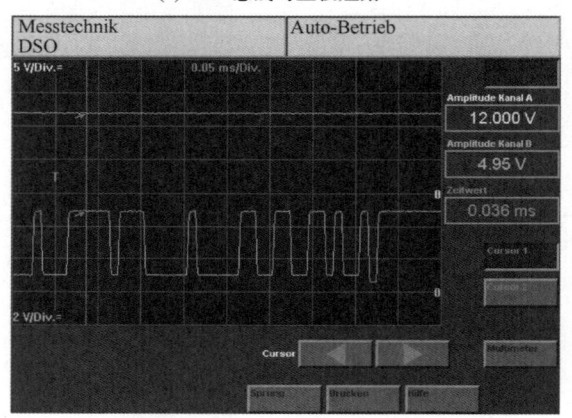

(b) CAN总线对正极短路时的信号波形

图 1-43　CAN 总线对正极短路及其信号波形

（3）CAN_L 断路时的信号波形

如图 1-44（a）所示，当 CAN 总线 CAN_L 断路时，检测到的 CAN 总线的信号波形如图 1-44（b）所示。

（4）CAN_H 断路时的信号波形

如图 1-45（a）所示，当 CAN 总线 CAN_H 断路时，检测到的 CAN 总线的信号波形如图 1-45（b）所示。

（5）CAN_H 和 CAN_L 短路时的信号波形

如图 1-46（a）所示，当 CAN_H 和 CAN_L 短路时，检测到的 CAN 总线的信号波形如图 1-46（b）所示。

（6）CAN_H 和 CAN_L 交叉连接时的信号波形

如图 1-47（a）所示，CAN_H 和 CAN_L 交叉连接时，检测到的 CAN 总线的信号波形如图 1-47（b）所示。

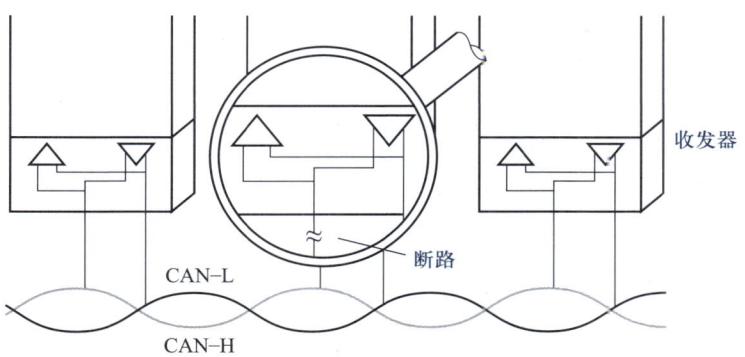

(a) CAN_L断路

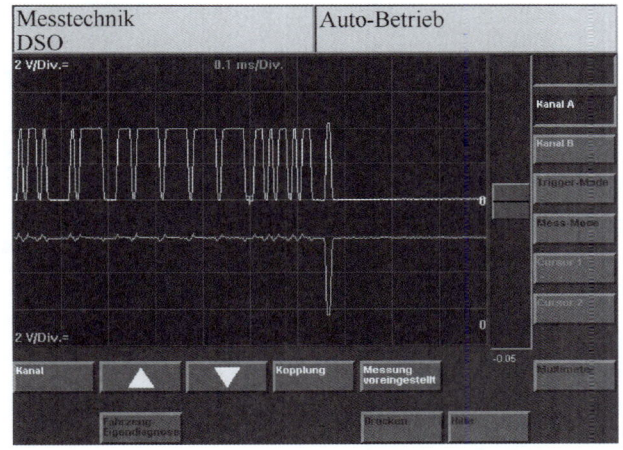

(b) CAN_L断路时的信号波形

图 1-44 CAN_L 断路及其信号波形

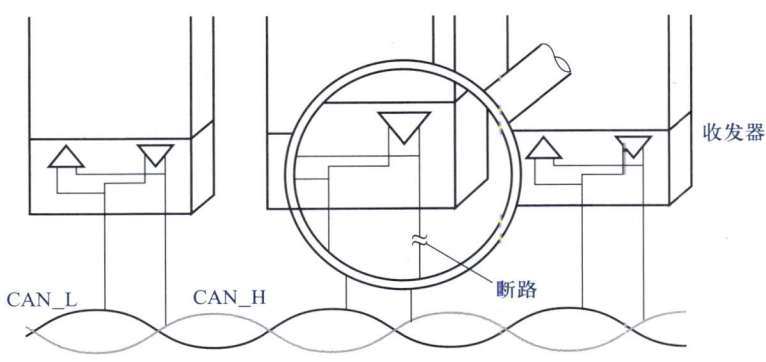

(a) CAN_H断路

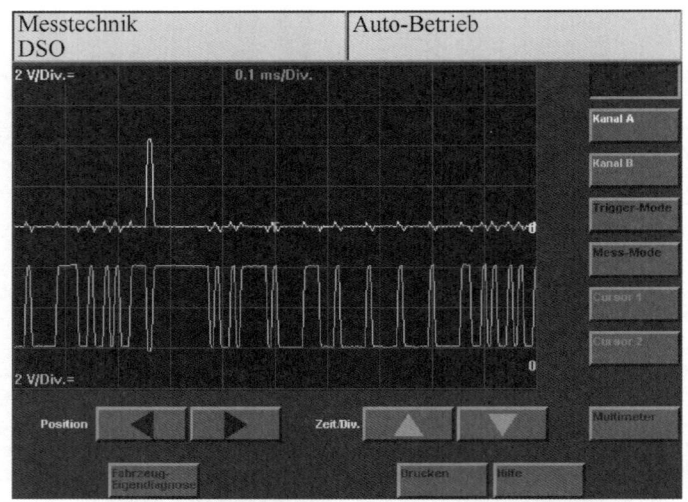

(b) CAN_H断路时的信号波形

图 1-45 CAN_H 断路及其信号波形

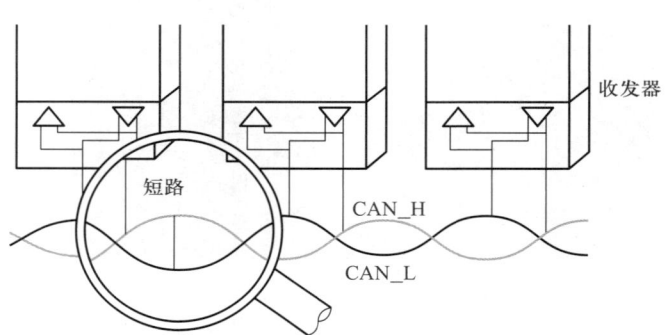

(a) CAN_H和CAN_L短路

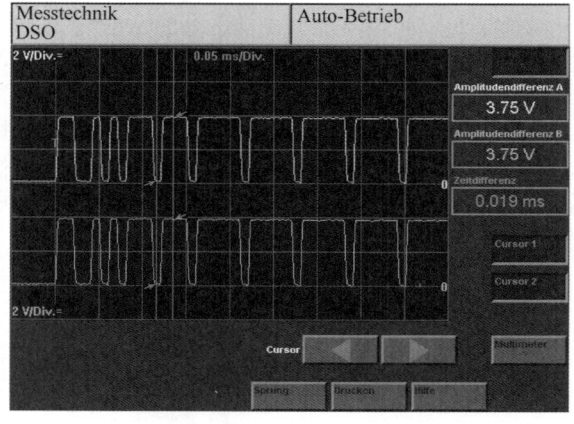

(b) CAN_H和CAN_L短路时的信号波形

图 1-46 CAN_H 和 CAN_L 短路及其信号波形

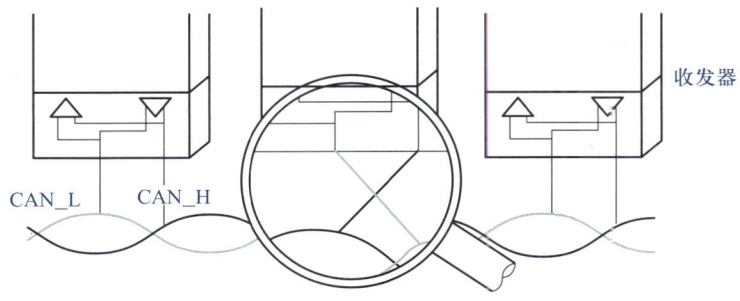

(a) CAN_H和CAN_L交叉连接

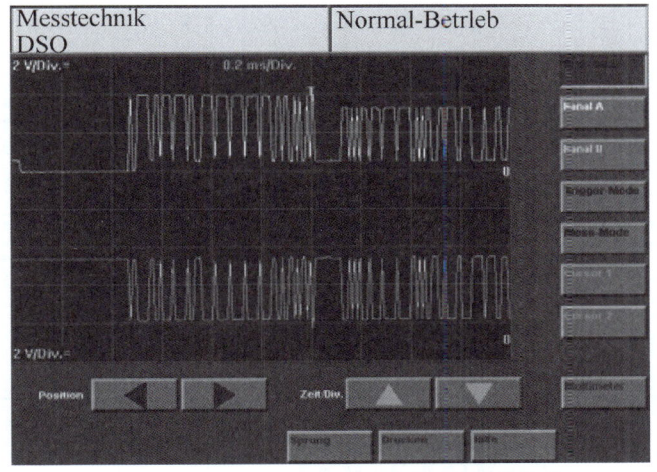

(b) CAN_H和CAN_L交叉连接时的信号波形

图1-47　CAN_H和CAN_L交叉连接及其信号波形

（7）CAN总线处于睡眠模式时的信号波形

当CAN总线处于睡眠模式时，检测到的CAN总线的信号波形如图1-48所示。

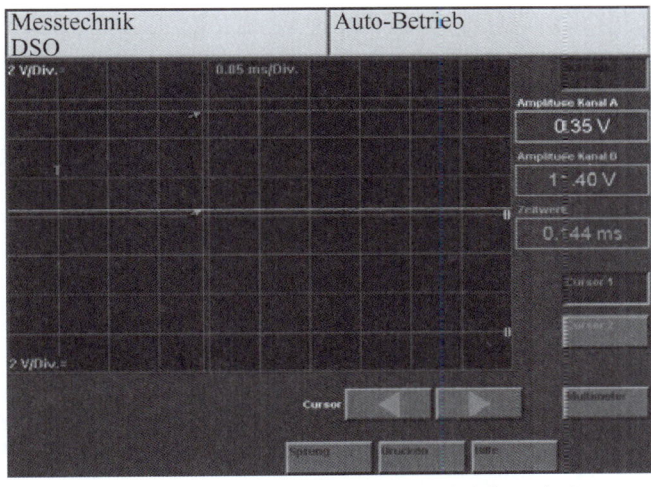

图1-48　CAN总线处于睡眠模式时的信号波形

【任务工单】

任课教师		时间	
班级		学生姓名	
项目	汽车总线系统的认知	学时	
任务	宝来轿车总线系统故障诊断	学习地点	
仪器与设备	VAS6150、VAS6356、FSA740		
参考资料	1. 迈腾轿车维修手册 Magotan B8L 2016 电路图 2. 速腾轿车维修手册 Sagitar_2009_电路图		
课堂学习	1. 填写下列表格 2. 使用诊断仪测试总线系统波形，并截屏存储 CAN-High 和 CAN-Low 的静态电压应为＿＿＿＿＿V 隐性状态下 CAN-High 和 CAN-Low 的信号摆幅分别为＿＿＿＿＿V CAN-High 和 CAN-Low 显性电平差应为＿＿＿＿＿V 3. 描述 LIN 总线特点 4. 参考大众维修手册，画出宝来轿车拓扑图		
总结与记录			

表格（课堂学习1）：

序号	局域网总线	电源供电线	传输速率/（Kb/s）
1	局域网总线	电源供电线	传输速率/（Kb/s）
2	动力系统总线		
3	舒适系统总线		100
4	信息系统总线		
5	诊断系统总线	30	500
6	仪表系统总线	15	

 习题

一、选择题

1. 安全气囊属于（　　）。

A. 舒适总线　　　　　　　　　　　　B. 动力总线

C. 信息总线　　　　　　　　　　　　D. 不属于任何总线

2. CAN 总线的传输速率是（　　）。

A. 10～20 kbit/s　　　　　　　　　　B. 30～50 kbit/s

C. 100～500 kbit/s　　　　　　　　　D. 70 kbit/s

3. 网关的作用是(　　　)。

A. 线路的节点

B. 车载电源控制

C. 识别不同的控制单元之间的数据交换

D. 数据插口

4. CAN 数据总线由(　　　)导线组成。

A. 1 根　　　　　　　B. 2 根　　　　　　　C. 3 根　　　　　　　D. 4 根

5. MOST 总线和 LIN 总线的传输速率分别是(　　　)。

A. 500 kbit/s、20 kbit/s　　　　　　　B. 20 kbit/s、50 kbit/s

C. 20 kbit/s、500 kbit/s　　　　　　　D. 70 kbit/s

6. 舒适总线是由(　　　)激活。

A. 15 号线　　　　　B. 30 号线　　　　　C. 50 号线　　　　　D. 75 号线

7. 下列传输数据中,(　　　)是错误的。

A. 11111000001　　　　　　　　　B. 11111100001

C. 10101111010　　　　　　　　　D. 10010010001

8. 自动变速器、ABS、ESP 的数据传递是由(　　　)完成的。

A. 舒适总线　　　　B. 动力总线　　　　C. 信息总线　　　　D. 诊断总线

9. 中央门锁、防盗系统属于(　　　)。

A. 舒适系统　　　　　　　　　　　B. 动力系统

C. 信息娱乐系统　　　　　　　　　D. 不属于任何系统

10. 确定数据传递优先级是由(　　　)完成的。

A. 安全域　　　　　B. 数据域　　　　　C. 状态域　　　　　D. 检查域

二、判断题(正确打"√",错误打"×")

(　　　)1. LIN 总线的从控制器可以直接向 CAN 总线发送信息。

(　　　)2. CAN 总线采用双绞线可以避免外界干扰。

(　　　)3. CAN 总线采用 12 V 电压进行传输。

(　　　)4. J519 是迈腾轿车的网关。

(　　　)5. J533 是速腾轿车的电源管理功能控制单元。

(　　　)6. 节点和其他线束一样是可以拆卸的。

(　　　)7. LIN 总线隐性电压为 12 V。

(　　　)8. 光纤和其他铜线一样可以弯曲任何角度。

(　　　)9. 结束域标志着数据的传递结束。

(　　　)10. 绝不允许任何一个控制单元向总线发送一次错误信息。

三、简答题

1. CAN 总线是怎样解决干扰问题的?

2. 详述大众车系总线系统的链路特点。

3. 说明 MOST 总线的传输原理。

项目二 汽车整车电气系统的认知

🔧 任务目标

1. 知识目标

（1）掌握汽车电气设备的组成与特点。

（2）掌握电气系统故障产生的原因，电路检修的一般方法。

（3）了解汽车电气系统基础元件有关知识。

（4）掌握常见汽车电气故障的诊断方法。

2. 技能目标

（1）能够认识汽车上的电气设备。

（2）能正确使用电气设备的常用检测仪器。

3. 素养目标

（1）能够与团队成员沟通、交流、协作完成任务。

（2）能够总结汇报任务成果。

（3）培养吃苦耐劳的精神，踏实做事。

✖ 任务描述

要完成汽车电气系统的故障诊断，首先要认知汽车电气系统并进行操作。通过本任务的学习，学生可掌握汽车电路的基本知识、认知电气元件和掌握汽车电气系统故障的诊断方法。

学习单元 2.1　汽车电气设备的组成与特点

2.1.1　汽车电气设备的主要组成

1. 电源系统

电源系统包括发电机、蓄电池及电压调节器。发电机是汽车上的主要电源，蓄电池是辅助电源。当发电机工作时，由发电机向全车用电设备供电，同时给蓄电池充电。蓄电池的作用是起动发动机时向起动机供电，同时当发电机不工作时向用电设备供电。电压调节器的作用是保持发电机的输出电压恒定。

2. 起动系统

起动系统包括起动机、点火开关、起动继电器等。起动系统用于起动发动机。

3. 点火系统

点火系统包括点火开关、点火线圈、火花塞、高压线等。点火系统用于点燃发动机气缸内的可燃混合气。

4. 照明与信号系统

照明系统包括车内、外各种照明灯。信号系统包括声音信号、灯光信号等。照明与信号系统用于照明和警示其他行人和车辆。

5. 仪表警报系统

仪表系统包括发动机转速表、车速表、里程表、燃油表、机油压力表、冷却液温度表,用来指示发动机及车辆运行状态。

警报系统包括各种警报灯和蜂鸣器,例如 ABS 警报灯、SRS 警报灯,用于监控和故障诊断。

6. 辅助电气系统

辅助电气系统包括电动刮水器、风窗洗涤器,用于风窗清洁。

7. 独立电控系统

独立电控系统包括发动机燃油控制系统、自动变速器、ABS 控制系统、空调控制系统、电动车窗中控门锁控制系统、防盗系统、安全气囊等。

8. 配电装置

配电装置包括中央接线盒、电路开关、保护装置、插接器和导线等。

2.1.2　汽车电气设备的特点

现代汽车电气设备虽然种类繁多、功能各异,但其线路都应遵循一定的原则,了解这些原则对进行汽车电路分析是很有帮助的。

1. 低压

微课
汽车电路的
特点

汽车电气系统的额定电压有 6 V、12 V、24 V 三种。汽油车普遍采用 12 V 电源,柴油车多采用 24 V 电源(由两个 12 V 蓄电池串联而成)。汽车运行时的电压,12 V系统的一般为 14 V,24 V 系统的一般为 28 V。

2. 直流

现代汽车发动机是靠起动机起动的,起动机由蓄电池供电,而向蓄电池充电又必须采用直流电源,所以汽车电气系统为直流系统。

3. 单线制

单线连接是汽车线路的特殊之处,它是指汽车上所有电气设备的正极均使用导线相互连接;而所有的负极直接或间接通过导线与车架或车身金属部分相连,即搭铁。任何一个电路中的电流都是从电源的正极流出经导线流入用电设备后,再由用电设备自身或负极导线搭铁,通过车架或车身流回电源负极而形成回路。

由于单线制导线用量少,线路清晰,接线方便,因此为现代汽车广泛采用。

4. 并联连接

汽车各用电设备均采用并联连接,汽车上的两个电源(蓄电池与发电机)之间以及所有用电设备之间,都是正极接正极,负极接负极,并联连接。由于采用并联连接,所以汽车在使用时,某一支路用电设备损坏,并不会影响其他支路用电设备的正常工作。

5. 负极搭铁

采用单线制时蓄电池的一个电极需接至车架或车身上,俗称搭铁。蓄电池的负极接车架或车身称为负极搭铁。蓄电池的正极接车架或车身称为正极搭铁。负极搭铁对车架或车身金属的化学腐蚀较轻,对无线电干扰小。我国标准规定汽车线路统一采用负极搭铁。

6. 设有保护装置

为了防止因短路或搭铁而烧坏线束,汽车电路中一般设有保护装置,如熔断器、易熔线等。

7. 汽车线路有颜色和编号特征

为了便于区别各线路的连接,汽车所有低压导线必须选用不同颜色的单色或双色线,并在每根导线上编号。编号由生产厂家统一制订。

学习单元 2.2　汽车电气系统基础元件

汽车电气系统的基础元件主要是指导线、熔断器、插接器、各种开关和继电器等,它们是汽车电气系统的基本组成部分。

微课

汽车电气系统的组成

2.2.1　导线

汽车用导线有高压导线和低压导线两种,两种均采用铜质多芯软线。

1. 低压导线

（1）导线截面积

导线截面积主要根据其工作电流选择,但是对于一些工作电流较小的电气系统,为保证其具有一定的机械强度,汽车电气系统中导线截面积不得小于 $0.5~\mathrm{mm}^2$。随着总线技术的应用,导线截面积可以选择 $0.35~\mathrm{mm}^2$,各种低压导线标称截面积所允许的负载电流值见表 2-1。

表 2-1　低压导线标称截面积允许负载电流值

导线标称截面积/mm^2	1.0	1.5	2.5	3.0	4.0	6.0	10	13
允许负载电流值/A	11	14	20	22	25	35	50	60

所谓标称截面积是经过换算而统一规定的线芯截面积,不是实际线芯的几何面积,也不是各股线芯几何面积之和。

汽车 12 V 电气系统主要线路导线标称截面积推荐值见表 2-2。

表 2-2　汽车 12 V 电气系统主要线路导线标称截面积推荐值

推荐标称截面积/mm^2	用　　　途
0.5	用于尾灯、顶灯、指示灯、仪表灯、牌照灯、刮水器、时钟、燃油表、冷却液温度表、油压表等电路
0.8	用于转向灯、制动灯、停车灯、断电器等电路
1.0	用于前照灯、电动喇叭（3 A 以下）电路
1.5	用于前照灯、电动喇叭（3 A 以上）电路
1.5~4.0	用于其他 5 A 以上电路
4~6	用于柴油车电热塞电路
6~25	用于电源电路
16~95	用于起动电路

（2）导线颜色

各国汽车厂商在电路图上多以字母（主要是英文字母）来表示导线外皮的颜色及其条纹的颜色。日本厂商常用单个字母表示，个别用双字母，其中后一位是小写字母，中国标准大体上与此相同。美国厂商常用2~3个字母表示一种颜色，如果导线上有条纹，则要书写较多字母。德国汽车的导线颜色代号各厂商甚至各品牌不尽一致。也有的厂商，如斯堪尼亚汽车的导线采用数字代号表示颜色。汽车用导线颜色代号见表2-3。

表2-3　汽车用导线颜色代号

国家或品牌	中国	英国	美国	日本	本田	德国	奥迪4,5,6缸	帕萨特	奔驰	宝马	奥地利	法国	波兰	奥托山大客	俄罗斯	罗马尼亚	波罗乃兹	斯堪尼亚
黑	B	Black	BLK	B	BLK	SW	sw	BK	BK	SW	B	BL	N	b	q	N	NERO	01
白	W	White	WHT	W	WHT	WS	ws	WT	WT	WS	C	W	B	w	σ,B	A	BIANCO	05
红	R	Red	RED	R	RED	RT	ro	RD	RD	RT	A	R	R	r	πκ	R	ROSSO	02
绿	G	Green	GRN	G	GRN	GN	gn	GN	GN	GN	F	GN	V	g		V	VERDE	03
深绿		Dark Green	DK GRN					DKGN										
淡绿		Light Green	LT GRN	Lg	LT GRN			LTGN										
黄	Y	Yellow	YEL	Y	YEL		ge	YL	YL	GE	D	Y	G	y		G	GIALLO	04
蓝	Bl	Blue	BLU	L	BLU	BL	bl	BU	BU	BL	I	BU	A	b	r	B	BLU	08
淡蓝		Light Blue	LT BLU	Sb	LT BLU			LTBU				K	L	a			AZZURRO	
深蓝		Dark Blue	DK BLU					DKBU										
粉红	P	Pink	PNK	P	PNK			PK	PK	RS	N				s	p	ROSA	
紫	V	Violet	PPL	PU	PUR	VI	li	PL(YI)	VI	VI	G	VI	Z	v	φ,φ	Vi	VIOLA	09
橙	O	Orange	ORN	Or	ORN	VI		OG		OR	G		C	o	o	o	ARANCIO	
灰	Gr	Grey	GRY	Gr	GRY		gr	GY	GY	GR	H	G		gr	gr	C	GRIGIO	07
棕	Br	Brown	BRN	Br	BRN	BK	br	BN	BR	BR	L	Br	M	br	корк		MARRONE	
棕褐		Tan	TAN					TN										
无色		Clear	CLR					CR										

另外，导线颜色要容易区别。如一般常用黑、白、红、绿、黄、蓝、灰、棕、紫；其次用粉红、橙、棕褐；再次为深蓝、浅蓝、深绿、浅绿。在导线上采用条纹标志要对比强烈，如

黑白、白红双色线的主色所占比例大些,辅助色所占比例小些。辅助色条纹与主色条纹沿圆周表面的比例为 1:3 至 1:5。双色线的标注第一色为主色,第二色为辅助色。

（3）线束

汽车用低压导线除蓄电池导线外,都用绝缘材料如薄聚氯乙烯带缠绕包扎成束,避免水、油的侵蚀及磨损。在线束布线过程中不能拉得太紧,线束穿过洞口或绕过锐角处都应有套管保护。线束位置确定后,应用卡簧或绊钉固定,以免松动损坏。

2. 高压线

在汽车点火线圈至火花塞之间的电路使用高压点火线,简称高压线。高压线分为普通铜心高压线及高压阻尼点火线,带阻尼的高压线可抑制和衰减点火系统产生的高频电磁波,降低对无线电设备及电控装置的干扰。

2.2.2　熔断器

微课
熔断器

熔断器在电路中起保护作用。当电路中流过超过规定的电流时,熔断器的熔丝自身发热而熔断,切断电路,防止烧坏电路连接导线和用电设备,并把故障限制在最小范围内。通常情况下,会将很多熔断器组合在一起安装在熔断器盒内,在熔断器盒盖上注明各熔断器的名称、额定容量和位置,并用不同的颜色来区别熔断器的容量。

一般情况下,环境温度在 18~32 ℃,流过熔断器的电流为额定电流的 1.1 倍时,熔丝不熔断;达到 1.35 倍时,熔丝在 60 s 内熔断;达到 1.5 倍时,20 A 以内的熔丝 15 s 内熔断,30 A 的熔丝 30 s 内熔断。

熔断器在使用中应注意以下几点:

1）熔断器熔断后,必须真正找到故障原因,彻底排除故障;

2）更换熔断器时,一定要与原规格相同;

3）熔断器支架与熔断器接触不良会产生电压降和发热现象,安装时要保证良好接触。

2.2.3　插接器

微课
插接器

插接器就是通常说的插头和插座,用于线束与线束或导线与导线间的相互连接。为了防止插接器在汽车行驶中脱开,所有的插接器均采用了闭锁装置。下面以日系汽车使用的插接器为例介绍其相关知识。

1. 插接器的识别方法

插接器的符号和实物如图 2-1 所示。符号涂黑的表示插头,白色的表示插座,带有倒角的表示针式插头。

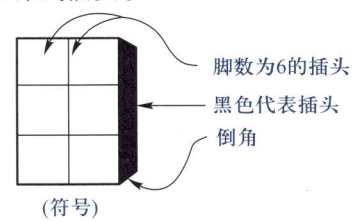

脚数为6的插头

黑色代表插头

倒角

（符号）

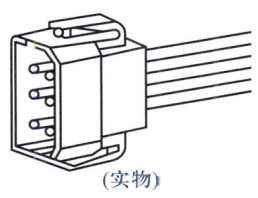

（实物）

(a) 插头

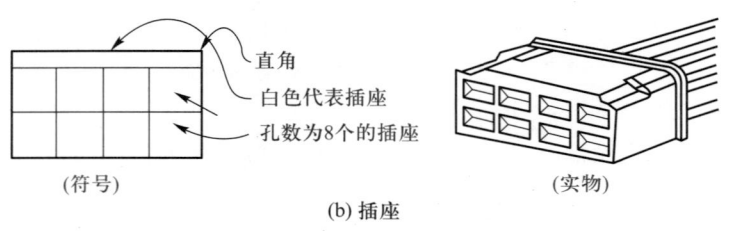

(符号)　　　(b) 插座　　　(实物)

图 2-1　插接器的符号和实物

2. 插接器的连接方法

插接器连接时,应把插接器的导向槽重叠在一起,使插头和插孔对准,然后平行插入,即可十分牢固地连接在一起。插接器连接后,其导线的连接见图 2-2。例如 A 线的插孔①与 a 线的插头①′是相配合的,其余以此类推。

3. 插接器的拆卸方法

拆卸插接器时,首先要解除闭锁,然后把插接器拉开,不允许在未解除闭锁的情况下用力拉导线,这样会损坏闭锁装置或连接导线。

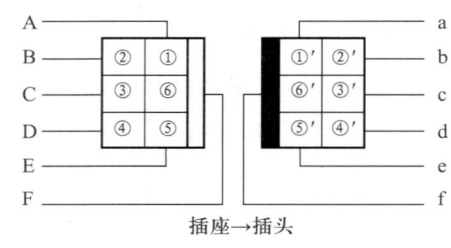

插座→插头

图 2-2　插接器的连接方法

 微课
开关

2.2.4　开关

汽车上所有用电设备的接通和停止,都必须经过开关控制。对开关的要求是坚固耐用、安全可靠、操作方便、性能稳定。按照操作方式开关主要有以下几种类型:旋转式、滑动式、滚轮式、推杆式等。通过传动杆传递的扭矩,转动点火转子,固定在点火转子上的触片转动与底座上的不同的导电片接触,实现不同的挡位电位。

开关在电路图中的表示方法有多种,常见的有结构图表示法、表格表示法、图形符号表示法,图 2-3 所示为柴油车的点火开关。

柴油车点火开关的功能主要有:锁住转向盘转轴(LOCK 挡),接通仪表指示灯(ON 或 IG 挡),起动发动机(ST 或 START 挡)、给附件供电(Acc 挡主要是收音机专用),发动机预热(HEAT 挡)。其中起动、预热挡工作时消耗电流很大,开关不宜接通过久,所以这两个挡位在操作时必须用手克服弹簧力扳紧钥匙,一松手就弹回点火挡,不能自行定位;其他各挡位均可自行定位。几种常见车型点火开关的挡位与接线柱的对应关系见表 2-4。

2.2.5　继电器

继电器是自动控制电路中常用的一种元件,它是用较小的电流来控制较大电流的一种自动开关,在电路中起自动操作、自动调节、安全保护等作用。在工业控制中使用的中间继电器、热继电器等体积较大,线圈通过的电流或承受的电压较大,触点允许通过的电流较大。在汽车电气系统中所使用的继电器体积较小,触点控制的电流也较小,属于小型继电器。本节主要讨论小型继电器。

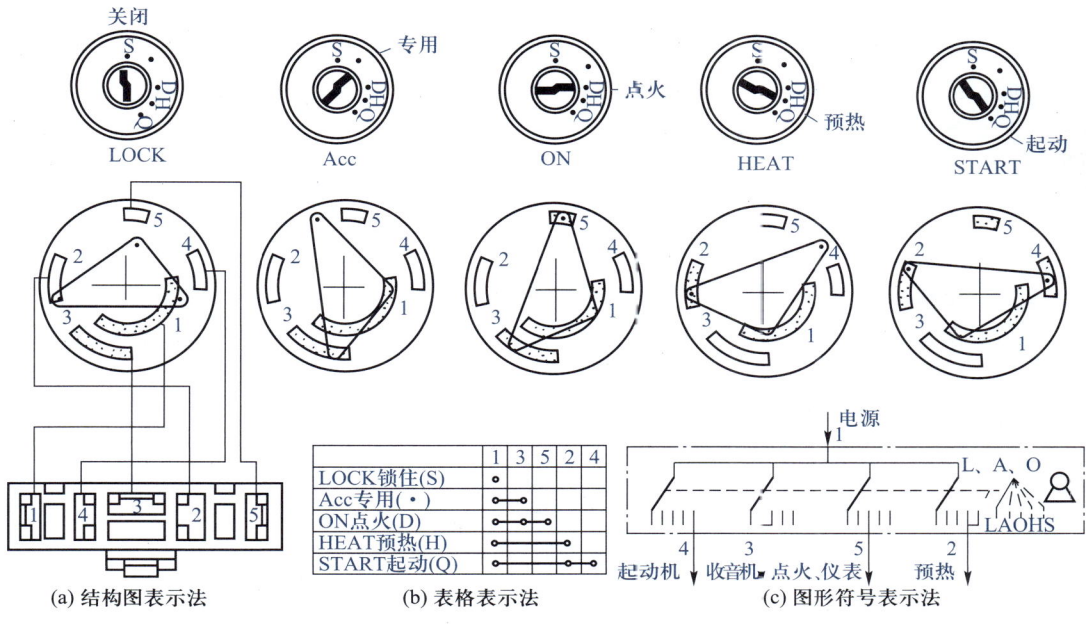

图 2-3　柴油车的点火开关

表 2-4　常见点火开关的挡位与接线柱对应关系

	接线柱标志						
	电源	附件	点火仪表指示灯	起动	预热	停车灯	厂家或车型
	1	3	2	4			解放
	1	3	5	4	2		跃进
挡位符号	30	15A	15	50	17.19	P	依维柯
	B	A	IG	ST	H		日本
	B1 B2 B3	A	I1 I3	C	R1 R2		日产
	AM1 AM2	Acc	IG	ST1 ST2			丰田

厂家或车型	解放1092	跃进	富康	依维柯	日产丰田	
锁定	O	S	O	STOP	LOCK	
断开	O	S	O	STOP	OFF	
附件(专用)	3	O	A		Acc	
点火(工作)	1	D	M	MAR	ON 或 IG	
起动	2	Q	D	AVV	START	
预热	4	H			HEAT	

1. 继电器的类型

继电器的种类很多,常用的有电磁式和舌簧管式两种。电磁式继电器成本较低,便于控制电路采用。舌簧管式继电器反应灵敏,多作为信号采集元件使用。汽车控制电路大多采用电磁式继电器作为控制执行部件,采用舌簧管式继电器作为传感器。

2. 继电器的结构

(1) 电磁式继电器

电磁式继电器是以电磁系统为主体构成的,图 2-4 所示为电磁式继电器的结构示意图,当继电器线圈通过电流时,在铁心、轭铁、衔铁和工作气隙中形成磁通回路,从而使衔铁受到电磁吸力的作用而吸向铁心,此时衔铁带动支杆将板簧推开,使一组或几组动断触点断开(也可以使动合触点接通)。

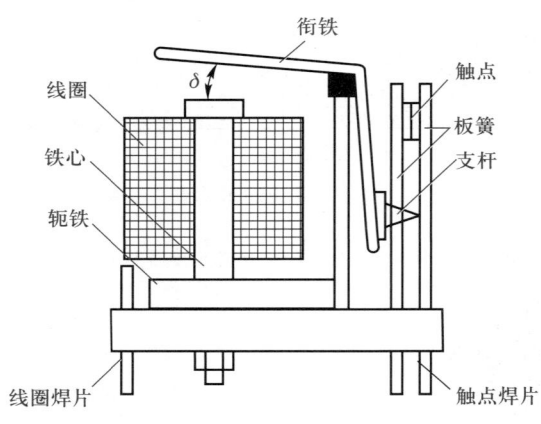

图 2-4 电磁式继电器结构示意图

当切断继电器线圈的电流时,电磁力消失,衔铁在板簧的作用下恢复原位,触点又闭合。

(2) 舌簧管式继电器

舌簧管式继电器与电磁式继电器的主要区别就是舌簧管式继电器的触点是一个或几个舌簧管。图 2-5 所示为舌簧管式继电器的结构示意图,它的符号与电磁式继电器一样。当向继电器线圈通以电流时,在线圈中心工作气隙中形成磁通回路,从而使舌簧管的一对触点吸合。除了电磁式继电器和舌簧管式继电器之外,随着电子技术的不断发展,电子继电器越来越多地应用到汽车上,电子继电器相当于一个大电流的开关晶体管。另外,在有些汽车电路中还应用到一些结构和原理比较简单的双金属继电器,这里不进行讨论。

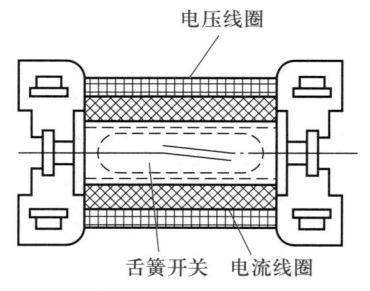

图 2-5 舌簧管式继电器结构示意图

3. 继电器符号

（1）继电器的一般符号

在电路中,表示继电器时只要画出它的线圈和与控制电路有关的接点组就可以了。继电器的线圈用一个长方框符号表示,同时在长方框内或框旁标上这个继电器的文字符号"K"。表 2-5 中列出了继电器的常用符号。

表 2-5　继电器的常用符号

继电器线圈	继电器触点符号	
K1	K_{-1}	动合触点（常开触点）
	K_{-2}	动断触点（常闭触点）
	K_{-3}	切换触点（转换触点）
K2	K_{1-1}　K_{1-2}　K_{1-3}	
K3	K_{2-1}　K_{2-2}	

（2）汽车用继电器的图形符号与接线柱标记

图 2-6 所示为汽车常见的继电器图形符号,表 2-6 所示是汽车用继电器的接线柱标记。

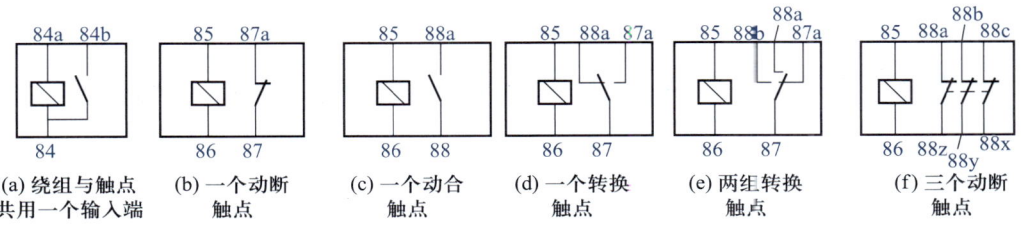

(a) 绕组与触点　(b) 一个动断　(c) 一个动合　(d) 一个转换　(e) 两组转换　(f) 三个动断
共用一个输入端　触点　触点　触点　触点　触点

图 2-6　汽车常见的继电器图形符号

表 2-6　汽车用继电器的接线柱标记

电器	接线柱标记		接线柱标记的含义	接线图
	标记	下标		
继电器	84	84a	继电器上,绕组始端和触点共同输入接线柱;	图 2-6（a）
			继电器上,绕组末端输出接线柱	
		84b	继电器上,触点输出接线柱	

续表

电器	接线柱标记		接线柱标记的含义	接线图
	标记	下标		
继电器	85		继电器上,绕组末端输出接线柱	
	86		继电器上,绕组始端输入接线柱	
	87	87a	继电器上,动断触点和转换触点的输入接线柱: 继电器上,动断触点第一输出接线柱(转换触点在动断触点一侧)	图2-6(b)
		87b	继电器上,动断触点第二输出接线柱(转换触点在动断触点一侧)	
		87c	继电器上,动断触点第三输出接线柱(转换触点在动断触点一侧)	
		87z	继电器上,动断触点和转换触点第一输入接线柱(单独电流回路)	
		87y	继电器上,动断触点和转换触点第二输入接线柱(单独电流回路)	
		87x	继电器上,动断触点和转换触点第三输入接线柱(单独电流回路)	
	88	88a 88b 88c 88z 88y 88x	继电器上,动合触点的输入接线柱: 继电器上,动合触点第一输出接线柱 继电器上,动合触点第二输出接线柱 继电器上,动合触点第三输出接线柱 继电器上,动合触点第一输入接线柱(单独电流回路) 继电器上,动合触点第二输入接线柱(单独电流回路) 继电器上,动合触点第三输入接线柱(单独电流回路)	图2-6(c)~ 图2-6(f)

学习单元 2.3　汽车电气系统的故障种类及工作条件

2.3.1　汽车电气系统的故障种类

汽车电气系统的故障总体上可分为两大类:一类是电气设备故障,另一类是线路故障。

1. 电气设备故障

电气设备故障是指电气设备自身丧失其原有功能,包括电气设备的机械损坏、烧毁,以及电子元件的击穿、老化、性能减退等。在实际使用和维修中,常常会因线路故障而造成电气设备故障。电气设备故障一般是可修复的,但对于一些不可拆的电子设备出现故障后只能更换。

2. 线路故障

线路故障包括断路、短路、接线松脱、接触不良或绝缘不良等。这一类故障有时容易出现一些假象，给故障诊断带来困难。例如：某搭铁线与车身出现接触不良，就有可能造成电气设备开关失控，电气设备工作出现混乱。这是因为有的搭铁线几个电气设备共用，一旦该搭铁线出现接触不良，就会把多个电气设备的工作电路连接到一起，就有可能通过其他线路找到搭铁路径，造成一个或多个电气设备工作异常。

2.3.2　汽车电气系统的工作条件

汽车电气系统的工作条件可概括为：大范围的温度和湿度变化，波动的电压及较强的脉冲干扰，电气设备间的相互干扰，剧烈的振动以及尘土的侵蚀等。

1. 温度与湿度

温度包括两方面：一是外界环境温度，二是使用温度。使用温度与电气设备工作时间的长短、布置位置以及电气元件自身的发热散热条件有密切关系。对于电子元件来说，较高的使用温度是造成过热损坏的主要原因。

在湿度较大的环境下，水分子对电子元件的浸润作用会增加，使电子元件的绝缘性能下降，影响电气设备的工作性能。

2. 电压的波动

汽车电气系统的电压波动可分为两种：一种是正常范围内的波动，即从蓄电池的端电压到电压调节器起作用的电压之间波动；另一种为过电压。过电压将对汽车上的电子设备带来极大危害。过电压从其性质来分，可分为非瞬变性和瞬变性过电压。

非瞬变性过电压主要是由于发电机调节器失灵，或其他原因引起发电机激磁电流未流经调节器，使发电机电压值升高到不正常值。这种故障如不及时排除，则整个充电系统的电压会一直处于不正常的高压，有时可高达 100 多伏。过电压会使蓄电池的电解液沸腾，电气设备被烧毁。

瞬变性过电压对汽车电子元件危害最大，其产生主要有以下几种情况：

1）当停车关闭点火开关时，由于发电机的磁场绕组与蓄电池之间通路瞬间切断，从而在磁场绕组中感应出按指数规律变化的负电压，其反向峰值可达 −50～−100 V。该脉冲由于没有蓄电池吸收，极易引起电子元件的损坏。

2）汽车运行时，发电机与蓄电池之间的导线意外松脱，或者在没有蓄电池的情况下，突然断开其他负载，发电机端电压瞬间可升高很多，极限情况可达 100 V 以上，且可维持 0.1 s 左右的时间。对一些过电压敏感的电子元件，这样的过电压足以造成损坏或误动作。

3）电感性负载，如喇叭、各种电机、电磁离合器等，在切换时，将在电路中产生高频振荡，振荡的峰值电压可达 200 多伏，但其持续时间较短（300 μs 左右），一般不会引起电子元件损坏，但对于具有高频响应的控制系统，如电控汽油喷射系统，往往会引起误动作。

3. 电气设备间的相互干扰

由于各个电气设备工作方式不同，它们之间会以不同的方式彼此干扰。通常将汽车上所有电气设备能在车上正常工作而不干扰其他电气设备正常工作的能力称为汽车电气系统的相容性。在实际中,电气设备间的相互干扰是不可避免的,因此,对汽车电气系统来说,重要的是相容性。任何因素激发出的振荡都会通过导线等以电磁波的方式发射出去,势必对其他电子系统产生电磁干扰。因此,汽车上应用的计算机等,都应具有良好的屏蔽措施,一旦屏蔽被破坏,也会导致其工作异常。

4. 其他

汽车行驶时不可避免会产生振动和冲击,或会造成电子设备的机械性损坏,如脱线、脱焊、触点抖动、搭铁不良等故障。尘土及有害气体的侵蚀会导致接触不良、绝缘性能下降等故障。

 任务实施

任务 汽车电气系统故障诊断方法及仪器、工具的使用

【任务要求】

1. 能够掌握汽车电气系统故障诊断方法。
2. 能够使用各种仪器、工具对各种参数进行测量。

【任务指导】

一、汽车电气系统故障诊断方法

汽车电气系统发生的故障主要有断路、短路、电气设备的损坏等。为了能迅速准确地诊断故障,下面介绍几种常见的诊断方法。

1. 直观诊断法

汽车电气系统发生故障时,有时会出现冒烟、火花、异响、焦臭、发热等异常现象。这些现象可通过人的眼、耳、鼻、身感觉到,从而可以直接判断出故障所在部位。

例如,汽车行驶时,突然发现转向灯与转向指示灯均不亮故障,用手一摸,发现闪光器发热烫手,说明闪光器已被烧坏。

2. 断路法

汽车电气设备发生搭铁(短路)故障时,可以用断路法判断,即将怀疑有搭铁故障的电路段断路后,根据电气设备中搭铁故障是否还存在,判断电路搭铁的部位和原因。

例如,汽车行驶时,听到喇叭长鸣,则可以将继电器"按钮"接柱上的导线拆开,此时如果喇叭停鸣,则说明喇叭按钮至继电器这段电路中有搭铁现象。

3. 短路法

汽车电路中出现断路故障,可以用短路法判断,即用起子或导线将怀疑有断路故障的电路短接,观察仪表指针变化或电气设备工作状况,从而判断出该电路中是否存在断路故障。

例如,怀疑汽车电路中的各种开关有故障,可用导线将开关短接来判断开关是好是坏。

注意:此检测方法适用于电子控制系统较简单的车型,不适合电子控制系统较复杂的高档车型,容易烧坏电控单元。

4. 试灯法

试灯法就是用一只汽车用灯泡作为试灯,检查电路中有无断路故障,如图 2-7 所示。

例如,用试灯的一端和交流发电机的"电枢"接柱连接,另一端搭铁。如果灯不亮,说明蓄电池至交流发电机"电枢"接柱间有断路现象;若灯亮,说明该段电路良好。

注意:此检测方法适用于电子控制系统较简单的车型,不适合电子控制系统较复杂的高档车型,例如大众 PQ35 平台以上车型,若采用此方法检测,容易烧坏控制单元。

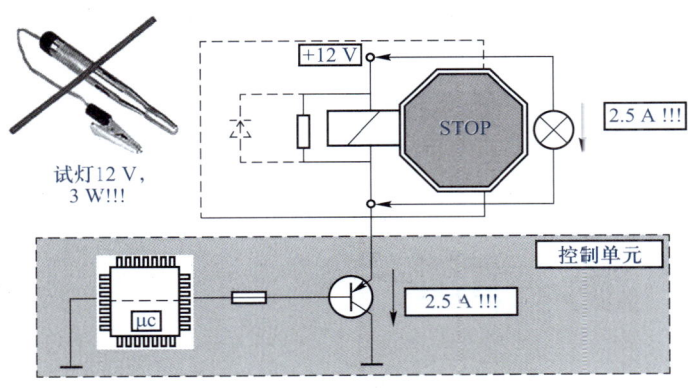

图 2-7 用试灯检测继电器的工作状态

大众车系的部分电路是控制单元控制继电器,继电器线圈的电阻一般在 140 Ω 左右,试灯采用 12 V,3 W 规格。若继电器线圈断路,则通过试灯的电流为 0.25 A(冷态),但当灯泡处于热态时(电阻降至冷态时的 1/10),则通过灯泡和控制单元控制末级的电流将达到 2.5 A,超过了控制单元控制末级电路电流 25 μA,会直接造成控制单元烧坏。

5. 仪表法

观察汽车仪表板上的电流表、冷却液温度表、燃油表、机油压力表等的指示情况,判断电路中有无故障。

例如,发动机处于冷态,接通点火开关时,冷却液温度表的指针在满刻度位置不动,说明冷却液温度表传感器有故障或该线路有搭铁。

6. 高压试火法

对高压电路进行搭铁试火,观察电火花状况,判断点火系统的工作情况。具体方法是:取下点火线圈或火花塞的高压导线,将其对准火花塞或缸盖等,距离约 5 mm,然后接通起动开关,发动机转动,观察其跳火情况。如果火花强烈,呈天蓝色,且跳火声较大,则表明点火系统工作基本正常;反之,则表明点火系统工作不正常。

7. 机件更换法

对于难以诊断且故障涉及面大的故障,可利用更换机件的方法来确定或缩小故障范围。

8. 仪器法

利用万用表(欧姆表)、各种诊断仪等对电路及元件进行检测来诊断故障。仪器法是目前采用最多的一种故障诊断方法。

二、汽车电气系统故障诊断仪器、工具的使用

1. 通导性测试笔

通导性测试笔,或称自供电试灯,用于测试某一电路是否具有完整的支路或是否具有通导性,其外形及电路如图2-8所示。这种测试笔的手柄内装有1节干电池和1个灯泡,一端是探针,另一端是鳄鱼夹。将其与某一电路串联时,干电池将电流送入整条电路,如果电路是完整的,灯泡就会亮起。这是一种快速检测工具,但不能代替万用表。

注意:与万用表一样,通导性测试笔不应接在一个带电的电路中,否则,测试笔中的灯泡会被烧坏。

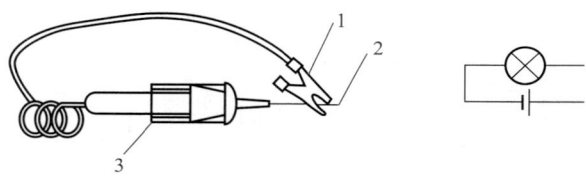

图2-8 通导性测试笔的外形及电路
1—鳄鱼夹;2—探针;3—手柄中的电池

2. 试灯

试灯也称测试灯,其主要作用是检查电气系统电源电路是否给电气设备供电,以及电气系统是否断路或短路。其中12 V试灯由灯管导线、搭铁夹、探针等组成,主要用来检查电气系统电源电路是否给电气设备供电。检查时,将12 V试灯一端搭铁,另一端接电气设备电源接头。如试灯亮,说明电气设备的电源电路无故障;如试灯不亮,再接向电源方向的第二个接点,如试灯亮,则故障在第一个接点与第二个接点之间;如试灯仍不亮,则再接第三个接点,直至试灯亮为止。故障出现在最后被测接点与上一个被测接点间的电路上,大多为断路故障。试灯应用实例如图2-9所示。

用试灯测试线路时,只能测试不含固态器件的线路。但有少数线路含有固态组件,例如微机控制燃油喷射的发动机控制块(ECU),测试这类线路的电压时,只能用阻抗为10 MΩ以上的数字式万用表。含有固态器件的线路,切不可使用试灯,以防损坏固态器件。试灯可以用万用表取代,试灯只能表明是否有电,而万用表则可以指明电压值。

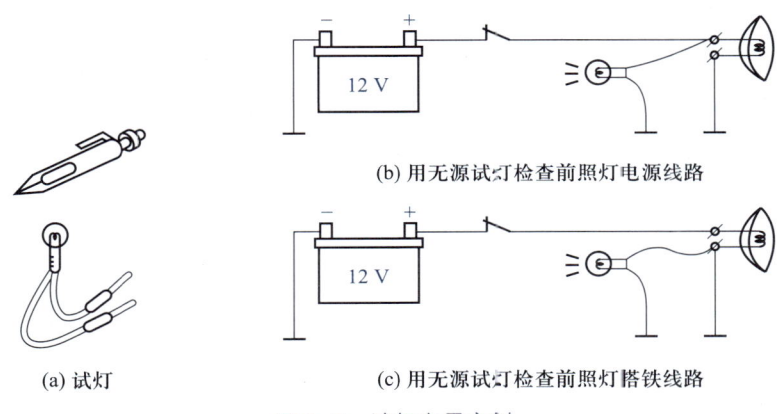

(b) 用无源试灯检查前照灯电源线路

(a) 试灯　　　　(c) 用无源试灯检查前照灯搭铁线路

图 2-9　试灯应用实例

3. 跨接线

跨接线是一段多股导线,它的两端分别接有鳄鱼夹或不同形式的插头,用于特定位置的测量。跨接线只起一个旁通电路的作用,检查线路是否断路或短路。例如,某一电气设备不工作,首先将跨接线连接在被测部件接线"-"端子与车身搭铁之间,若此时部件工作,说明其搭铁线路断路;如搭铁线路良好,将跨接线连接在蓄电池"+"极与被测部件的"+"端子之间,若此时部件工作,说明部件电源电路有故障(断路或短路);如部件仍不工作,说明部件本身故障,应予以更换。使用跨接线检测时应注意:用跨接线将电源电压加到被测部件之前,必须先确认被测部件的电源电压是否为 12 V,否则有可能使其损坏。不可将跨接线错误地连接在被测部件"+"端子与车身搭铁之间。

4. 万用表

万用表分为指针式和数字式,目前使用最多的是数字式万用表,可以测量电压、电阻和 10 A 以下的电流。

（1）电压的测量

1）将万用表的测试导线按图 2-10 所示插入相应插孔（红表笔插入 V/Ω 插孔,黑表笔插入 COM 插孔）。

2）将万用表的功能选择开关置于电压测量挡位,并根据待测量电压的类型选择直流和交流位置（DC/AC 开关选择）。

3）根据待测电压的大小选择量程（通过

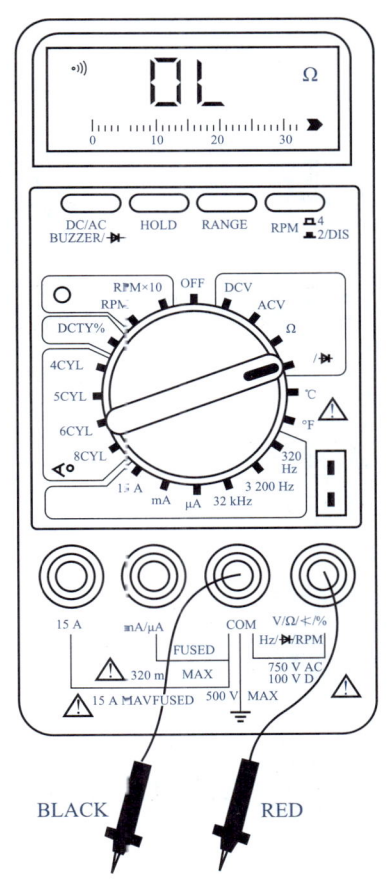

图 2-10　数字式万用表

RANGE 开关选择）。

4）将万用表的测试导线接入待测电路,黑表笔接地,红表笔接信号线。

5）闭合待测试电路,观察万用表显示区域的电压读数。

6）按下 HOLD 按钮,锁定测量结果,并与标准值进行对比。

（2）电阻的测量

1）将万用表的测试导线按图 2-10 所示插入相应插孔（红表笔插入 V/Ω 插孔,黑表笔插入 COM 插孔）。

2）将万用表的功能选择开关置于电阻测量挡位,此时若不设置量程,万用表为自动量程状态。手动量程的选择范围:0~32 Ω、0~3.2 kΩ、0~32 kΩ、0~320 kΩ、0~3.20 MΩ、0~32 MΩ。

3）按下控制区域的 HOLD 按钮,锁定测量结果。

（3）电流测试

首先将黑表笔插入 COM 插孔,当被测电流在 200 mA 以下时将红表笔插入 mA 插孔;如果被测电流在 320 mA~15 A,则将红表笔移至 15 A 插孔。然后将功能开关置于电流量程范围,并将表笔串接在被测电路中,显示器将显示被测交流电流值。

5. 使用 VAS 5051B 示波器功能

将 VAS 5051/9 检测钳插到 U/R/D 接线柱孔,检测线如图 2-11 所示,将搭铁接线接到 COM 接线柱上,如图 2-12 所示。

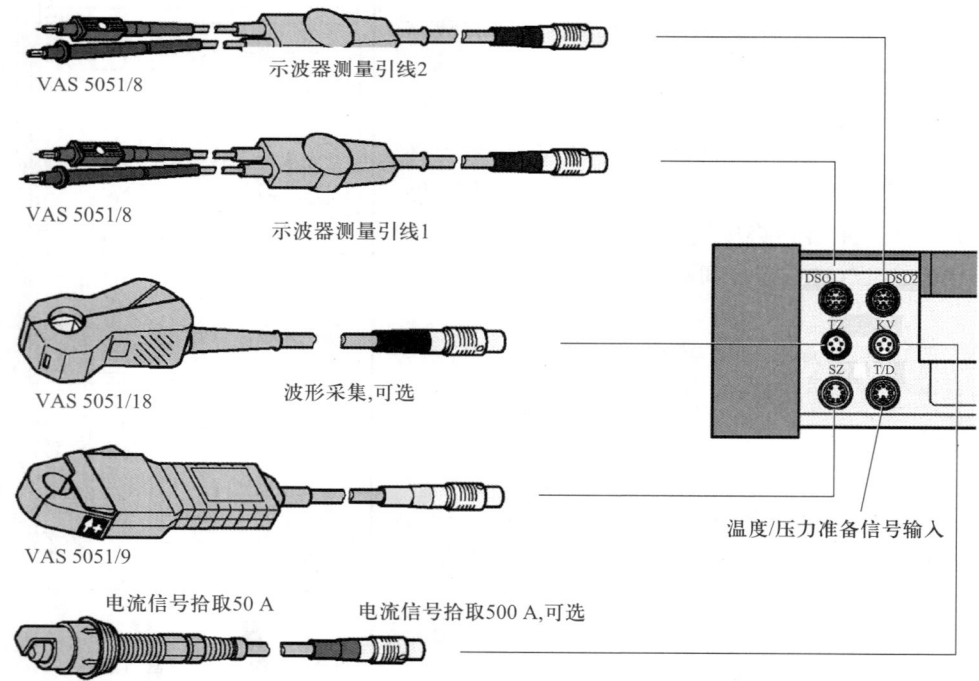

图 2-11　VAS 5051B 诊断仪后面检测线

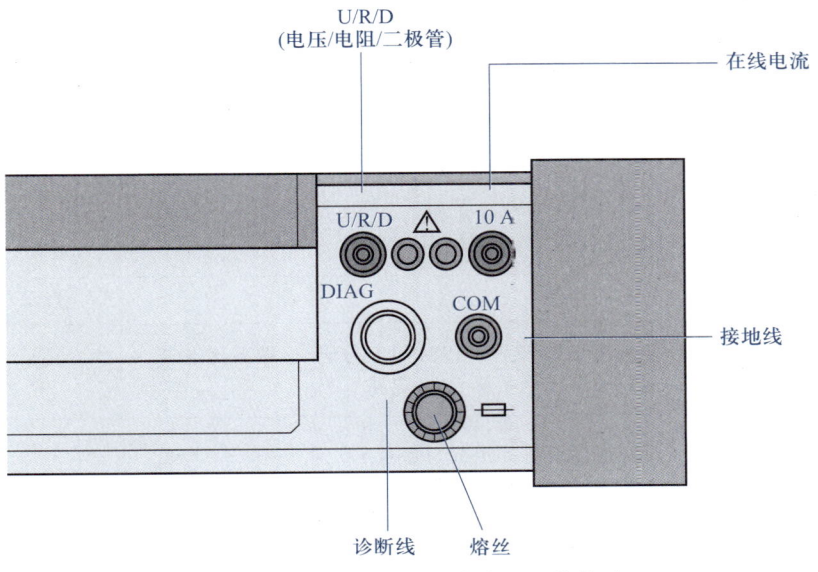

图 2-12　VAS 5051B 诊断仪后面接线孔

　　测量波形如图 2-13 所示。图中显示含义如下：Off 为通道已关闭；DSO1 为 DSO1 测量电缆；DSO2 为 DSO2 测量电缆；kV 为千伏感应钳（选装）；Temp 为温度传感器（选装）；Druck 为压力传感器（选装）；SZ 1800 A 为测电钳（选装）；SZ 500 A 为测电钳（选装）；SZ 100 A 为测电钳。

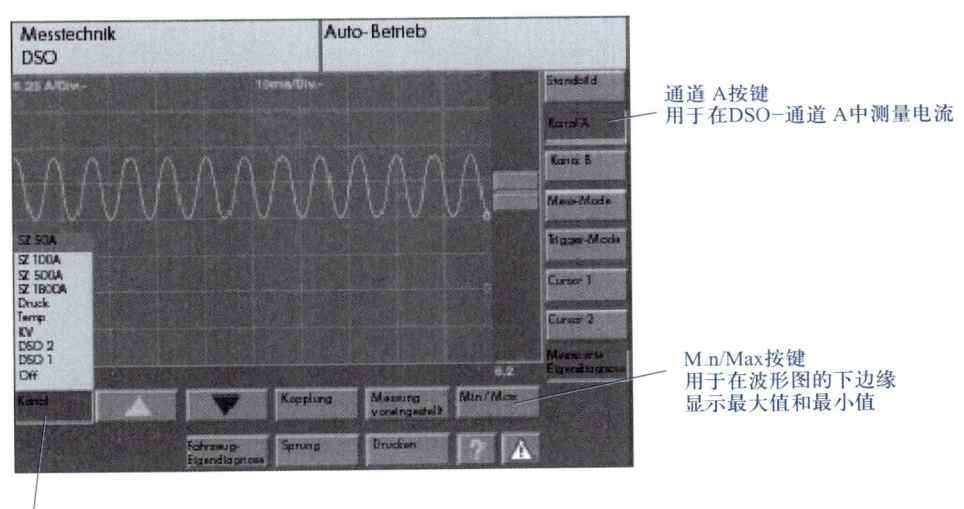

图 2-13　测量波形

【任务工单】

任课教师		时间	
班级		学生姓名	
项目	汽车整车电气系统的认知	学时	
任务	汽车电气系统故障诊断 方法及仪器、工具的使用	学习地点	
仪器与设备	继电器、开关、导线、万用表		
参考资料	1. 捷达轿车维修手册 1984 第五分册-空调系统电气 2. 捷达轿车维修手册 1984 电路		
课前预习	1. 汽车电器设备的组成与特点 2. 汽车电气系统基础元件 3. 电压、电阻、电流的测量		
课堂学习	1. 在车上指出汽车电气系统的组成 2. 在实车上指出高压导线和低压导线 3. 熔断器的熔丝熔断与否如何辨别 4. 插接器如何拆卸 5. 点火开关挡位含义,后面接线含义 6. 继电器怎样布置的,属于哪类 7. 写出汽车电路的特点,并简单解释 ①_____ ②_____ ③_____ ④_____ ⑤_____ ⑥_____ ⑦_____		

续表

课堂学习	8. 在图片下填写是单线制还是双线制 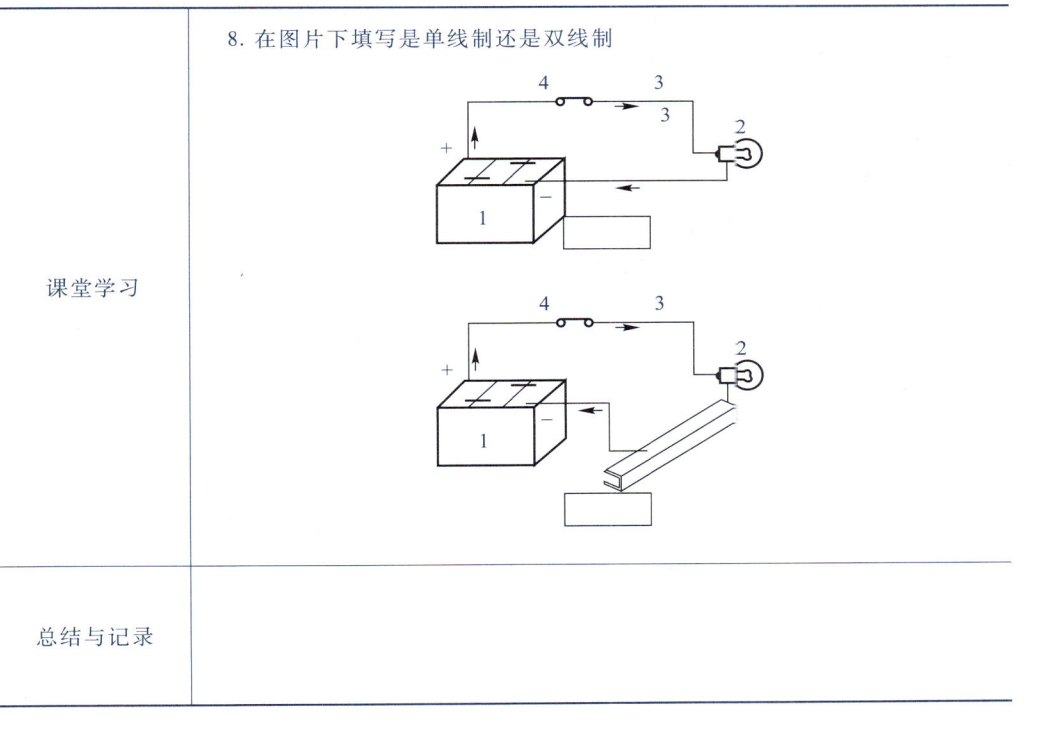
总结与记录	

 习题

一、选择题

1. 对于整车电气系统来说,下列说法正确的是(　　　)。

A. 为了便于区别各线路的连接,汽车所有导线必须选月不同颜色的单色或双色线。

B. 导线截面积主要根据其工作电流选择。

C. 所有用电设备额定电压都必须为 12 V 或 24 V。

2. 不易表达电路内部结构与工作原理的是(　　　)。

A. 接线图　　　　　　B. 电路原理图　　　C. 布线图

3. 开关在电路图中的画法一般为(　　　)状态。

A. 最高挡　　　　　　B. 最低挡　　　　　C. 空挡

4. 对于车用继电器来说,下列说法正确的是(　　　)。

A. 小电流控制大电流

B. 大电流控制小电流

C. 便于布置电气元件

二、判断题(正确打"√",错误打"×")

(　　　)1. 常开继电器平时触点是断开的,继电器动作后触点才接通。

( )2. 汽车上所有电气设备的负极直接与车架或车身金属部分用导线相连。

( )3. 通常情况下,将很多易熔线组合在一起安装在继电器盒内。

( )4. 大众车系与丰田车系电路原理图的屏蔽线符号画法不同。

( )5. 起动挡在操作时必须用手克服弹簧力扳住钥匙,一松手就弹回预热挡,不能自行定位。

三、简答题

1. 汽车电路有何特点?

2. 什么是电路原理图?电路原理图具有哪些特点?

3. 汽车电气系统工作条件如何?

项目三　汽车蓄电池的检测与使用

🔧 任务目标

1. 知识目标

（1）掌握铅酸蓄电池型号和工作特性。

（2）掌握蓄电池工作原理。

2. 技能目标

（1）能够对蓄电池合理地进行充电。

（2）能够排除电源系统故障。

3. 素养目标

（1）能够与团队成员沟通、交流、协作完成任务。

（2）能够总结汇报任务成果。

（3）培养绿色环保意识和吃苦耐劳的工匠精神。

✖ 任务描述

汽车电源系统由蓄电池和发电机并联组成。汽车电源系统中蓄电池常见的故障有极板硫化、活性物质脱落、自行放电等；充电系统常见故障有不充电、充电指示灯常亮、发电不足等。该任务通过对电源系统故障的诊断，发电机的拆卸、检修、安装调整过程的实施与学习，使学生在掌握电源系统的结构与工作原理等方面的理论知识的同时，具备对上述故障进行分析与排除的能力。

学习单元 3.1   蓄电池的结构及工作原理

蓄电池是一种将化学能转变为电能的装置，属于可逆的直流电源。用于汽车上的蓄电池，必须满足起动发动机的需要，即在 5~10 s 的短时间内，提供给汽车起动机足够大的电流。汽油机起动电流一般为 200~600 A，有的柴油机起动电流达 1 000 A。

由于使用的电解液不同，起动蓄电池分为酸性和碱性。铅酸蓄电池结构简单，价格低廉，易于满足大量生产的汽车的需要，同时其内阻小，起动性能好，能在短时间内供给起动机所需要的大电流，因此在汽车上得到广泛的应用。车辆蓄电池的功用如下。

1）发动机起动时，向起动机和点火系统供电。

2）发电机不发电或电压较低时，向用电设备供电。

3）发电机超载时，协助发电机供电。

4）发电机端电压高于蓄电池电动势时，将发电机的电能转变为化学能储存起来。

5）车辆蓄电池还充当整个车载电气网络的电能缓冲器和供应器。

蓄电池的安装位置如图 3-1 所示。

3.1.1   蓄电池的结构

铅酸蓄电池是在盛有稀硫酸的容器中插入两组极板而构成的电能储存器，它由

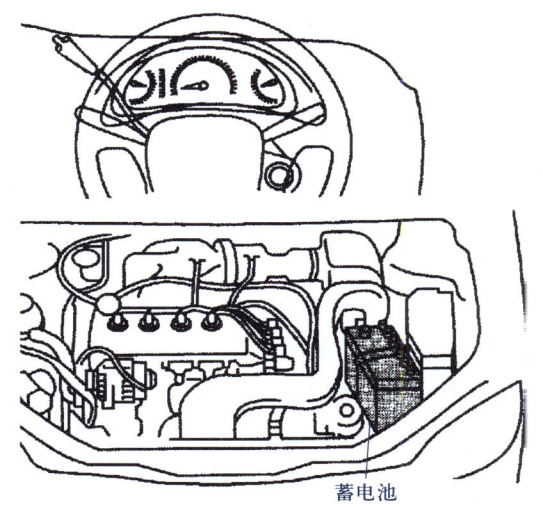

图 3-1 蓄电池的安装位置

极板、隔板、外壳、电解液等部分组成。容器分为 6 格,每格里装有电解液,正负极板组浸入电解液中成为单格电池。每个单格电池的标称电压为 2 V,6 格串联起来成为 12 V 蓄电池。蓄电池的结构如图 3-2 所示。

1. 极板组

极板组主要由正极板、负极板和隔板组成,其结构如图 3-3 所示。

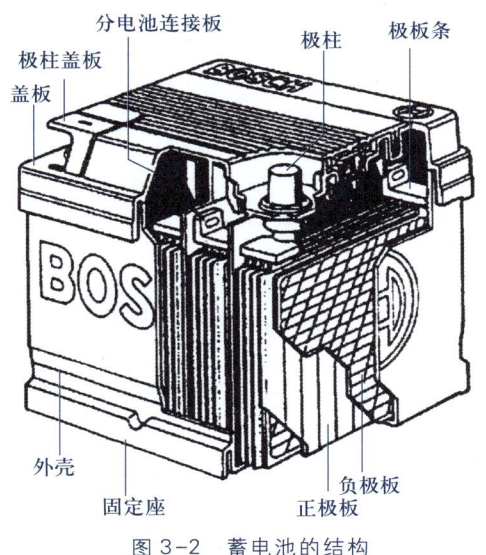

图 3-2 蓄电池的结构

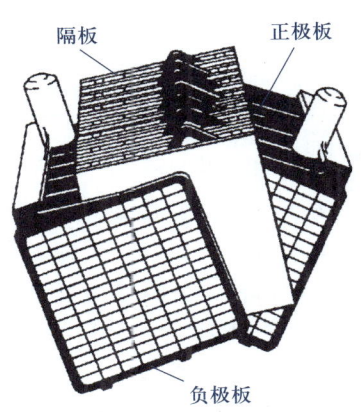

图 3-3 极板组的结构

（1）极板

极板是蓄电池的核心部分,由栅架和活性物质组成,可分为正极板和负极板,正极板呈棕红色(PbO_2),负极板为青灰色海绵状的纯铅(Pb)。栅架是极板的骨架,其主要成分为铅(Pb),并加入 5%~12% 的锑。

（2）隔板

在正极板与负极板间使用一片多孔材质的绝缘板来分隔，称为隔板，如图 3-4 所示。其材质有木材、微孔硬橡胶、合成树脂、玻璃强化纤维板、玻璃纤维板等。目前，使用微孔硬橡胶及玻璃纤维板等材质的较多。隔板一面平滑，须面向负极板；另一面有槽沟，面向正极板，使脱落的活性物质能够掉入沉淀室中。将多块正极板及负极板分别用联条联结成一体，正、负极板间插入隔板，即形成极板组，每个单格电池中放置一组极板组。极板组中负极板比正极板多一片，即正极板的两面都要有负极板，原因是正极板充、放电时的膨胀率大，若仅有一面产生作用，容易弯曲损坏，负极板则不会，故极板组中的极板数均为单数。

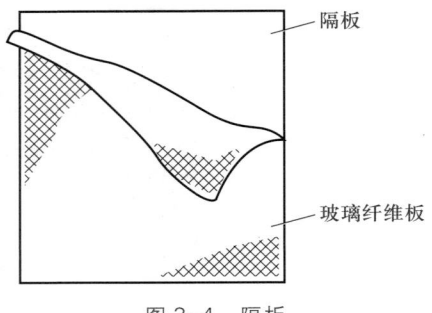

图 3-4 隔板

2. 电解液

（1）液态电解液

铅酸蓄电池的电解液由相对密度为 1.84 g/cm³ 的纯硫酸和蒸馏水配制而成，密度一般为 1.24~1.31 g/cm³。电解液的纯度是影响蓄电池的电气性能和使用寿命的重要因素。

在完全充满电的情况下，纯硫酸的比例约为 38%，其余的部分为蒸馏水。由于具有带电离子，这种电解液能够在电极之间传导电流。电解液的额定密度随着蓄电池充电状态的改变而改变。电解液密度、充电状态和电压的关系见表 3-1。

表 3-1 电解液密度、充电状态和电压的关系

电解液密度/(g/cm³)	充电状态	电压/V	电解液密度/(g/cm³)	充电状态	电压/V
1.28	100%	12.7	1.18	40%	12.1
1.21	60%	12.3	1.10	0%	11.7

（2）固态电解液

为了避免电解质溢出导致损坏，可以采用固态的电解液。为此可用一种胶凝剂来使电解液变为固态。通过在硫酸中加入硅酸溶胶可以使电解液固化成胶状。另一种固化电解液的方式是用玻璃纤维来充当隔板。这种纤维能够束缚住电解液，当蓄电池外壳损坏时可以防止电解液流出。

3. 壳体和上盖板

壳体和上盖板的结构如图 3-5（a）所示。旧型蓄电池的每一单格电池的中央均有一个加液孔盖，通过螺纹连接在上盖板上，上有通气孔，其结构如图 3-5（b）所示，功用如下。

1）供添加蒸馏水或供检验电解液用。

2）在充电时，使产生的氢气及氧气能逸出，以防聚积过多气体而发生爆炸。

现代汽车用蓄电池多为免维护（Maintenance Free，MF）蓄电池，其上盖板上无须

加液孔盖,但仍有部分免维护蓄电池设有加液孔盖,盖顶部与蓄电池上盖板表面平齐,也有的加液孔盖装在上盖板表面以下。

4. 联条和极柱

联条和极柱的结构如图3-6所示。

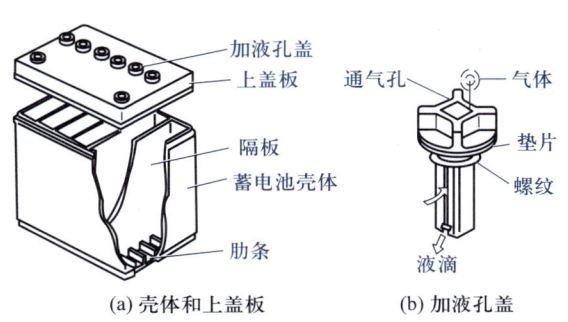

图 3-5　蓄电池壳体、上盖板及加液孔盖

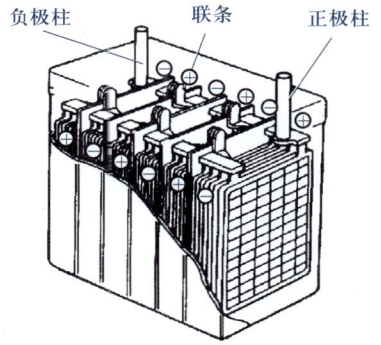

图 3-6　蓄电池联条和极柱

1）联条。联条的作用是将分散的电池串联起来,提高整个蓄电池的端电压。普通蓄电池联条的串联方式一般是外露式,而新型蓄电池联条的串联方式是封闭式。

2）极柱。蓄电池顶部有两个板柱露出,是将各单格电池的极板串联后,作为输出或输入的总接头。为了便于识别,极柱的上面或旁边刻有"+""-"标记,也有的在正极柱上涂上红色油漆。

5. 蓄电池观察窗(魔术眼)

大众车系的大部分车型(除奥迪 A8、A6 和 A4 外)上都配有带"魔术眼"的湿式蓄电池。"魔术眼"通过彩色显示窗提供关于充电状态和蓄电池电解液液位的信息。在首次判断充电状态时,只需要看一个单格电池即可。

在用"魔术眼"进行目视检查之前,应使用螺钉旋具的手柄小心地在"魔术眼"上敲击。这样做可以使干扰显示的气泡升起,从而令"魔术眼"的彩色显示窗显示更加准确。

注意:蓄电池在充电时,电解液密度先在极板区域内升高。极板上方的电解液密度则是因扩散作用而升高的。然而,"魔术眼"只识别极板上的电解液密度。在个别情况下,这会导致一个错误的结论,即尽管蓄电池已充满电,"魔术眼"仍然显示为黑色。这是因为,酸密度较高的电解液还没有与酸密度较低的电解液混合。这一混合过程(扩散)可能持续数小时。为了准确判断蓄电池的状态,需要用蓄电池测试仪 VAS 5097A 对蓄电池进行检测。"魔术眼"如图3-7所示,状态显示如图3-8所示。

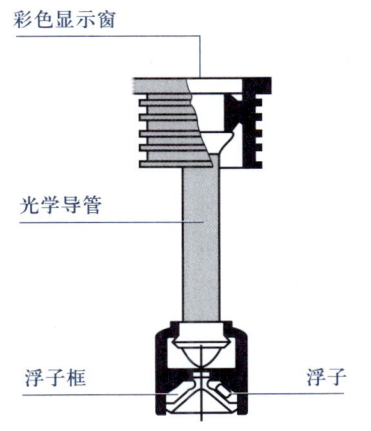

图 3-7　"魔术眼"

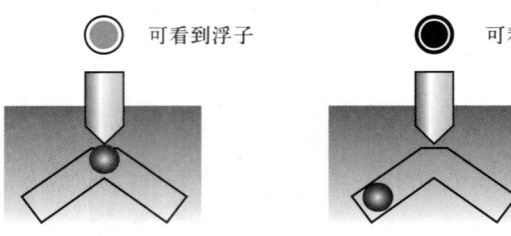

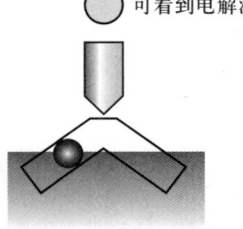

图 3-8 "魔术眼"状态显示

"魔术眼"显示颜色含义如下。

绿色：充电 65%~100%，充电状态良好，蓄电池状态正常。

黑色：充电 0~65%，充电状态不佳，需要给蓄电池充电。

黄色至无色：电解液液面过低，需要更换电解液。

3.1.2 蓄电池的工作原理

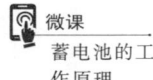

将两种不同的金属板放入电解液中，因化学作用产生电离子，聚集电离子的极板产生较高的负电位，称为负极板，失去电子的极板产生正电位，称为正极板，在正、负两块极板间会产生电动势。若有导线及负载连接在两极板之间，则有电流流通，如图 3-9 所示。

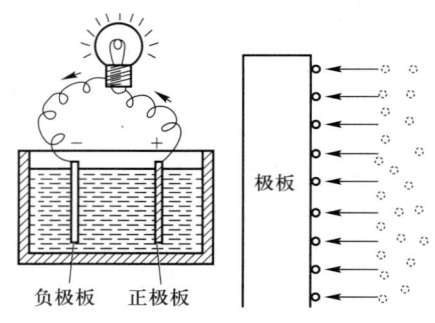

图 3-9 蓄电池工作原理

1. 蓄电池放电过程

如果将蓄电池与外电路的负载接通，例如接亮汽车前照灯，蓄电池与前照灯就组成了完整的电路。当电路中产生电流时，电子 e^- 从负极板经过外电路的负载流往正极板，使正极板的电位下降，从而破坏了原有的平衡状态。流到正极板的电子 e^- 与 Pb^{4+} 化合，Pb^{4+} 变成二价离子 Pb^{2+}，Pb^{2+} 与 SO_4^{2-} 化合，生成 $PbSO_4$ 沉淀在正极板上：

$$Pb^{4+}+2e^- \longrightarrow Pb^{2+}$$

$$Pb^{2+}+SO_4^{2-} \longrightarrow PbSO_4$$

在负极板处，Pb^{2+} 与电解液中的 SO_4^{2-} 化合也生成 $PbSO_4$，沉淀在负极板上，而极板上的金属铅继续溶解，生成 Pb^{2+}，留下电子 e^-。

在外部电路的电流继续流通时，蓄电池正极板上的 PbO_2 和负极板上的 Pb 将不断转变为 $PbSO_4$，电解液中的 H_2SO_4 逐渐减少，而 H_2O 逐渐增多，电解液相对密度下降。铅酸蓄电池放电时的化学过程如图 3-10 所示。

2. 蓄电池充电过程

充电时蓄电池的正、负两极接通直流电源，当电源电压高于蓄电池的电动势 E

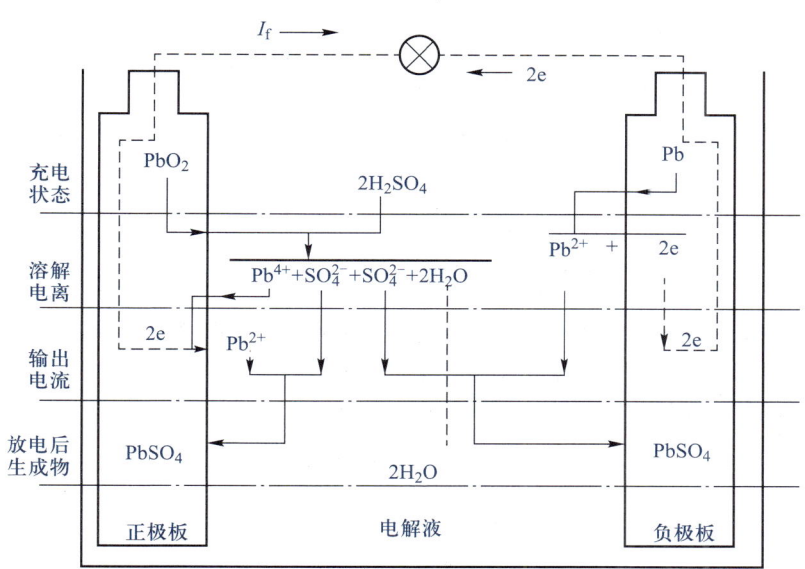

图 3-10　铅酸蓄电池的放电过程

时,在电源电压的作用下,电流将以相反的方向通过蓄电池,即由蓄电池的正极流入,从蓄电池的负极流出,也就是电子由正极板经外电路流往负极板。这时正、负极板发生的化学反应正好与放电过程相反,其化学反应过程如图 3-11 所示。

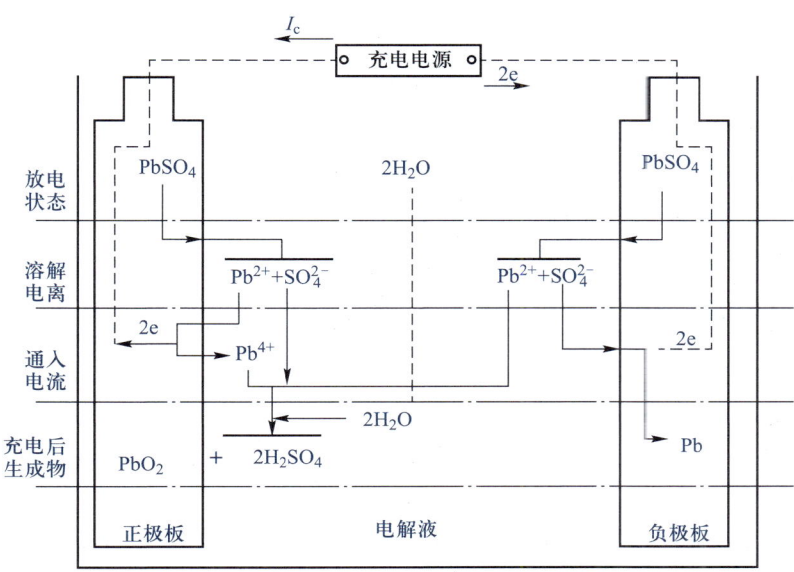

图 3-11　铅酸蓄电池的充电过程

在正极板处,有少量的 $PbSO_4$ 溶于电解液中,产生 Pb^{2+} 和 SO_4^{2-},Pb^{2+} 在电源电压作用下失去两个电子变成 Pb^{4+},它又和电解液中解析出来的 OH^- 结合,生成 $Pb(OH)_4$,$Pb(OH)_4$ 再分解成为 PbO_2 和 H_2O,而 SO_4^{2-} 与电解液中的 H^+ 化合生成

H_2SO_4。正极板上的总反应为：

$$PbSO_4 - 2e^- + 2H_2O + SO_4^{2-} \longrightarrow PbO_2 + 2H_2SO_4$$

在负极板处，也有少量的 $PbSO_4$ 溶于电解液中，产生 Pb^{2+} 和 SO_4^{2-}，Pb^{2+} 在电源的作用下获得两个电子变成金属 Pb，沉附在极板上，而 SO_4^{2-} 则与电解液中的 H^+ 化合生成 H_2SO_4。负极板上的总反应为：

$$PbSO_4 + 2e^- + 2H^+ \longrightarrow Pb + H_2SO_4$$

由此可见，在充电过程中，正负极板上的 $PbSO_4$ 将逐渐恢复为 PbO_2 和 Pb，电解液中的硫酸（H_2SO_4）成分逐渐增多，水（H_2O）逐渐减少。

充电期间，电解液相对密度将升到最大值，并且会引起水的分解。其反应式为：

$$H_2SO_4 \Longleftrightarrow 2H^+ + SO_4^{2-}$$

负极上的反应：

$$4H^+ + 4e^- \longrightarrow 2H_2 \uparrow$$

正极上的反应：

$$2SO_4^{2-} - 4e^- + 2H_2O \longrightarrow 2H_2SO_4 + O_2 \uparrow$$

蓄电池的总反应为：

$$H_2SO_4 + 2H_2O \longrightarrow H_2SO_4 + 2H_2 \uparrow + O_2 \uparrow$$

因此，实际上分解的是 H_2O：

$$2H_2O \longrightarrow 2H_2 \uparrow + O_2 \uparrow$$

由蓄电池充放电时的化学反应过程，可以得出如下几点结论。

1）蓄电池在放电时，电解液中的硫酸将逐渐减少，而水将逐渐增多，电解液相对密度下降。蓄电池放电终了的特征如下：

① 单格电池电压降到放电终止电压 1.75 V。

② 电解液密度降到最小许可值 1.11 g/m^3。

2）蓄电池在充电时，电解液中的硫酸将逐渐增多，而水将逐渐减少，电解液相对密度增加。蓄电池充满电的标志如下：

① 电解液中有大量气泡冒出，呈沸腾状态。

② 电解液的密度和蓄电池的端电压上升到规定值（单格电池电压为 2.7 V），且 2 h 保持不变。

因此，可以通过测量电解液相对密度的方法来判断蓄电池的充放电程度。在蓄电池的充、放电过程中，极板的活性物质是处在化合和分解的运动之中，略去中间的化学反应，这一运动的过程可以表示为：

$$PbO_2 + Pb + 2H_2SO_4 \underset{充电}{\overset{放电}{\Longleftrightarrow}} 2PbSO_4 + 2H_2O$$

在充、放电时，电解液密度发生变化，主要是正极板的活性物质化学反应的结果，因此要求正极板处的电解液流动性要好,所以在装配蓄电池时,应将隔板有沟槽的一面对着正极板,以便电解液流通。

蓄电池放电终了时,极板上只有 20%～30% 的活性物质转变为硫酸铅,尚余有70%～80% 的活性物质没有起作用,因此,要减轻铅蓄电池的重量,提高供电能力,应该充分提高极板活性物质的利用率,在结构上提高极板的多孔性,减少极板的厚度。

学习单元 3.2　蓄电池的技术参数、型号及标准

微课
蓄电池的技术参数及影响因素

3.2.1　蓄电池的技术参数

1. 额定电压

蓄电池的额定电压为 12 V。汽油车一般用额定电压为 12 V 的蓄电池,柴油车一般将 2 块额定电压 12 V 的蓄电池串联使用,其额定电压为 24 V。

蓄电池在无充放电,且内部电解质的运动处于平衡状态时的电动势,称为静止电动势。静止电动势大小与电解液的密度和温度有关,一定程度上能够反映蓄电池的荷电状况。蓄电池工作时,电解液密度总是在 1.12～1.30 g/cm³ 变化。选择蓄电池时,一定要选择额定电压和车上电气系统电压等级一致的蓄电池。

2. 额定容量

蓄电池的容量标志着蓄电池对外供电的能力。一只完全充满电的蓄电池,在允许的放电范围内所输出的电量称为蓄电池的容量:

$$C = I_f t_f$$

式中:C——蓄电池的容量,A·h;

I_f——放电电流,A;

t_f——放电时间,h。

蓄电池的容量与放电电流的大小以及电解液的温度有关,蓄电池出厂时规定的额定容量是在一定的放电电流、一定的终止电压和一定的电解液温度下取得的。

额定容量是检验蓄电池的重要指标之一。GB/T 5008.1—2013 标准规定,以 20 h 放电率的放电电流在电解液初始温度为 (25±5)℃,相对密度为 (1.28±0.01) g/cm³(25 ℃)的条件下,放电到规定的终止电压 1.75 V,蓄电池所输出的电量,称为蓄电池的额定容量,记为 C_{20}。

例如,6-QA-60 型蓄电池,在电解液初始温度为 25 ℃时,以 3 A 的放电电流持续放电 20 h,单格电池电压降到 1.75 V,其额定容量 $C_{20}=3×20=60$(A·h)。有的国外蓄电池标号上出现 20HR,指的是 20 h 放电率,H 是 Hour(小时),R 是 Rate(比率)。

3. 冷起动容量

冷起动电流(Cold Cranking Amperage,CCA)通常是指在 -18 ℃时,蓄电池 30 s 持续放电至端电压为 7.2 V 时所能提供的电流,是蓄电池低温起动性能的表现,发动机

的排量、压缩比、温度、起动时间、发动机及电气系统技术状态和点火的最低电压有关。制造蓄电池时根据使用地区环境温度不同,有提高耐热性或者提高耐寒性的设计,一般为热带地区设计的蓄电池 CCA 值低,为寒冷地区设计的蓄电池 CCA 值高。为寒冷地区设计的蓄电池在热带使用寿命肯定会缩短。选择蓄电池要根据当地温度去选 CCA 值适当的蓄电池,如当地气温高就要用 CCA 值低的产品,因为蓄电池对于温度很敏感,温度一般以 25 ℃ 为基准。

4. 储备容量

储备容量(Reserve Capacity,RC)表示在汽车充电系统失效时,蓄电池能为照明和点火系统等用电设备提供 25 A 恒电流的能力。根据国标,蓄电池在(25±2)℃ 的条件下,以 25 A 的额定电流恒定放电至单格电池终止电压 1.75 V(整个电池终止电压为 10.5 V)时的放电持续时间,称为蓄电池的储备容量,单位为 min。

3.2.2　蓄电池的型号及标准

有关蓄电池的型号,全世界不同地区有多个标准,最常见的有中国的国标(GB)、美国汽车工程师学会(SAE)标准、日本工业标准(JIS)、德国标准化学会(DlN)标准和欧洲标准(EN)等。

虽然不同标准的规定不同,但其主要内容都包含蓄电池额定电压、额定容量、冷起动电流以及类型、储备容量等。例如,蓄电池上面写着 CCA:700　CA:875　RC:106,表示冷起动电流 700 A,起动电流 875 A,储备容量 106 A·h;也有一些合资品牌蓄电池上同时标注 GB 和 DIN 或 EN 标准型号,如 6-QA-180, 12 V 180 A·h 540 A(EN),表示额定电压 12 V,额定容量 180 A·h,冷起动电流 540 A。

在这里简要介绍中国的国标(GB)和欧洲标准(EN)对蓄电池型号的命名含义。

1) GB 标准型号为 6-QA-60 的蓄电池的含义如图 3-12 所示。

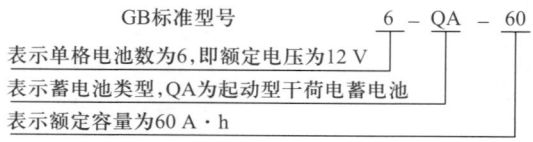

图 3-12　GB 标准蓄电池型号含义

2) EN 标准型号为 544 059 036 的蓄电池的含义如图 3-13 所示。

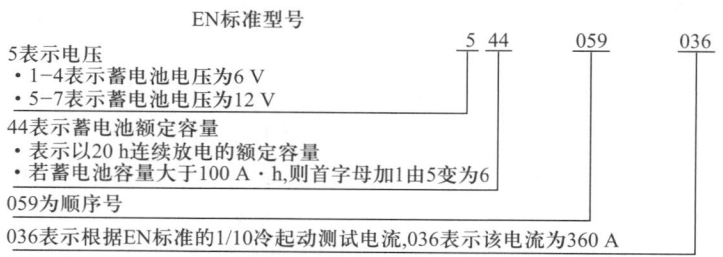

图 3-13　EN 标准蓄电池型号含义

🔧 任务实施

任务　蓄电池亏电严重故障检修

【任务要求】

1. 能够掌握蓄电池检查方法。
2. 能够掌握蓄电池正确使用方法。

【任务指导】

一、蓄电池技术状况的检查

1. 检查电解液液面高度

1）对于透明壳体的蓄电池,可以通过观察电解液液面对应的刻度线来检查电解液液面高度,如图 3-14 所示。电解液液面高度必须保持高出极板 10~15 mm,即在最高刻度线与最低刻度线之间,高度不足时,直接添加蒸馏水。

2）对于有观察窗的免维护蓄电池,可直接通过观察窗检查观察孔的颜色,如果观察孔出现透明色,说明电解液液面过低,应更换蓄电池。

2. 电解液密度的测量

使用密度计测量蓄电池电解液密度时,吸取蓄电池的电解液后,不要拔出密度计,如图 3-15 所示,以免电解液溅出腐蚀零件或衣物,直接读取浮球杆壁上的读数。

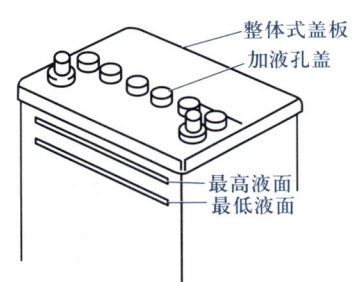

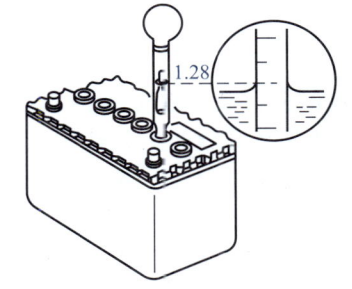

图 3-14　蓄电池电解液液面高度的检查　　　　图 3-15　蓄电池电解液密度的检查

测量密度时,同时放入温度计测量电解液温度。读取密度,并做温度校正。蓄电池电解液正常密度值见表 3-2。

表 3-2　蓄电池电解液正常密度值

温度条件	蓄电池状态	电解液密度（g/cm³）	温度条件	蓄电池状态	电解液密度（g/cm³）
常温下	放电	1.12	热带地区	放电	1.08
	半充电	1.20		半充电	1.14
	全充电	1.28		全充电	1.23

通过测量每个单格电池的相对密度可以确定蓄电池是否失效。若单格电池之间的测量结果的最高值和最低值之间相差超过 0.050 g/cm³,则该蓄电池失效。当所有的单格电池具有相同的相对密度值,即使相对密度值都偏低,通常该蓄电池都可以通过补充充电后得以再生使用。

3. 蓄电池端电压的检测

(1)用高率放电计测量放电电压

用高率放电计测量蓄电池各个单格电池在大电流放电时的电压值,即模拟接入起动机负载,测量蓄电池在接近起动机起动电流放电时的端电压,用以判断蓄电池的放电程度和起动能力,如图 3-16 所示。

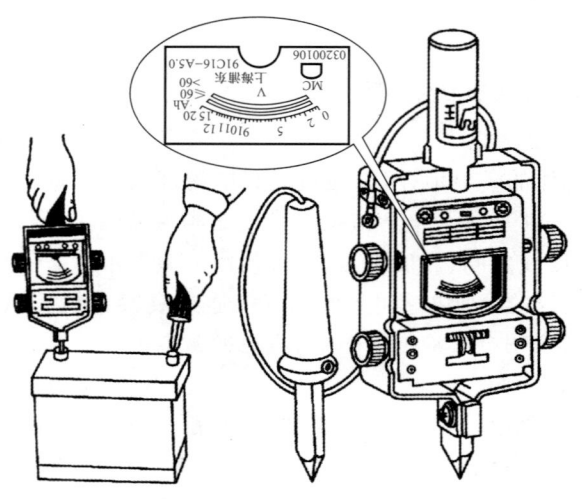

图 3-16   高率放电计

测量时应将高率放电计的两个叉尖紧紧地压在单格电池的正、负极桩上,历时5 s,电压表的读数就是大负荷放电情况下蓄电池所能保持的端电压。技术状况良好的蓄电池,用高率放电计测量时,单格电压在 1.5 V 以上,并在 5 s 内保持稳定。其中,读数在 1.75 以上说明单格电池完好。读数在 1.5~1.75 V 表明放电较多,应进行补充充电。如果在 5 s 以内单格电池电压迅速下降到 1.5 V 以下,或者蓄电池中的一个单格电池电压比其余的单格电压低 0.1 V 以上,则说明该单格电池有故障,应进行更换。

(2)用万用表测量蓄电池开路电压

要想获得准确的检测结果,蓄电池必须是稳定的。若蓄电池刚补充完电,至少应等待 10 min,让蓄电池的电压稳定,才能进行测量。把电压表接在蓄电池两极桩上,跨接时认准极性。测量开路电压,读数要精确到 0.1 V。

考虑到蓄电池在 25 ℃ 时处于较佳状态下的读数应为 12.7 V 左右,若充电状态是75% 或 75% 以上,就可以认为蓄电池"充满了电",其对应关系见表 3-3。

表3-3　开路电压的检测结果表明充电状态

开路电压（V）	充电状态（%）	开路电压（V）	充电状态（%）
12.6 或 12.6 以上	100	12.0~12.2	25~50
12.4~12.6	70~100	11.7~12.0	0~25
12.2~12.4	50~75	11.7 或 11.7 以下	0

　　开路电压检测用来确定蓄电池的充电状态，通常在密度计不适用或不能用的情况下采用。如果汽车有许多常接蓄电池的电路（计算机、时钟、存储式收音机等），在读取电压表读数之前应脱开蓄电池负极电缆。

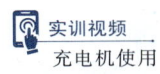

实训视频
充电机使用

二、蓄电池充电的方法

　　蓄电池的充电可分为定流充电、定压充电和脉冲快速充电三种不同的充电方法，应根据具体情况正确选择充电方法。

　　1. 定流充电

　　在充电过程中，保持一定充电电流的充电方法称为定流充电。由于充电过程中蓄电池电动势随充电时间的增加而升高，因此，定流充电过程须逐步提高充电电压，当单格电池电压上升至 2.4 V，电解液开始有气泡冒出时，应将电流大小减半，直至充满电为止。

　　充电电流大小为 $1/15C_{20} \sim 1/10C_{20}$。

　　定流充电有较大的适应性，可以对新蓄电池进行初充电，对使用中的蓄电池进行补充充电，以及进行去硫充电等。定流充电的不足之处在于需要经常调节充电电流，充电时间长。

　　2. 定压充电

　　蓄电池在充电过程中，直流电源电压保持不变的充电方法称为定压充电。定压充电时，充电电流很大，充电开始之后 4~5 h 内蓄电池就可以达到自身容量的 90%~95%，可以大大缩短充电时间。

　　采用定压充电时，应注意选择充电电压。电压选择过高会造成充电初期充电电流过大和发生过充电现象，造成极板损坏；电压选择过低则会使蓄电池充电不足。一般单格电池充电电压定为 2.5 V，即蓄电池的充电电压应为（14.80±0.05）V（6 格电池）或（7.40±0.05）V（3 格电池）。此外，充电初期最大充电电流不应超过 $0.3C_{20}$，否则应适当调低充电电压，待蓄电池电动势升高后再将充电电压调整到规定值。

　　定压充电的充电时间短，充电时不需要人照管，适用于蓄电池补充充电，在汽车修理行业被广泛采用，但定压充电不能调整充电电流的大小，所以适应性较小，且不能将蓄电池完全充满电，故只适用于蓄电池补充充电。定压充电要求所有参与充电的蓄电池的电压应完全相同。

　　3. 脉冲快速充电

　　脉冲快速充电利用蓄电池充电初期可接受大电流的特点，采用 $0.8C_{20} \sim 1C_{20}$ 的大电流对蓄电池进行定流充电，使蓄电池在短时间内充入 60% 左右的容量；当单格电池电压达到 2.4 V,电解液开始冒气泡时,则通过脉冲充电方法消除极化。脉冲快速充电电流波形如图 3-17 所示。脉冲充电阶段控制方法是,先停止充电 25 ms 左右,使欧姆极化消失,浓差极化也由于扩散作用而部分消失;接着再反充电,反充电的脉宽一般为 150~1 000 μs,脉幅为 1.5~3 倍的充电电流,以消除电化学极化的电荷积累和极板孔隙中形成的气体,并进一步消除浓差极化;接着再在停止充电 25 ms 后进行正脉冲充电,周而复始。

脉冲快速充电的优点是可以缩短充电时间,空气污染小,省电。在蓄电池集中频繁充电或在应急部门使用脉冲快速充电,更能发挥其效率。脉冲快速充电的缺点是不能将蓄电池完全充满电,且由于充电速度快,易使活性物质脱落,因而对蓄电池的寿命有不利影响。

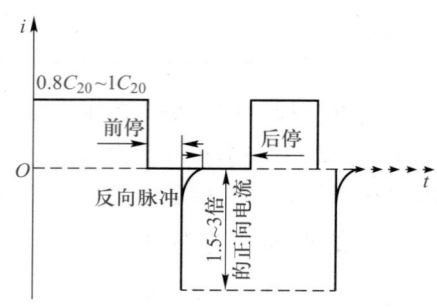

图 3-17　脉冲快速充电电流波形

三、蓄电池充电注意事项

蓄电池充电时有许多安全注意事项,应该严格遵守。

1)如果要取下车上的蓄电池,首先应拆下蓄电池的负极电缆,再取出蓄电池。

2)严格遵守各种充电方法的充电规范。

3)将充电机与蓄电池连接时,要注意极性,正对正,负对负,以免损坏蓄电池。

4)在充电机工作时,不要连接或脱开充电机引线。

5)在充电过程中,要注意各个单格电池电压和电解液密度,及时判断充电程度和技术状况。

6)在充电过程中,要注意各个单格电池的温度,以免温度过高影响蓄电池的使用性能。

7)室内充电时,打开蓄电池加液孔盖,使气体顺利逸出,以免发生事故。

8)充电室要安装通风设备,严禁在蓄电池附近产生电火花、明火和吸烟。

9)充电时,导线必须连接可靠。

四、蓄电池的使用与维护

实践证明,只有正确使用与维护蓄电池,才能保证蓄电池经常处于完好的工作状态并延长其使用寿命。在日常使用中,应注意做好如下工作:

1)定期检查蓄电池安装是否牢固,线夹与极桩的连接是否牢固,并及时清除线夹和极桩上的氧化物。在其表面涂上凡士林或黄油可防止氧化。

2)经常检查蓄电池表面是否清洁,应及时清除灰尘、油污、电解液等脏物。畅通加液孔盖通气小孔。

3)定期检查电解液的液面高度,液面一般应高出极板 10~15 mm,液面过低时应及时补充蒸馏水。除非确定液面降低是由于电解液溅出所致,否则一般不允许加注硫酸溶液。

4）检查蓄电池的放电程度，放电程度冬季超过25%，夏季超过50%时，就应立即对蓄电池进行补充充电。

5）定期对蓄电池进行补充充电，不考虑蓄电池放电程度强制性进行补充充电，以保证蓄电池始终保持充满电的状态，避免极板硫化。定期补充充电一般为每月一次，城市公共汽车可间隔短些，长途运输车辆可间隔时间更长一些。

6）连接蓄电池时，应细心查明极性，正对正，负对负。

7）脱开蓄电池时，始终要先拆负极（搭铁）电缆。

8）千万不要把工具放在蓄电池上。它们可能会同时触及两个极桩，使蓄电池短路而引起事故。

9）蓄电池充电时析出的气体极易爆炸，应避免在蓄电池附近电焊或出现明火，禁止在蓄电池周围吸烟。

五、蓄电池常见故障

蓄电池的外部故障有壳体或盖子出现裂纹、封口胶干裂、极桩松动或腐蚀等；内部故障有极板硫化、活性物质脱落、极板短路、自行放电、极板拱曲等。下面简单分析几种常见故障现象、产生的原因以及排除方法。

1. 极板硫化

蓄电池长期处于放电状态或者充电不足状态，会在极板上逐渐生成一层白色粗晶粒的硫酸铅，正常充电时，不能转化为 PbO_2 和 Pb，称为硫酸铅硬化，简称硫化。

这种粗晶粒的硫酸铅，堵塞极板孔隙，使电解液渗入困难，蓄电池容量降低，且硫化层导电性差，蓄电池内阻显著增大，起动性能和充电性能下降。

蓄电池硫化主要表现在：极板上有白色的霜状物；蓄电池容量明显下降；用高率放电叉检查时，单格电池电压明显降低；充电时单格电池电压迅速升高到 2.8 V 左右，但电解液密度上升不明显，且过早出现沸腾现象。

硫化的原因主要包括：

1）充电不足的蓄电池长期放置，当温度升高时，极板上一部分硫酸铅溶于电解液中，在温度下降时，溶解度随之减小，部分硫酸铅再结晶成粗大颗粒的硫酸铅附在极板上，使之硫化。

2）蓄电池内电解液液面过低，极板上部与空气接触而氧化（主要是负极板），在汽车行驶过程中，由于电解液上下晃动与极板氧化部分接触，也会生成粗晶粒的硫酸铅，使极板上部硫化。

3）电解液密度过大或电解液不纯、温度变化大都能使极板硫化。

补救办法：当硫化不严重时，可采用去硫充电法进行充电。当硫化严重时，应予以报废。

初步实践表明，用快速充电机充电，对于消除硫化有显著效果。

2. 自行放电

对于充满电的蓄电池，如果放置不用，则会逐渐失去电量，这种现象称为自行放电。对于充满电的蓄电池，如果每昼夜容量下降不大于2%，就是正常的自放电，超过

2%说明存在故障。

自行放电的原因主要有：

1）电解液不纯，杂质与极板之间以及沉附于极板上的不同杂质之间形成电位差，通过电解液产生局部放电。

2）蓄电池溢出的电解液堆积在盖板上，使正、负极桩形成通路。

3）极板活性物质脱落，下部沉淀物过多，使极板短路。

4）蓄电池长期放置不用，硫酸下沉，下部密度比上部大，极板上、下部产生电位差引起自行放电等。

发现自行放电故障后，应倒出电解液，取出极板组，抽出隔板，再用蒸馏水冲洗极板和隔板，然后重新组装，加入新的电解液重新充电。

3. 极板短路

隔板损坏、极板拱曲变形或活性物质大量脱落都会造成极板短路。

极板短路的外部特征是充电电压低，密度上升很慢，充电时气泡很少，而且用高率放电叉测试时，单格电池电压很低或者为零。对于短路的蓄电池，必须拆开查明原因并排除故障。

4. 活性物质脱落

活性物质脱落，主要是指正极板上 PbO_2 的脱落，这是蓄电池早期损坏的主要原因之一。

充电时，如果正极板形成致密的 PbO_2 层则不易脱落。而 PbO_2 层是在 $PbSO_4$ 表面形成的，实验证明，致密的 PbO_2 层是在疏松的 $PbSO_4$ 表面上形成的。所以 PbO_2 脱落的主要原因是放电而不是充电。实验证明，降低电解液密度，减小放电电流以及提高电解液温度，都有利于形成疏松的 $PbSO_4$ 层，因而有利于防止活性物质脱落。反之，若采用高密度电解液，或者是低温大电流放电，都容易形成致密的 $PbSO_4$ 层，加速活性物质脱落。

负极板上活性物质脱落的主要原因是大电流过充电，产生大量的氢气和氧气，当氢气从负极板的孔隙向外冲出时，会使活性物质脱落。汽车行驶时的颠簸振动，也会加速活性物质的脱落。沉淀物少时，可以消除后继续使用，沉淀物多时，应更换新极板。

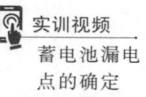

实训视频
蓄电池漏电点的确定

【任务工单】

任课教师		时间	
班级		学生姓名	
项目	汽车蓄电池的检测与使用	学时	
任务	蓄电池亏电严重故障检修	学习地点	
仪器与设备	蓄电池、万用表		

参考资料	1. 捷达轿车维修手册 1984 第五分册－空调系统,电气系统 2. 捷达轿车维修手册 1984 电路
课前预习	1. 汽车蓄电池的结构 2. 汽车蓄电池的工作原理 3. 汽车蓄电池故障诊断
课堂学习	1. 写出蓄电池型号所代表的含义  2. 下图为蓄电池常见的安全标识符,写出标识符的含义 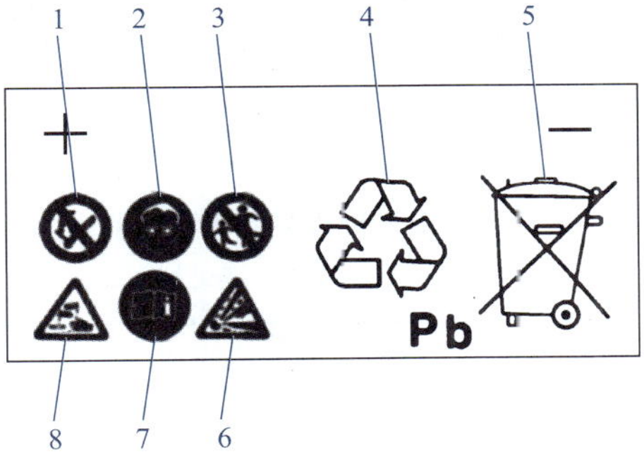 （1）＿＿＿＿＿＿＿＿＿＿＿＿＿＿＿＿＿＿＿＿＿＿＿＿＿＿ （2）＿＿＿＿＿＿＿＿＿＿＿＿＿＿＿＿＿＿＿＿＿＿＿＿＿＿ （3）＿＿＿＿＿＿＿＿＿＿＿＿＿＿＿＿＿＿＿＿＿＿＿＿＿＿ （4）＿＿＿＿＿＿＿＿＿＿＿＿＿＿＿＿＿＿＿＿＿＿＿＿＿＿ （5）＿＿＿＿＿＿＿＿＿＿＿＿＿＿＿＿＿＿＿＿＿＿＿＿＿＿ （6）＿＿＿＿＿＿＿＿＿＿＿＿＿＿＿＿＿＿＿＿＿＿＿＿＿＿ （7）＿＿＿＿＿＿＿＿＿＿＿＿＿＿＿＿＿＿＿＿＿＿＿＿＿＿ （8）＿＿＿＿＿＿＿＿＿＿＿＿＿＿＿＿＿＿＿＿＿＿＿＿＿＿ 3. 蓄电池的检测 （1）用电压表检测蓄电池极柱电压降 　自己动手用电压表测出蓄电池电缆与极柱之间的电压,并将数值填入下表:

续表

正极与电缆之间电压	
负极与电缆之间电压	

（2）用电压表检测蓄电池自放电

自己动手用电压表检测负极柱与壳体顶部之间的电压，并将数值填入下表：

负极柱与壳体顶部之间电压	

课堂学习

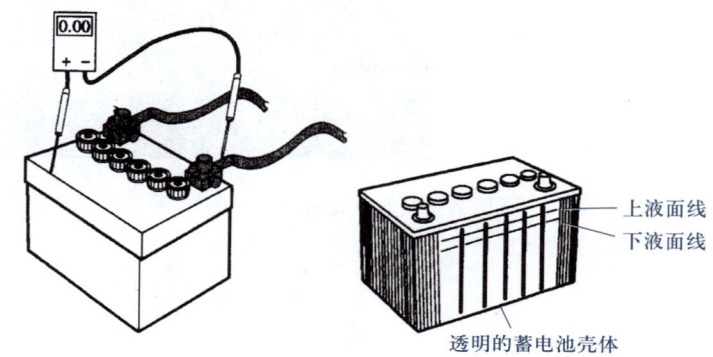

上液面线
下液面线
透明的蓄电池壳体

（3）用电压表检测蓄电池开路电压

自己动手用电压表检测两极柱之间的电压，并将数值填入下表：

	电压值	充满电	欠充电
电池 1			
电池 2			
电池 3			
电池 4			

总结与记录

 习题

一、选择题

1. 将同极性极板并联在一起形成极板组的目的是（　　）。

A. 提高端电压　　　　　　　　　　　B. 增大容量

C. 提高电动势　　　　　　　　　　　D. 增大电流

2. 我国规定,起动型铅蓄电池内电解液液面应高出防护片( )。

A. 5~10 mm　　　　B. 10~15 mm　　　　C. 15~20 mm　　　　D. 30 mm

3. 蓄电池放电后极板上的生成物为( )。

A. PbO_2　　　　B. Pb　　　　C. $PbSO_4$　　　　D. $Pb(OH)_4$

4. 在充电过程中电解液的密度( )。

A. 即增大又减小　　　　　　　　B. 不变

C. 减小　　　　　　　　　　　　D. 加大

5. EQ1090 型汽车用 6-Q-105 型铅蓄电池的低温起动容量是( )。

A. 105 A·h　　　　　　　　B. 15.75 A·h

C. 13.125 A·h　　　　　　　D. 50.25 A·h

6. 随着放电电流的增大,蓄电池的容量( )。

A. 达到额定容量　　　　　　　　B. 减小

C. 不变　　　　　　　　　　　　D. 加大

二、判断题(正确打"√",错误打"×")

( )1. 蓄电池放电终了时,极板上的活性物质已经全部参加化学反应。

( )2. 蓄电池和发电机并联向用电设备供电。

( )3. 发动机起动后,蓄电池不再给用电设备供电。

( )4. 发动机正常工作时,蓄电池和发电机同时向用电设备供电。

( )5. 定压充电不需要调整充电机的电流。

三、简答题

1. 蓄电池由哪些部分组成?为什么负极板比正极板多一片?

2. 简述免维护蓄电池的构造特点。

3. 简述蓄电池的工作原理,并写出其化学反应方程式。

4. 什么是蓄电池的容量?影响蓄电池容量的因素有哪些?

5. 蓄电池在什么情况下应进行补充充电?

6. 简述蓄电池自行放电故障的原因及排除方法。

项目四 汽车交流发电机检修

任务目标

1. 知识目标

（1）掌握交流发电机的组成。

（2）掌握交流发电机的构造、工作原理。

2. 技能目标

（1）能够对交流发电机进行拆装及检测。

（2）能够排除电源系统故障。

3. 素养目标

（1）能够用细心、耐心的工作态度对待客户。

（2）能够组织小组讨论并发表个人观点和看法。

（3）能够做好"5S"管理，保持环境清洁。

任务描述

充电系统常见故障有不充电、充电指示灯常亮、发电不足等。该任务通过对电源系统故障的诊断，发电机的拆卸、检修、安装调整过程的实施与学习，使学生在掌握电源系统的结构与工作原理等方面理论知识的同时，具备对上述故障分析与排除的能力。

学习单元 4.1　交流发电机构造

动画
发电机的结构

4.1.1　交流发电机结构与型号

汽车用交流发电机为硅整流、三相同步式交流发电机。其主要由转子、定子、整流器、端盖及其他组件组成，如图 4-1 所示。

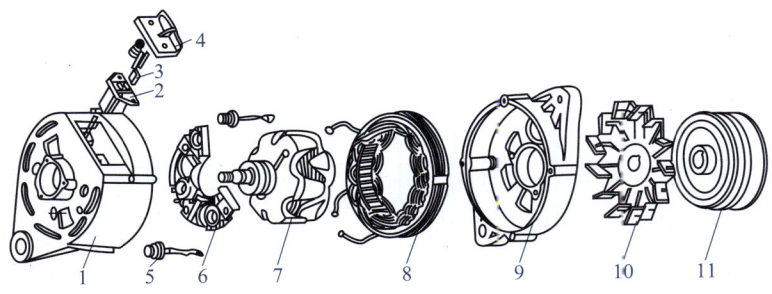

图 4-1　JFI32 型交流发电机的构造图

1—后端盖；2—电刷架；3—电刷；4—电刷弹簧盖板；5—硅二极管；6—整流器；
7—转子；8—定子；9—前端盖；10—风扇；11—带轮

1. 转子

转子是交流发电机的磁极部分，其组成如图 4-2 所示。两块爪极压装在转子轴上,爪极的空腔内装有磁轭并绕有磁场绕组,磁场绕组的两个引出线分别焊接在与转子轴绝缘的两个铜制集电环上。磁场绕组通过与集电环接触的两个电刷引入直流电,产生磁场,将爪极磁化。被磁化的爪极其中一块为 N 极,另一块为 S 极,使转子形成 4~8 对磁极,国产交流发电机多为 6 对磁极。将转子爪极设计成鸟嘴形是为了使磁场呈正弦分布,以使电枢绕组产生的感应电动势有较好的正弦波形。

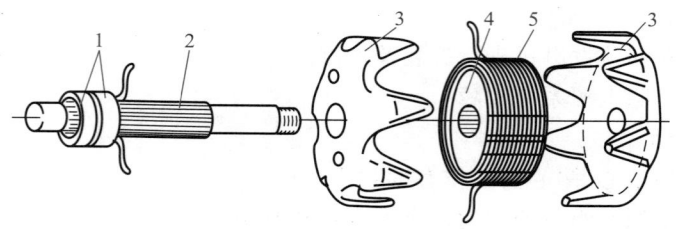

图 4-2 转子的组成

1—集电环;2—转子轴;3—爪极;4—磁轭;5—磁场绕组

2. 定子

定子是交流发电机的电枢部分,是产生三相交流电的部件。定子由铁心与绕组组成,其结构如图 4-1 所示。定子铁心由内侧带槽的硅钢片或低碳钢板叠合而成。为防止磁损失,硅钢片两侧涂绝缘漆或进行氧化处理。铁心内圆槽安装电枢绕组,即三相绕组。为保证电枢三相绕组产生大小相等、相位差 120°电角度的对称电动势,三相绕组的绕制遵循了以下原则:

1）每相绕组的线圈个数和每个线圈的匝数应完全相等。

2）每个线圈的节距必须相同。

3）三相绕组的起端 A、B、C 在定子槽内的排列必须相隔 120°电角度。

JF 型交流发电机定子绕组的绕制如图 4-3 所示。图中 A、B、C 是三相绕组的始

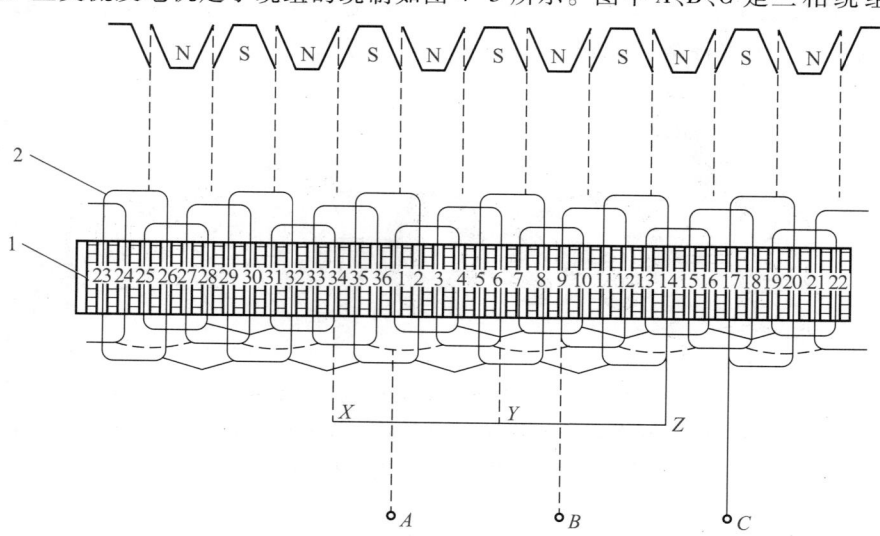

图 4-3 JF 型交流发电机定子绕组展开图

1—定子铁心线槽编号;2—定子绕组

端,X、Y、Z 是三相绕组的末端,三相绕组的连接方式如图 4-4 所示。汽车用交流发电机多为星形连接,但也有少数采用三角形连接方式。

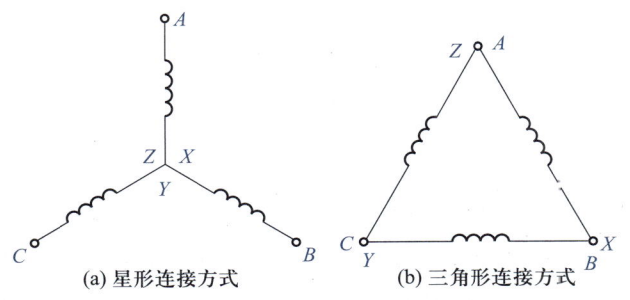

(a) 星形连接方式　　　(b) 三角形连接方式

图 4-4　交流发电机三相绕组的连接方式

3. 整流器

整流器的作用是把交流发电机产生的三相交流电转变成直流电输出,整流器一般由 6 只硅二极管和散热板组成。3 只正极二极管的外壳压装或者焊接在铝合金散热板的三个孔中,共同组成正极板,由固定散热板的螺栓通至外壳外(元件板与外壳绝缘),作为交流发电机的输出接线柱"B"接线柱(也有标"+"或"电枢"字样的)。3 只负极二极管的外壳压装或焊接在另一散热板上共同组成负极板,此板与后端盖相接。6 只二极管连接成三相桥式电路,交流发电机整流器如图 4-5 所示。

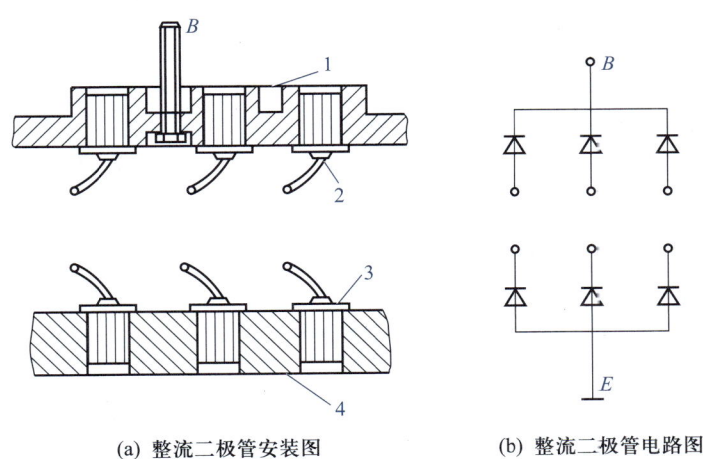

(a) 整流二极管安装图　　　(b) 整流二极管电路图

图 4-5　交流发电机整流器

1—正散热板;2—正极管;3—负极管;4—负散热板;B—电枢接柱

4. 端盖及其他组件

交流发电机的前后端盖均由铝合金铸造而成,漏磁少、质量轻、散热性能好。在后端盖上装有电刷组件,它由电刷、电刷架及电刷弹簧组成。电刷用铜粉和石墨粉模压而成,电刷安装在电刷架内,通过弹簧的压力与集电环保持接触。交流发电机磁场绕组的搭铁方式有内搭铁式和外搭铁式。磁场绕组的一端经电刷在发电机端盖上搭铁称为内搭铁式;磁场绕组的两端均与端盖绝缘,其中一端经调节器搭铁称为外搭铁式。

交流发电机前端装有传动带轮、风扇,工作时使发电机内部强行通风散热,如图4-6所示。后端盖后侧装有薄铝板冲压而成(或尼龙塑料制成)的防护罩,以保护整流器不被损坏。

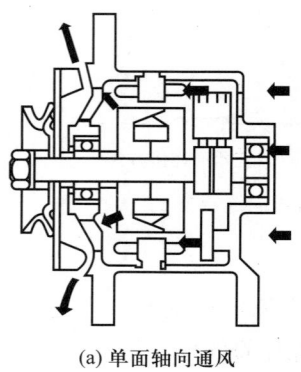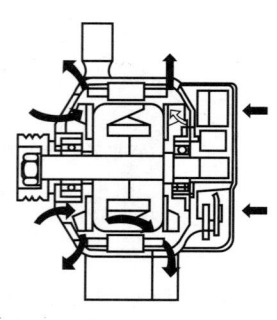

(a) 单面轴向通风　　　　　　　　(b) 双面轴向进风,径向排风

图4-6　发电机的通风方式

5. 交流发电机的型号

汽车交流发电机的型号由五部分组成:

| 1 | | 2 | | 3 | | 4 | | 5 |

第一部分为产品代号,由字母表示,如 JF、JFZ、JFB、JFW 分别表示普通交流发电机、整体式交流发电机、带泵交流发电机和无刷交流发电机。

第二部分为电压等级代号,用一位阿拉伯数字表示,其中:1 表示 12V、2 表示 24V、6 表示 6V。

第三部分为电流等级代号,用一位阿拉伯数字表示,各代号表示的电流等级见表4-1。

表4-1　电流等级代号

电流等级代号	1	2	3	4	5	6	7	8	9
电流范围(A)	≤19	20~29	30~39	40~49	50~59	60~69	70~79	80~89	≥90

第四部分为设计序号,用一位阿拉伯数字表示产品的顺序。

第五部分为变形代号,用字母表示,交流发电机以调整臂的位置作为变形代号。从驱动端看,Y 表示右边、Z 表示左边,无字母则表示在中间位置。

4.1.2　交流发电机工作原理与特性

1. 交流发电机工作原理

交流发电机的工作原理如图4-7所示。

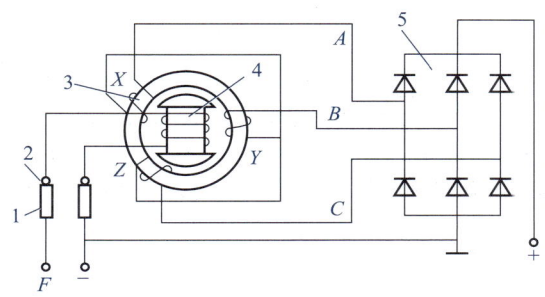

图 4-7　交流发电机的工作原理

1—电刷；2—集电环；3—定子；4—转子；5—整流电路

（1）发电原理

当蓄电池或发电机作用于磁场绕组两端时，磁场绕组就有电流流过，转子的爪极被磁化，产生磁场，磁感线经定子铁心构成闭合回路。当转子旋转时，磁感线便切割定子绕组，使三相绕组中产生频率相同、幅值相等、相位互差 120° 电角度的三相交流感应电动势，可用下列方程式表示：

$$e_A = \sqrt{2}\, E_\Phi \sin \omega t$$

$$e_B = \sqrt{2}\, E_\Phi \sin(\omega t - 120°)$$

$$e_C = \sqrt{2}\, E_\Phi \sin(\omega t - 240°) = \sqrt{2}\, E_\Phi \sin(\omega t + 120°)$$

上式中，ω 为电角速度（rad/s），t 为时间（s），E_Φ 为每相绕组电动势的有效值（V），分别有如下关系式：

$$\omega = 2\pi f$$

$$f = \frac{pn}{60}$$

$$E_\Phi = 4.44 KfN\Phi$$

式中：f——交流电动势的频率（Hz）；

　　　p——磁极对数；

　　　n——发电机的转速（r/min）；

　　　K——绕组系数，采用整距集中绕组时，$K=1$；

　　　N——每相绕组匝数；

　　　Φ——每极磁通的幅值（Wb）。

（2）整流原理

交流发电机通过 6 只二极管组成的三相桥式整流电路将电枢绕组产生的三相交流电动势转变为直流输出，其工作原理如图 4-8 所示。

由于二极管的单向导通性，负极连接在一起的 VD_1、VD_3、VD_5 在任一瞬时只能是正极电位最高的那只二极管导通，因为该二极管导通后，就使另两只二极管的负极电位高于正极而不能导通；正极连接在一起的 VD_2、VD_4、VD_6 在任一瞬时则只能是负极电位最低的那只二极管导通，因为该二极管导通后，就使另两只二极管的正极电位低

微课
发电机的工作原理

微课
发电机的整流原理

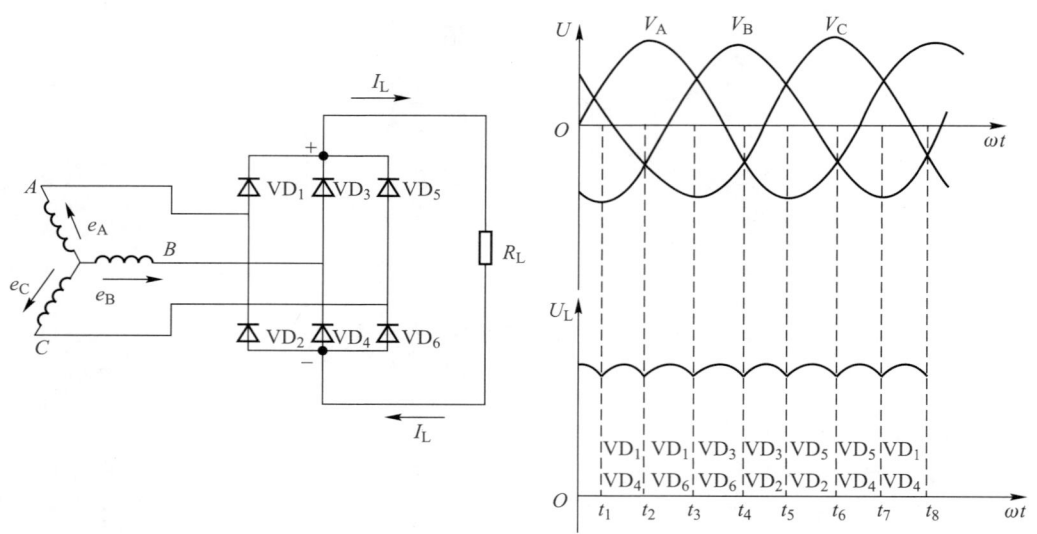

图 4-8 三相桥式整流原理

于负极而不能导通。例如,在 $t_1 \sim t_2$ 时间内,A 相电压最高,B 相电压最低,VD_1、VD_4 导通,电流从"+"端流出、"−"端流入,而在 $t_2 \sim t_3$ 时间内,A 相电压最高,C 相电压最低,VD_1、VD_6 导通,电流仍然从"+"端流出、"−"端流入。于是,6 只二极管组成的三相桥式整流电路就将电枢绕组从图 4-8 右上所示的交流电变成了图 4-8 右下所示的直流电。

(3)中性点电压

星形连接的三相电枢绕组有一中心抽头,设置为中性点接线柱,其标记为 N,中性点对发电机外壳(即搭铁)之间的电压称为中性点电压 U_N。因为 U_N 是通过 VD_2、VD_4、VD_6 这 3 只二极管半波整流得到的直流电压,如图 4-9(a)所示,数值上 U_N 是端电压的一半。可以利用中性点的电压控制各种用途的继电器、充电指示灯。

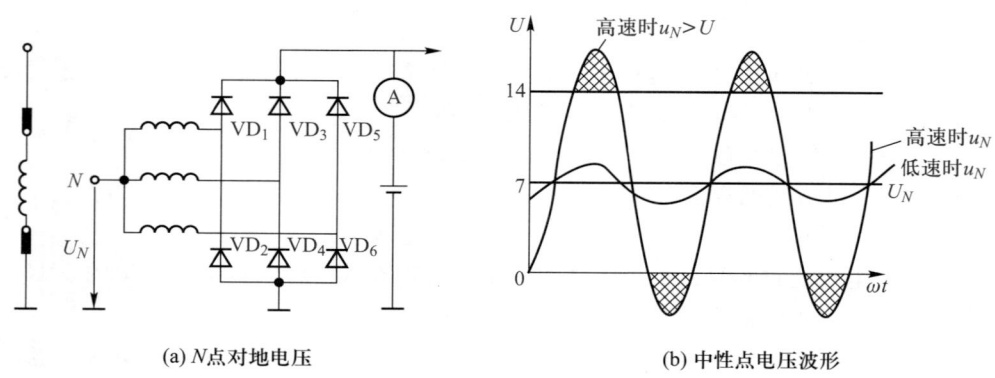

(a) N 点对地电压　　　　　　　　(b) 中性点电压波形

图 4-9 交流发电机中性点电压

（4）励磁方式

当交流发电机低速运转,发电机输出电压低于蓄电池电动势时,由蓄电池供给磁场绕组励磁电流,称为他励(激)。由于励磁电流较大,磁极磁场很强,从而使发电机很快建立起电压。当发电机转速升高,其输出电压高于蓄电池电动势时,磁场绕组的励磁电流由发电机自身供给,称为自励(激)。交流发电机的励磁回路如图4-10所示。

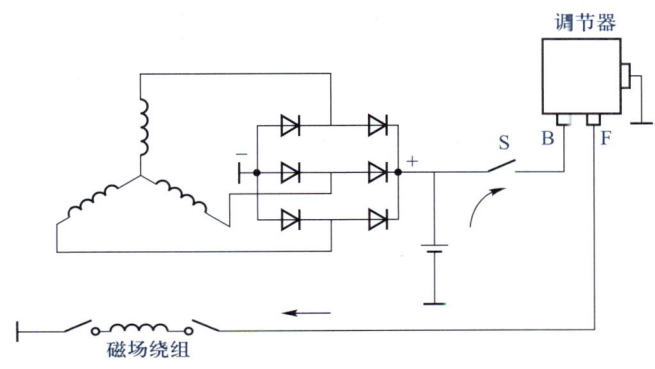

图 4-10　交流发电机的励磁回路

2. 交流发电机工作特性

（1）输出特性

输出特性是研究当发电机的输出电压 U 保持一定时,其输出电流 I 与转速 n 之间的关系。U=常数时,$I=f(n)$ 的曲线如图4-11所示。从图中可以看出,当发电机的输出电压保持一定时,其输出功率随转速增加而增加,并且:

1）发动机达到额定电压时的初始转速为空载转速 n_1,常用来作为选择发电机与发动机转速比的主要依据。

2）发电机达到额定电流时的转速为满载转速 n_2,额定电流一般定为最大输出电流的 2/3。使用空载转速与满载转速两个数据可判定发电机性能良好与否。

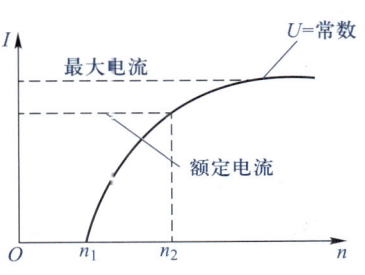

图 4-11　交流发电机输出特性

3）当转速 n 达到一定值后,发电机的输出电流不再随转速的升高而增加。此时的电流称为发电机的最大输出电流或限流值。由此可见,交流发电机自身具有限制输出电流、防止过载的能力。

（2）空载特性

空载特性是研究发电机在空载运行时其端电压随转速的变化关系,$I=0$ 时,$U=f(n)$ 的曲线如图4-12所示。

（3）外特性

外特性是指发电机转速 n 一定时,其端电压随输出电流的变化关系,n = 常数时,$U=f(I)$ 的曲线如图 4-13 所示。

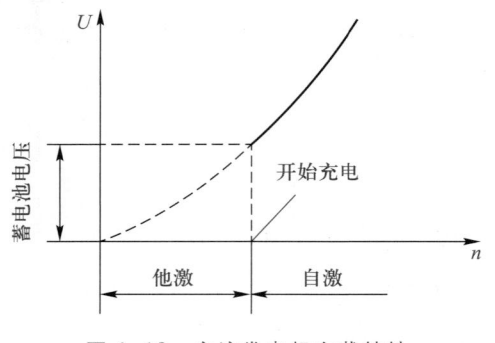

图 4-12　交流发电机空载特性

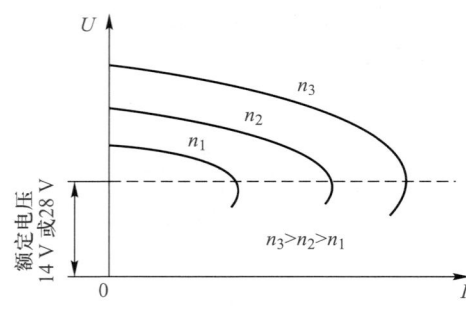

图 4-13　交流发电机外特性

发电机的转速越高,端电压也越高,输出电流也越大。但当保持在一定转速时,端电压随输出电流的增大也相应下降,当发电机高速运转时,如果突然失去载荷,则端电压急剧升高,这时二极管有被击穿的危险。

4.1.3　电压调节器

为使交流发电机具有稳定的电压输出,应在电源系统中配置电压调节器。电压调节器可在发电机转速变化时,将发电机输出的电压控制在规定的范围内。

由发电机发电原理可知,发电机的感应电动势为:

$$E = C_e \Phi n$$

式中:E——发电机的感应电动势;

　C_e——发电机的结构常数;

　Φ——发电机磁极磁通;

　n——发电机的转速。

发电机转速变化时,想保持输出电压恒定,就必须相应地改变磁极磁通 Φ。电压调节器就是利用自动调节磁场电流使磁极磁通改变这一原理来调节输出电压的。

电压调节器串联在发电机的励磁电路中,如图 4-14（a）所示。当发电机工作在某一转速下其电压达到设定的上限值 U_2 时,电压调节器起作用,降低或切断磁场绕组的励磁电流 I_f,磁极的磁通量迅速减小而使发电机电压下降;当发电机电压下降至设定的下限值 U_1 时,电压调节器又动作,使 I_f 增大,磁通量增加,发电机电压又上升;当发电机的电压上升至 U_2 时又重复上述过程。于是,发电机的电压在设定的范围内波动,得到一个稳定的平均电压 U_e,如图 4-14（b）所示。

常用的电压调节器有晶体管式和集成电路式。

1. JFT106 型晶体管电压调节器

JFT106 型晶体管电压调节器属于负极外搭铁式电压调节器,它可与 14V、750 W

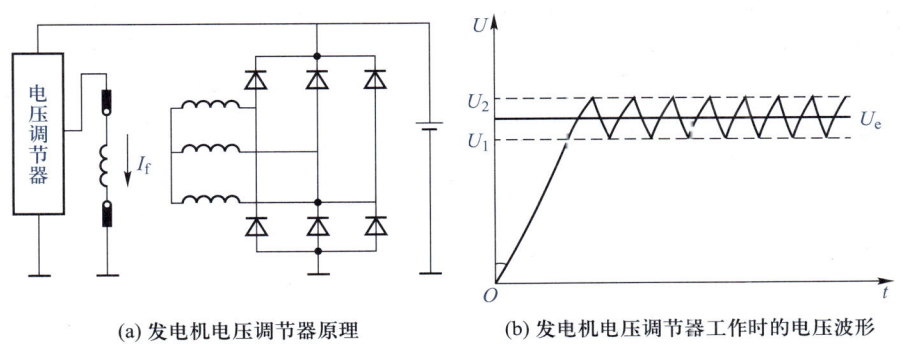

(a) 发电机电压调节器原理　　　　(b) 发电机电压调节器工作时的电压波形

图 4-14　发电机电压调节器基本原理

的九管交流发电机配套,也可与 14V 功率小于 1 000 W 的负极外搭铁式六管交流发电机配套,电路原理图如图 4-15 所示。该调节器共有"+""F"和"-"三个接线柱,其中"+"接线柱与发电机的"F_2"接线柱连接后经熔断器接至点火开关,"F"接线柱与发电机的"F_1"接线柱连接,"-"接线柱搭铁,不能接错,具体接线如图 4-16 所示。

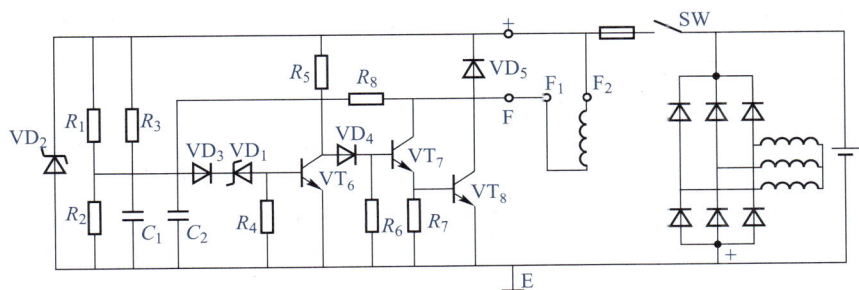

图 4-15　JFT106 型晶体管电压调节器电路原理图

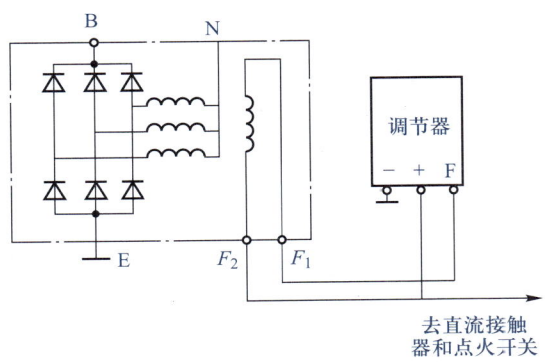

图 4-16　JFT106 汽车晶体管调节器的接线图

JFT106 型晶体管电压调节器由电压敏感电路和二级开关电路组成。

R_1、R_2、R_3 和稳压管 VD_1 构成了电压敏感电路,其中 R_1、R_2、R_3 为分压器,将交流

发电机的端电压进行分压后反向加在稳压管 VD_1 的两端;稳压管 VD_1 为稳压元件,随时感受着发电机端电压的变化。当交流发电机的端电压低于稳压管 VD_1 的稳压值时,VD_1 稳压管截止;当交流发电机的端电压高于稳压管 VD_1 的稳定电压时,稳压管 VD_1 导通。可见,电压敏感电路可以非常灵敏地感受出交流发电机端电压的变化,然后起到控制开关电路的作用。

晶体管 VT_6、VT_7、VT_8 组成复合大功率二级开关电路,利用其开关特性控制磁场电路的接通或断开。

1) 起动发动机并闭合点火开关时,蓄电池通过分压器将电压加在稳压管 VD_1 两端,由于此电压低于稳压管 VD_1 的稳定电压值,VD_1 截止,使 VT_6 截止,VT_7、VT_8 导通,这时蓄电池经大功率晶体管 VT_8 供给励磁电流,使发电机处于他励状态,建立电动势。

2) 发动机带动发电机转速逐渐升高。当发电机端电压高于蓄电池端电压时,发电机便由他励转为自励的正常发电。由于此时转速尚低,输出电压未达到调节电压值,VT_6 仍然截止,VT_7、VT_8 仍然导通,因此发电机的端电压可以随转速和自励电流的增大而升高,逐渐提高输出电压。

3) 当转速升至一定值使输出电压达到调压值时,经分压器加至稳压管 VD_1 两端的反向电压达到稳定电压值,VD_1 反向击穿导通,使 VT_6 导通,VT_7、VT_8 截止,断开了激磁电路,发电机端电压便下降。当发电机端电压下降到调压值以下时,经分压器加至稳压管 VD_1 两端的反向电压又低于稳定电压值,使 VT_6 又截止,VT_7、VT_8 又导通,又一次接通了励磁电路,发电机端电压又上升。如此循环下去,就能自动调控发电机的端电压恒定在调压值上。

图 4-15 所示的 JFT106 型晶体管电压调节器电路原理图中其他一些电子元件的作用如下。

电阻 R_4、R_5、R_6、R_7 为晶体管的偏置电阻。

稳压管 VD_2 起到过电压保护作用,利用稳压管的稳压特性,可对发电机负载突然减小或蓄电池接线突然断开时,发电机所产生的正向瞬变过电压起保护作用,并可以利用其正向导通特性,对开关断开时电路中可能产生的反向瞬变过电压起保护作用。

二极管 VD_3 接在电压敏感电路中的稳压管 VD_1 之前,以保证稳压管安全可靠工作。当发电机端电压很高时,它能限制稳压管 VD_1 电流不致过大而烧坏;当发电机端电压降低时,它又能迅速截止,保证稳压管 VD_1 可靠截止。

二极管 VD_4 接在 VT_6 集电极与 VT_7 基极之间,提供一个 0.7 V 左右阀电压,使 VT_7 导通时迅速导通,截止时可靠截止。

二极管 VD_5 反向并联于发电机励磁绕组两端,起续流作用,防止 VT_8 截止时,磁场绕组中的瞬时自感电动势击穿 VT_8,保护晶体管 VT_8。

反馈电阻 R_8,具有提高灵敏度、改善调压质量的作用。

电容器 C_1、C_2 能适当降低晶体管的开关频率。

2. 国产 JFT151 型电压调节器

JFT151 型电压调节器为薄膜混合集成电路调节器,其外形尺寸为 $(38 \times 34 \times 10.5)\,mm^3$,安装在 JF132E 型和 JF151 型交流发电机的外壳上,其线路图如图 4-17 所示。

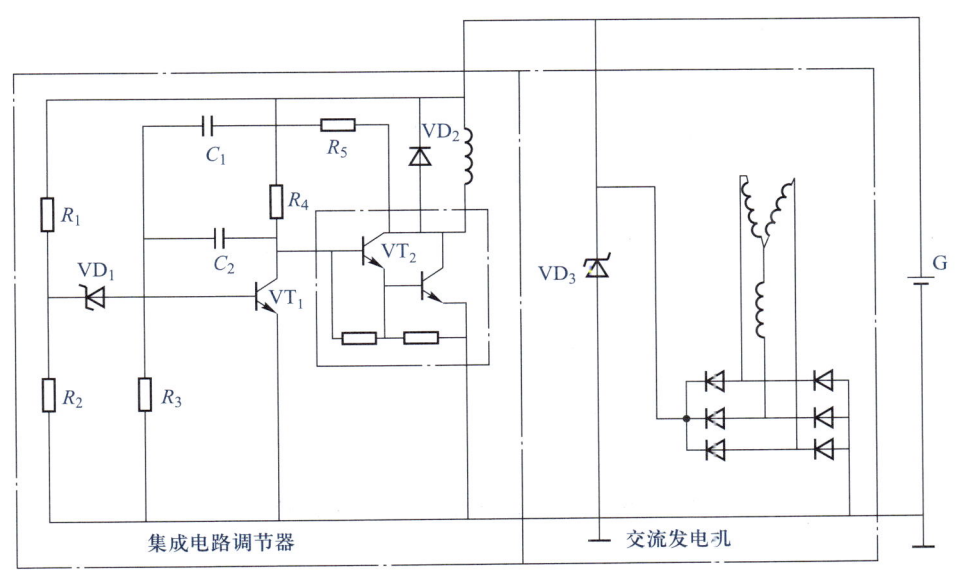

图 4-17　JFT151 型电压调节器线路图

在该调节器电路中,由分立元件 R_1、R_2 组成分压器,稳压管 VD_1 从分压器上获得比较电压。当发电机电压低于规定值时,稳压管 VD_1 和晶体管 VT_1 截止,在 R_4 偏置下集成电路 VT_2 导通,此时发电机磁场绕组中有励磁电流通过,使发电机端电压升高。当发电机端电压高于规定值时,稳压管 VD_1 击穿导通,VT_1 导通,VT_2 截止,切断了发电机的磁场电路,使发电机端电压下降。当发电机端电压下降到低于规定值时,VD_1 和 VT_1 又截止,VT_2 和磁场电路又接通,发电机端电压又升高。如此循环下去,使发电机端电压保持稳定。图 4-17 中其他电子元件的作用如下。

分流电阻 R_3 接在晶体管 VT_1 的基极与发射极之间,可提高 VT_1 的耐压。

电阻 R_5、电容 C_1 组成正反馈电路,可以加速 VT_2 的翻转,并减小 VT_2 的过度损耗。

电容器 C_2 并联在 VT_1 集电极与基极之间,组成电压负反馈,可降低开关频率,进一步减少 VT_1 的管耗。

续流二极管 VD_2 反向并联在发电机励磁绕组两端,保护 VT_2。

稳压管 VD_3 与电源并联,起过电压保护作用。

3. 丰田车系集成电路调节器

丰田车系发电机内装的集成电路调节器及充电系统电路如图 4-18 所示。该发电机的调节器是由一块单片集成电路和晶体管等元件组成的混合集成电路调节器,装于发电机内部,构成整体式交流发电机。

调节器工作过程如下。

点火开关接通且发电机未转动时,蓄电池端电压经接线柱"IG"输入单片集成电路,使晶体管 VT_1、VT_2 均有基极电流流过,于是 VT_1、VT_2 同时导通,发电机由蓄电池进行他励,磁场绕组中有电流流过,电流流向为蓄电池正极→接线柱"B"→磁场绕组

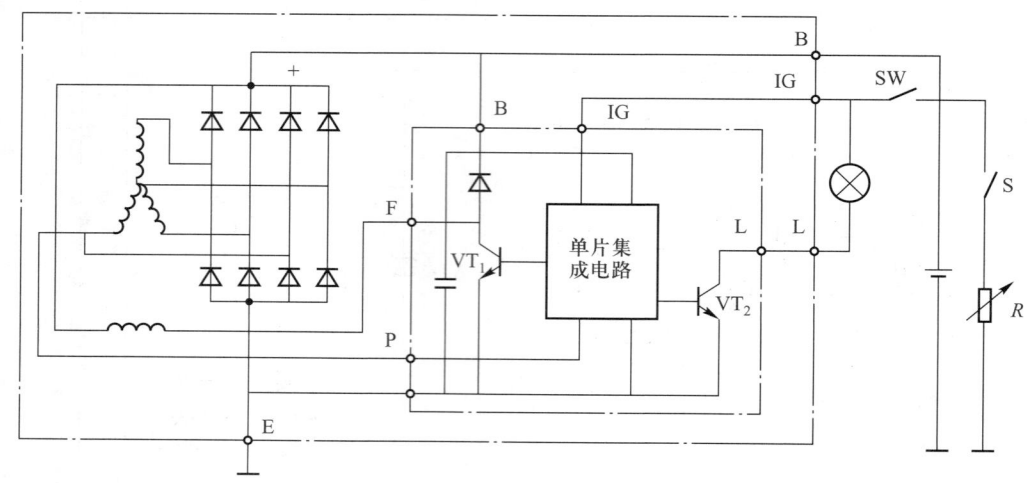

图 4-18　丰田车系交流发电机电路原理图

→VT$_1$→搭铁→蓄电池负极。导通时,充电指示灯亮,表示发电机不发电。

发电机运转后,其端电压高于蓄电池电动势而小于调节电压时,VT$_1$ 仍导通,但发电机由他励转为自励,并向蓄电池充电。同时,由于 P 点电压输入单片集成电路使 VT$_2$ 截止,故充电指示灯会熄灭,表示发电机工作正常。

当发电机电压随转速升高而到调节电压时,单片集成电路检测出该电压,于是 VT$_1$ 由导通变为截止,磁场绕组中电流中断,发电机电压下降,当电压下降到略低于调节电压时,单片集成电路使 VT$_1$ 又导通,如此反复,发电机输出电压将被控制在调节电压范围内。

磁场电路断路时,P 点电压信号异常,单片集成电路检测到后,控制 VT$_2$ 导通,点亮充电指示灯,以示异常。

当发电机的输出端“B”断线,发电机无输出,导致“IG”点电位降低,当单片集成电路检测到“IG”点电位低于 13 V 时,令 VT$_2$ 导通,点亮充电指示灯,同时根据 P 点电位将发电机端电压控制在 13.3~16.3 V。

4.1.4　其他类型的交流发电机

1. 爪极式无刷交流发电机

爪极式无刷交流发电机的磁场绕组通过一个磁轭托架固定在后端盖上,两个爪极只有一个直接固定在转子轴上,另一爪极通过非导磁连接环固定在前一爪极上,如图 4-19 所示。转子转动时,一个爪极就带动另一爪极一起转动。当固定不动的磁场绕组通入直流电后,产生的磁场使爪极磁化,使一边爪极为 N 极,另一边为 S 极,并经气隙和定子铁心形成闭合磁路。转子的转动使定子内形成交变的磁场,三相电枢绕组便产生三相交流电动势,再经三相整流电路整流后输出直流电。

2. 感应子式无刷交流发电机

感应子式无刷交流发电机的转子由齿轮状钢片叠成,磁场绕组和电枢绕组均安放在定子的槽内,如图 4-20 所示。当定子槽内的磁场绕组通入直流电后,在定子铁心中产生固定的磁场。由于转子有凸齿和凹槽,当转子转动时,转子与定子凸齿之间的气隙就会不断变化,使定子内的磁场呈脉动变化,电枢绕组便产生交变的感应电动势。

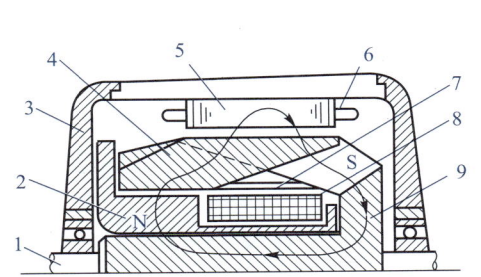

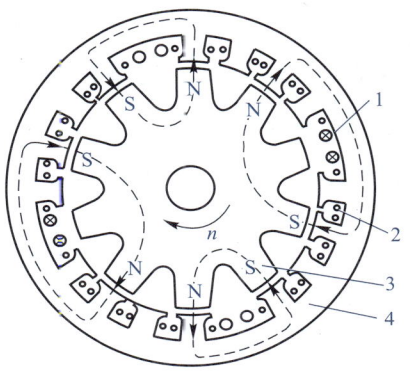

图 4-19　爪极式无刷交流发电机结构示意图

1—转子轴;2—磁轭托架;3—端盖;4—爪极;5—定子铁心;
6—定子绕组;7—非导磁连接环;8—磁场绕组;9—转子磁轭

图 4-20　感应子式无刷交流发电机

1—磁场绕组;2—电枢绕组;
3—转子;4—定子

3. 励磁机式无刷交流发电机

励磁机式无刷交流发电机由无刷普通交流发电机和励磁专用发电机组成,如图 4-21 所示。励磁专用发电机(简称励磁机)的磁极为定子,电枢为转子。当发电机转动时,励磁机电枢转动,其三相绕组产生电动势,通过内部整流电路整流后,直接供给发电机转子内的磁场绕组励磁发电。

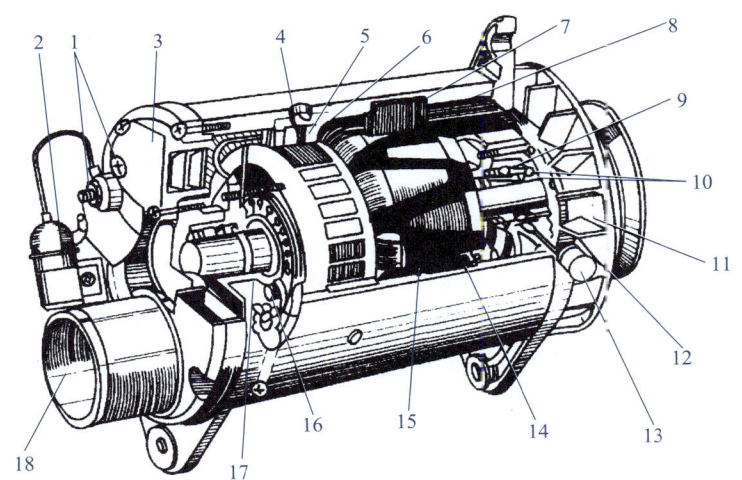

图 4-21　励磁机式无刷交流发电机

1—控制电容;2—接线柱;3—晶体管调节器;4—转子;5—极靴;6—绕组;
7—定子铁心;8—电枢绕组;9—驱动端盖;10—油封;11—风扇;12—叶片;13—油杯;
14—爪极式转子;15—励磁绕组;16—二极管;**17**—散热板;18—进风口

学习单元 4.2 汽车电源系统电路

4.2.1 大众车系充电系统电路

微课
汽车电路图
识读

大众车系汽车在我国的轿车产业中占有较大的比重,如一汽大众公司生产的奥迪、捷达轿车以及上汽大众公司生产的桑塔纳、帕萨特轿车等,这些产品的电路图与其他系列汽车电路图相比具有许多不同之处,它们既不同于其他车系的接线图,也不同于其他车系的电路原理图。它们可以看作是电路原理图,但实质上更接近接线图。

1. 电路图识读

在识读大众车系电路图前应先了解电路图中各符号、线段、图形的含义。下面以桑塔纳轿车的转向和报警闪光灯部分电路图为例予以说明,如图 4-22 所示,图中部分标注含义如下。

① ——继电器位置号,表明继电器在继电器盒上的位置。

② ——继电器盒上的继电器或控制器符号,在说明中可以找到它的名称。

③ ——熔断器符号。例如,S_{19} 表示熔断器座上的 19 号熔断器(10 A)。

④ ——继电器盒上的插接件符号。例如 3/49a,其中 3 表示继电器盒上 12 号继电器座的 3 号插孔,49a 表示继电器/控制器上的 49a 插头。

⑤ ——继电器盒上的连接件符号,指出一个带线束的多孔或单孔插头的位置。例如,A13 为多孔插头 A 的 13 触点。

⑥ ——导线截面积,单位为 mm^2。

⑦ ——导线颜色。此缩写是线色代码,线路图旁注有说明。

⑧ ——白色线上印刷的标记号,用于区分一根线束中的不同白色线。

⑨ ——接线柱符号,可在零件图上找到标记。

⑩ ——故障诊断程序用的检测点。在插图或线路图中可找到同样的带黑色圆的数字,用于故障诊断程序。

⑪ ——线路标记。此处为报警灯开关。

⑫ ——零件符号,可在说明中找到零件名称。

⑬ ——导线连接端。方框内的数字表明电路图中的接续导线。

⑭ ——内部连线(细线)。此连接仅是内部电路连接,没有导线,可以依次追踪电路构件和线束内部的电流走向。

⑮ ——内部连接线符号,字母表示下一线路图的连接线。

⑯ ——接地点标记符号,可在说明中查到接地点在车身上的位置。

2. 电路图的构成

大众车系电路图示例如图 4-22 所示,大体可以分解为以下几部分。

(1) 外线部分

外线部分在图上以粗实线画出,集中在图的中间部分。每条线上都有导线的颜

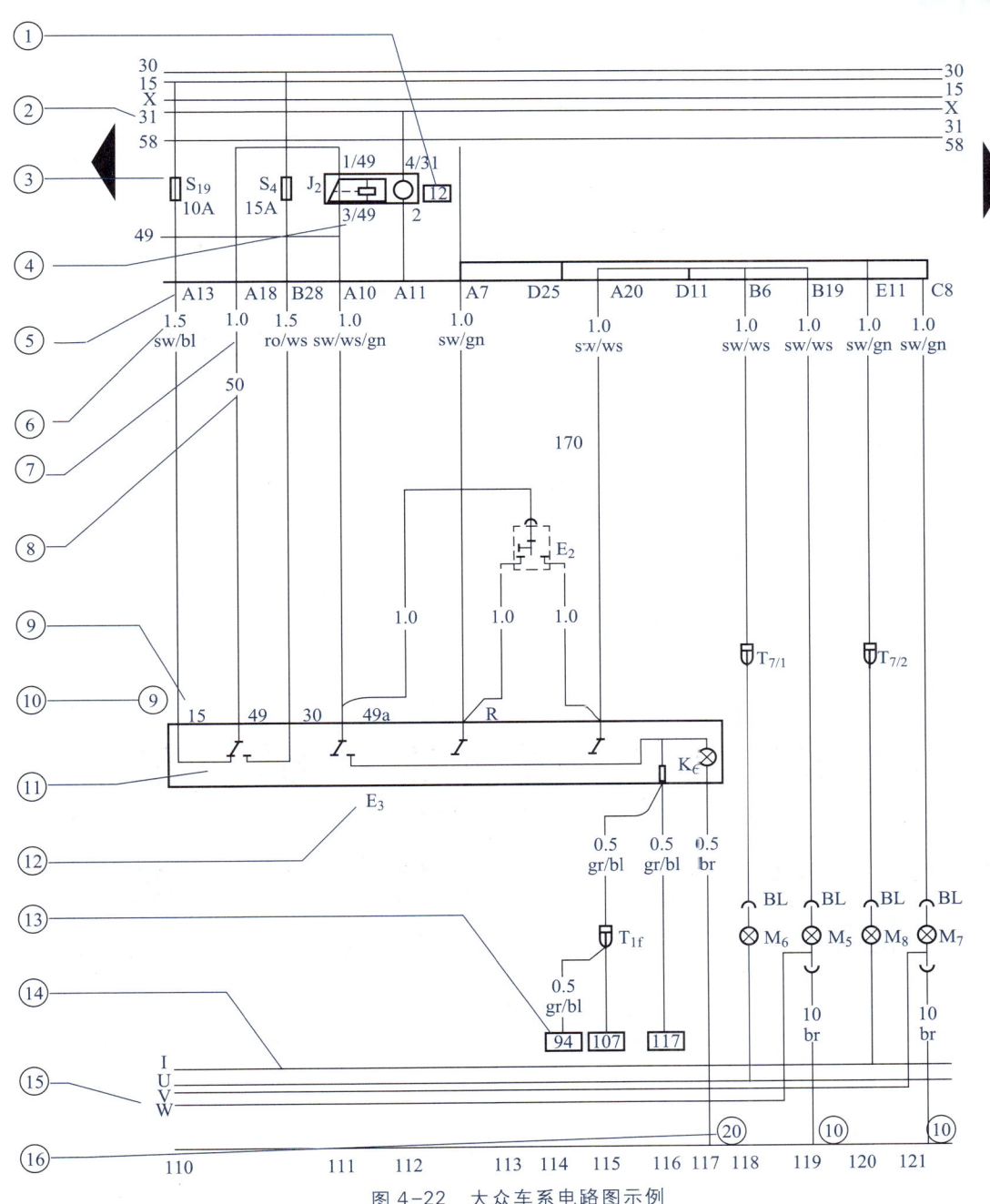

图 4-22 大众车系电路图示例

E_2—转向开关；E_3—报警闪光灯开关；J_2—闪光灯继电器；K_6—报警闪光灯；M_5—左前转向灯；

M_6—左后转向灯；M_7—右前转向灯；M_8—右后转向灯；T_7—七孔插座连接，在继电器盒内

色和导线截面积的标注。线端都有接线柱号或插口号标示其连接关系。颜色标记以字母表示。对应关系为：ws 代表白色；sw 代表黑色；ro 代表红色；br 代表棕色；gn 代表绿色；bl 代表蓝色；gr 代表灰色；li 代表紫色；ge 代表黄色。

如果导线是双色的,则以两种颜色的字母共同标记。例如 ro/sw,sw/ge 等。导线的截面积是以数字标示在导线颜色上方,单位是 mm^2。例如 4.0、6.0 等。

(2) 内部连接部分

内部连接部分在图上以细线画出。这部分连接是存在的,但线路是不存在的。标示线路只是为了说明这种连接关系,同时使电路图更加容易被理解。

(3) 电气元件部分

电路图本身就是表达元件之间的连接关系的。因此,电气元件在电路图中是主体。电气元件在图中用框图辅以相应的标号表示。每一个元件都有一个代号,如 A 表示蓄电池,V7 表示散热器风扇等。电气元件的接线点都用标号标出,标号在元件上可以找到。例如,起动机 B,有两个接点,一个标记 30,一个标记 50。

(4) 继电器、熔断器及其连接件部分

继电器、熔断器及其连接件部分标示在图的上部,反映的内容有:继电器位置号、继电器名称、继电器盒上插接元件符号、继电器盒上连接件符号、熔断器标号及熔断器容量等,并且熔断器容量用不同的颜色加以区别。车上大部分继电器和熔断器都安装在继电器盒的正面,几乎所有主线束均从继电器盒背面插接通往各用电设备。

图 4-23 所示为捷达轿车继电器盒的正面布置,各熔断器及继电器在继电器盒上的布置见表 4-2,各线束插头与继电器盒插座的连接关系(继电器盒的背面布置)如图 4-24 所示。

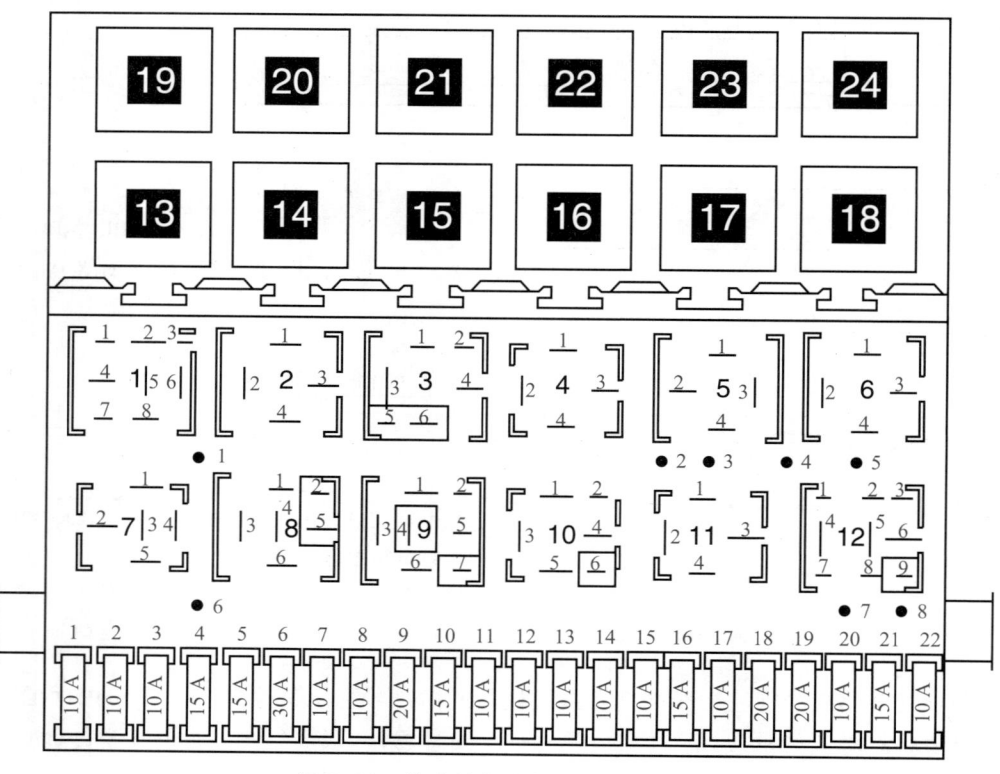

图 4-23　捷达轿车继电器盒正面布置

表 4-2 熔断器及继电器的布置

熔断器			
序号	用电器	容量（A）	熔断器的颜色
1	左近光灯	10	红色
2	右近光灯	10	红色
3	仪表板照明灯、牌照灯	10	红色
4	杂物箱灯	15	蓝色
5	风窗刮水器、洗涤装置	15	蓝色
6	空调机、鼓风机	20	黄色
7	右尾灯、右停车灯	10	红色
8	左尾灯、左停车灯	10	红色
9	后窗除霜加热器	20	黄色
10	雾灯、后雾灯	15	蓝色
11	左远光灯	10	红色
12	右远光灯	10	红色
13	喇叭、散热器风扇	10	红色
14	倒车灯	15	蓝色
15	发电机电子装置	10	红色
16	组合仪表	15	蓝色
17	转向灯、警报灯	10	红色
18	电动燃油泵	20	黄色
19	散热器风扇	30	绿色
20	制动灯	10	红色
21	车内照明、行李舱灯、时钟	15	蓝色
22	收音机、点烟器	10	红色
继电器			
位置号	继电器名称	打印在继电器外壳上的号码	
1	空调继电器	13	
4	卸荷继电器	18	
6	闪光器	21	
8	间歇清洗/刮水继电器	19	
10	雾灯继电器	53	
11	双音喇叭继电器	53	
12	进气歧管预热继电器	1	
	燃油泵继电器	67	
	预热塞继电器	60	

续表

继电器		
位置号	继电器名称	打印在继电器外壳上的号码
13	散热器风扇启动继电器 燃油泵起动控制单元 怠速提升控制单元	31 91 82
14	起动保护继电器 散热器风扇起动控制单元 催化反应器警报控制单元 进气歧管预热继电器	53 31 44 1
15	ABS 液压泵继电器	78
16	ABS 继电器	79
17	空	—
18	电动座椅调整机构熔断器或自由轮锁止机构继电器	83
19	自动变速器继电器	53
20	自由轮锁止机构继电器 自动预热过程控制继电器	83 47
21	车窗玻璃升降继电器	24
22	ABS 阀、ABS 液压泵熔断器	—
23	空调、电动座椅调整装置、双频道收放机熔断器	—
24	车窗玻璃升降器熔断器	—

（5）电路接续号

电路接续号在图的最下方，这一标号只是制图和识图的标记号，数字的大小没有实际的物理意义。它有两个作用，一是可顺序表达整车的全部电路内容，便于每一部分既相对独立又相互联系；另一个作用是便于反映在一部分电路图中难以表达的接续部分。

3. 电路图的特点

大众车系电路图与其他车系电路图相比，具有许多不同之处。

1）接点标记具有固定含义。

在大众车系电路图中经常遇到接点标记的数字及字母，它们都具有固定的含义。如数字 30 代表的是来自蓄电池正极的接线柱；数字 31 代表接地线；数字 15 代表来自点火开关的点火供电线；数字 50 代表点火开关在起动挡时的起动供电线；X（75）代表受控的大容量用电设备供电线（来自卸荷继电器的供电线）等，无论这些标记出现在电路的什么地方，相同的标记都代表相同的接点。

2）所有电路都是纵向排列，互相不交叉。

大众车系电路图采用了断线代号法来处理线路复杂交错的问题。例如，某一条

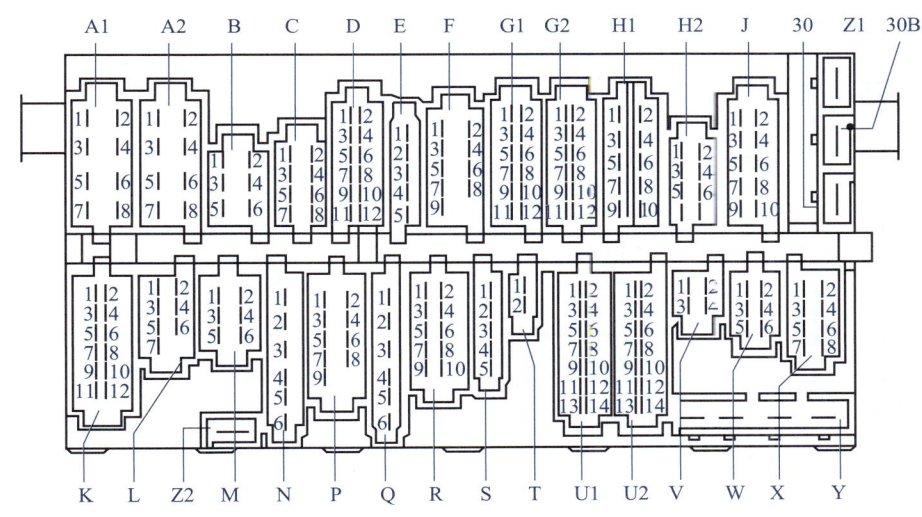

图 4-24 继电器盒背面布置

A1—8孔插头（黄色），前照灯线束；A2—8孔插头（黄色），前照灯线束；B—6孔插头（绿色），用于前照灯清洗系统；C—8孔插头（黄色），用于任选线束；D—12孔插头（绿色），用于附加设备；E—5孔插头（绿色），仪表线束；F—9孔插头（白色）发动机舱右侧线束；G1—12孔插头（白色）发动机舱右侧线束；G2—12孔插头（白色）发动机舱右侧线束；H1—10孔插头（红色），转向柱开关线束；H2—7孔插头（红色），转向柱开关线束；J—10孔插头（红色），转向柱开关线束；K—12孔插头（黑色），尾部线束；L—7孔插头（黑色），尾部线束；M—6孔插头（黑色），尾部线束；N—6孔插头（绿色），空调线束；P—9孔插头（蓝色），后风窗及前雾灯开关线束；Q—6孔插头（蓝色），仪表线束；R—10孔插头（蓝色），灯光开关线束；S—5孔插头（白色）发动机舱右侧线束；T—2孔插头（绿色）；U1—14孔插头（蓝色），仪表板线束；U2—14孔插头（蓝色），仪表板线束；V—4孔插头（绿色），多功能指示器线束；W—6孔插头（绿色），ABS线束；X—8孔插头（绿色），警报指示灯（拖挂设备、ABS系统）线束；Y—单孔插头，接线柱30；Z1—单孔插头；Z2—单孔插头，接线柱31；30—单孔插头，接线柱30；30B—单孔插头

线路的上半段在电路序号为116的位置上，下半段电路在电路接续号为147的位置上，在上半段电路的终止处画一个标有147的小方框，在下半段电路的开始处也有一小方框，内标有116，通过116和147就可以将上、下半段电路连在一起了。

3）整个电路以中央接线盒和车载电源控制单元J519为中心。

大众车系电路图在表示线路走向的同时，还表示了线路的结构情况。继电器盘的正向插有各种继电器和熔断器（电路图中上部的灰颜色区域）。迈腾B7L 1.4T发动机轿车充电系统电路如图4-25所示，励磁电流由J519通过发电机上的触点T2gc/1和J519上的触点T52C/32之间线路提供。电源负荷管理由J519控制，DFM信号由发电机上触点T2gc/2和发动机控制单元J623上的触点T94/46之间的线路传递，再通过J519和J623之间的总线传递给J519进行负荷管理。发动机控制单元J623输出脉宽调制信号（DFM）为0~12V，信号如图4-26所示。占空比在30%~40%说明发电机充电系统正常，若占空比高于70%说明发电机及充电系统有故障。发电机指示灯K2由仪表控制单元J285控制，如图4-27所示。发电机负荷变化由J519通过总线传递给仪表控制单元J285，由J285控制K2亮、灭。

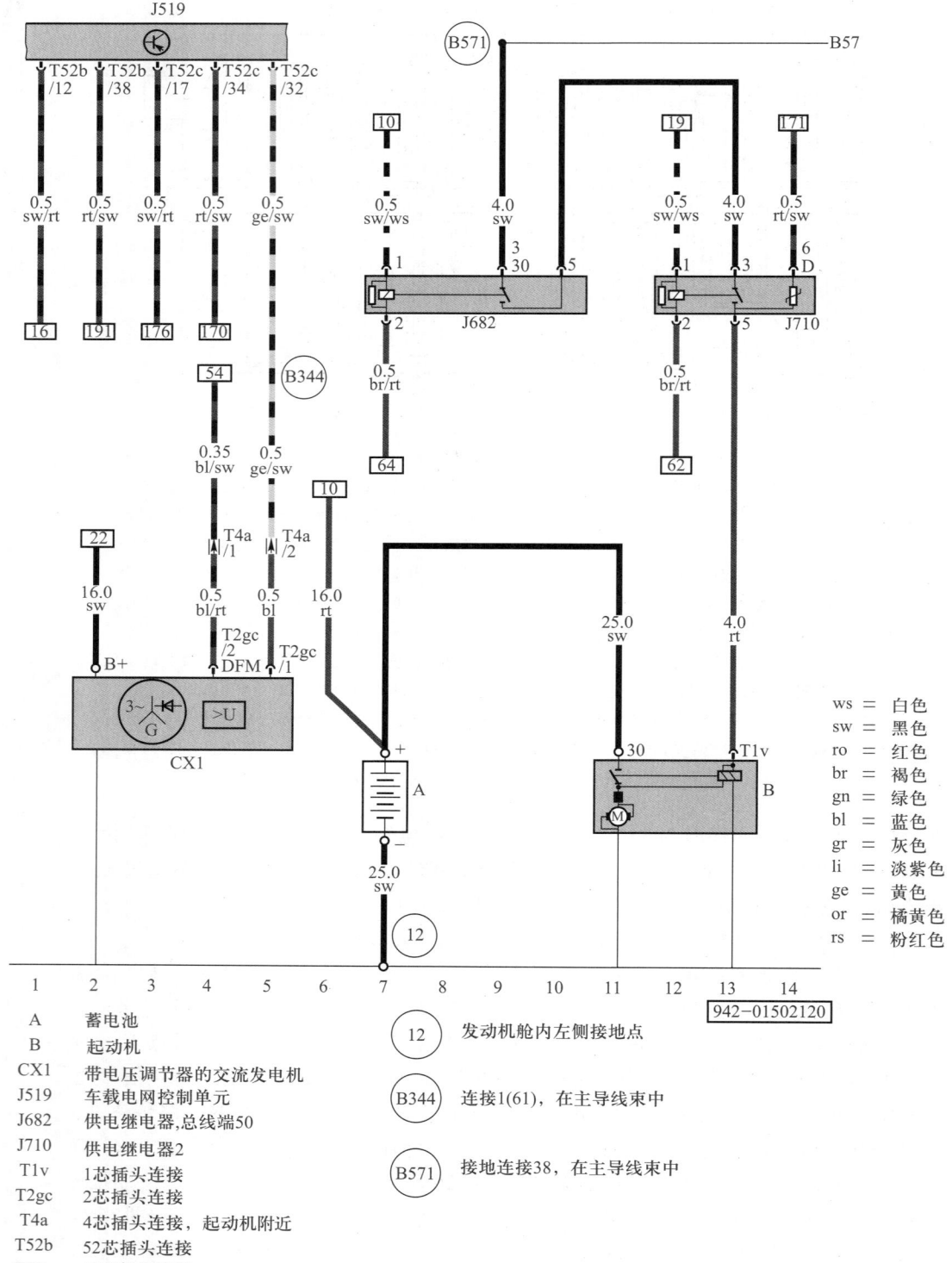

ws = 白色
sw = 黑色
ro = 红色
br = 褐色
gn = 绿色
bl = 蓝色
gr = 灰色
li = 淡紫色
ge = 黄色
or = 橘黄色
rs = 粉红色

A   蓄电池
B   起动机
CX1 带电压调节器的交流发电机
J519 车载电网控制单元
J682 供电继电器,总线端50
J710 供电继电器2
T1v   1芯插头连接
T2gc 2芯插头连接
T4a   4芯插头连接,起动机附近
T52b 52芯插头连接
T52c 52芯插头连接

⑫   发动机舱内左侧接地点

B344 连接1(61),在主导线束中

B571 接地连接38,在主导线束中

(a)

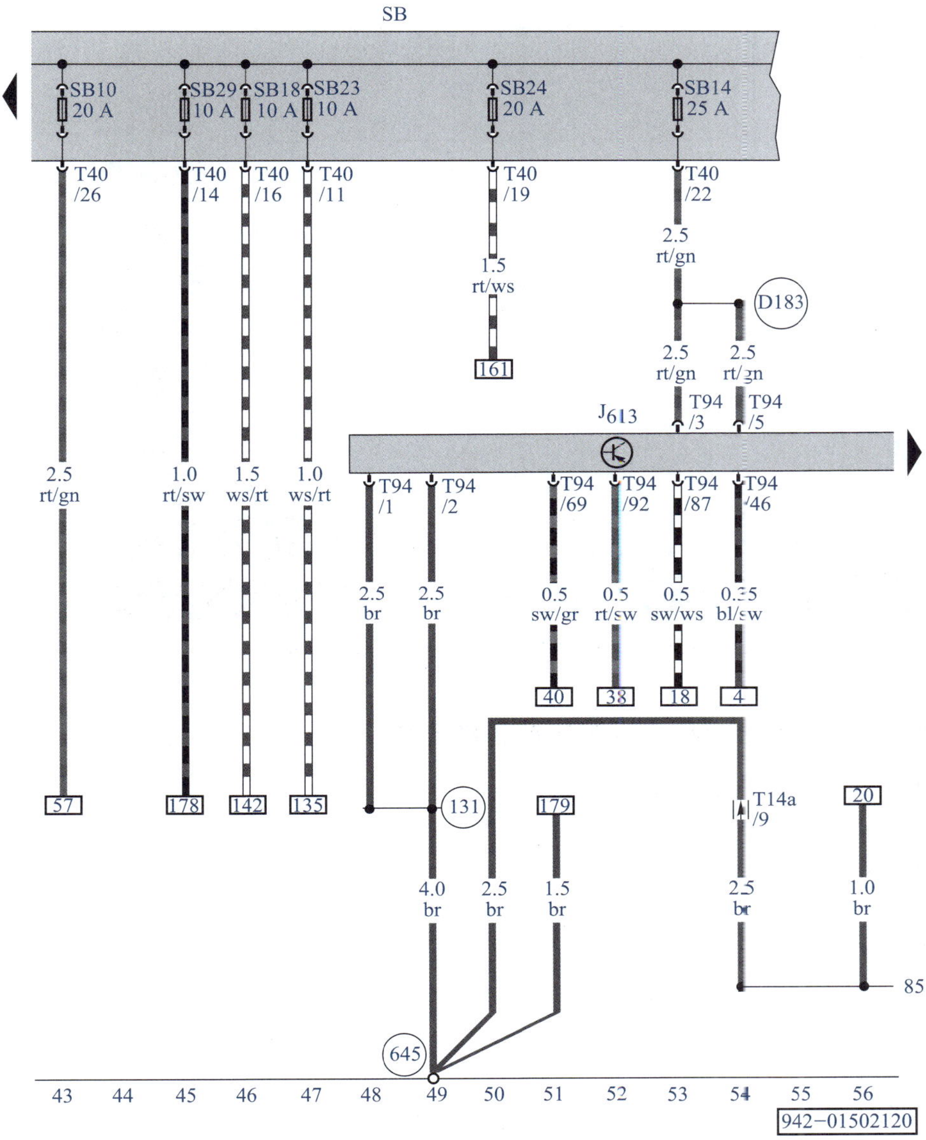

SB

| SB10 20 A | SB29 10 A | SB18 10 A | SB23 10 A | SB24 20 A | SB14 25 A |

T40/26　　T40/14　T40/16　T40/11　　　T40/19　　　T40/22

2.5 rt/gn

(D183)

2.5 rt/gn　2.5 rt/gn

2.5 rt/gn　1.0 rt/sw　1.5 ws/rt　1.0 ws/rt　　1.5 rt/ws

|161|

J613

T94/3　T94/5

T94/1　T94/2　　T94/69　T94/92　T94/87　T94/46

2.5 br　2.5 br　　0.5 sw/gr　0.5 rt/sw　0.5 sw/ws　0.35 bl/sw

|40|　|38|　|18|　|4|

|57|　|178|　|142|　|135|　　(131)　|179|　T14a/9　|20|

4.0 br　2.5 br　1.5 br　　　2.5 br　1.0 br

85

(645)

43　44　45　46　47　48　49　50　51　52　53　54　55　56

942-01502120

ws =	白色
sw =	黑色
ro =	红色
br =	褐色
gn =	绿色
bl =	蓝色
gr =	灰色
li =	淡紫色
ge =	黄色
or =	橘黄色
rs =	粉红色

J623	发动机控制单元，排水槽内中部
SB	熔丝座B
SB10	熔丝架B上的熔丝10
SB14	熔丝架B上的熔丝14
SB18	熔丝架B上的熔丝18
SB20	熔丝架B上的熔丝20
SB23	熔丝架B上的熔丝23
SB24	熔丝架B上的熔丝24
T14a	14芯插头连接
T40	40芯插头连接
T94	94芯插头连接

(185) 接地连接1，在发动机舱导线束中

(131) 接地连接2，在发动机舱导线束中

(645) 前围板上的接地点1

(D183) 连接4(87a)，在发动机舱寻线束中

(b)

图4-25　迈腾 B7L 1.4T 发动机轿车充电系统电路

实训视频
发电机控制
信号

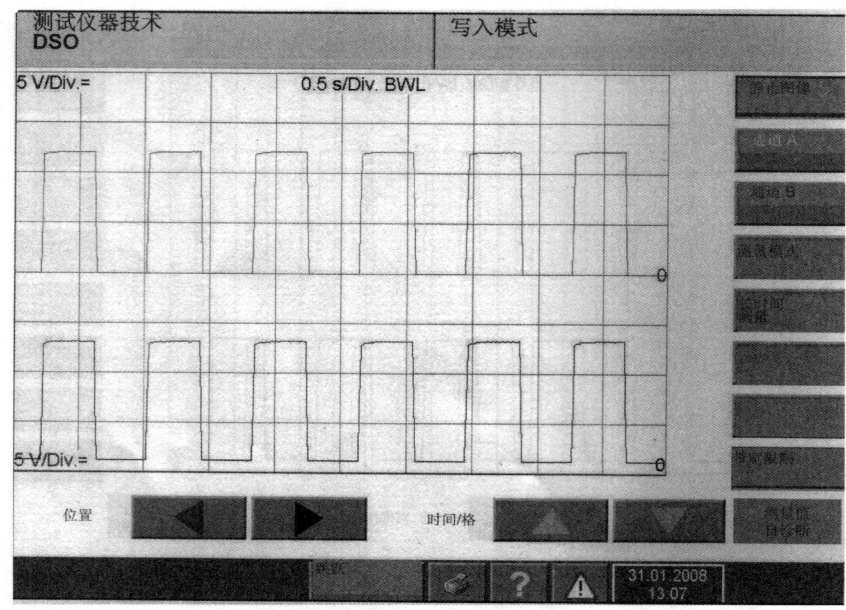

图4-26　发电机控制单元输出脉宽调制信号

4.2.2　上汽大众帕萨特轿车充电系统电路

上汽大众帕萨特1.8GSI轿车充电系统电路如图4-28所示。

1. 充电指示灯电路

帕萨特轿车有防盗器控制单元J362和组合仪表控制单元J285,由蓄电池对其提供常有电源,电流流向为蓄电池正极→主熔断器盒S15熔断器→组合仪表T32a插头的23端子→J285。当点火开关D置于1挡时,接线柱15、S接通蓄电池电源,电流流向为① 接线柱15经导线→组合仪表T32a插头的1端子→J285;② 接线柱S经导线→组合仪表T32a插头的30端子→J285。

在电源作用下组合仪表控制单元J285工作,对充电指示灯K2供电,电流流向为组合仪表T32a插头的12端子→导线→发电机D+端子→励磁绕组→内置电压调节器→发电机搭铁,充电指示灯点亮。当发动机工作,发电机输出电压高于蓄电池电压时,发电机自励,发电机D+端子输出电压,充电指示灯两端电压相等,充电指示灯熄灭。

2. 发电机充电电路

发电机充电电路电流流向为发电机B+端子→起动机30端子→蓄电池正极→蓄电池负极→搭铁点①→发电机负极(壳体)。

4.2.3　丰田车系充电系统电路

1. 电路识读

丰田车系电路图示例如图4-29所示,电路图各部分的含义如下。

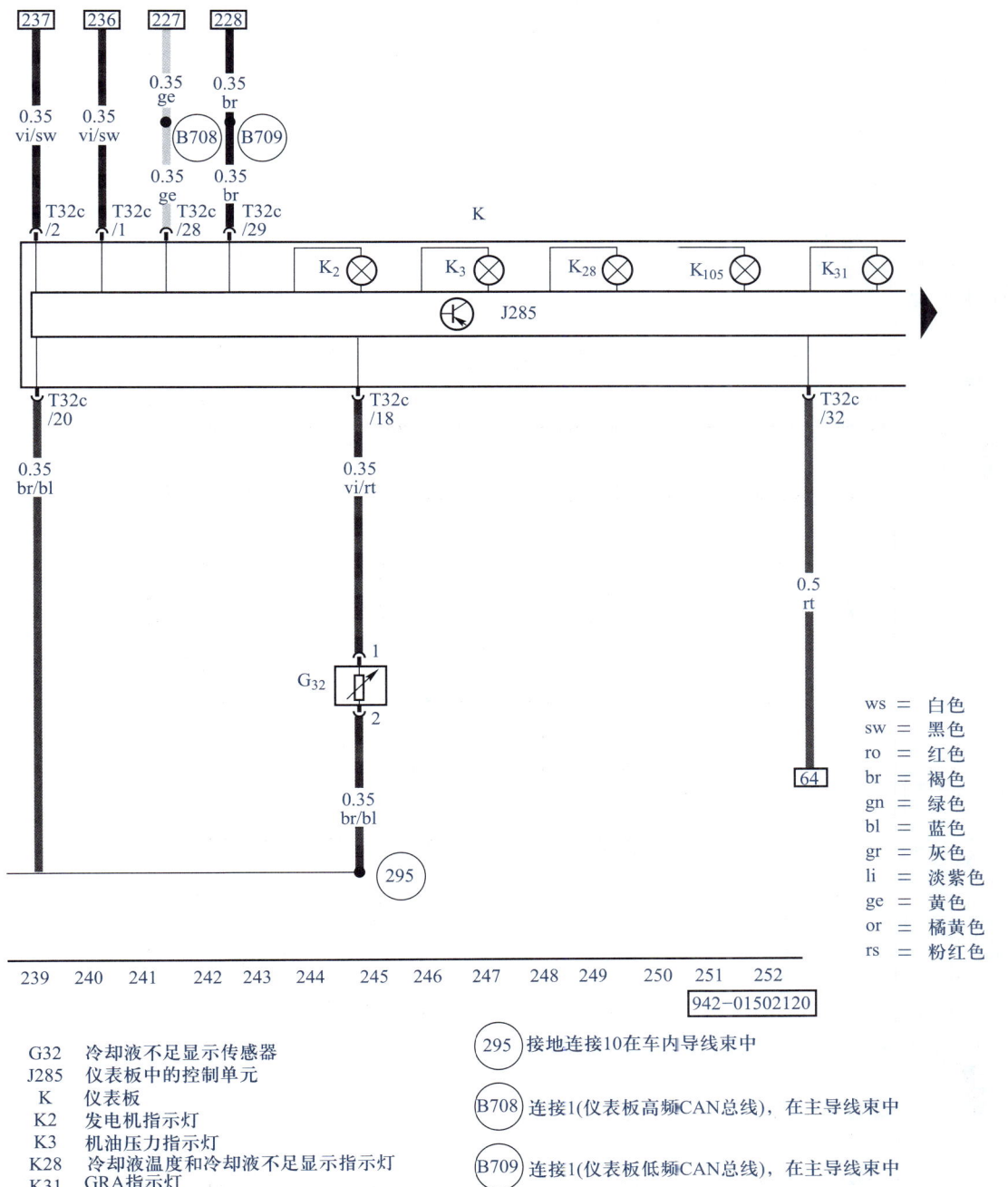

ws = 白色
sw = 黑色
ro = 红色
br = 褐色
gn = 绿色
bl = 蓝色
gr = 灰色
li = 淡紫色
ge = 黄色
or = 橘黄色
rs = 粉红色

942-01502120

G32　冷却液不足显示传感器
J285　仪表板中的控制单元
K　　仪表板
K2　　发电机指示灯
K3　　机油压力指示灯
K28　冷却液温度和冷却液不足显示指示灯
K31　GRA指示灯
K105　燃油存量指示灯
T32c　32芯插头连接

295　接地连接10在车内导线束中

B708　连接1(仪表板高频CAN总线)，在主导线束中

B709　连接1(仪表板低频CAN总线)，在主导线束中

图 4-27　仪表控制单元 J285

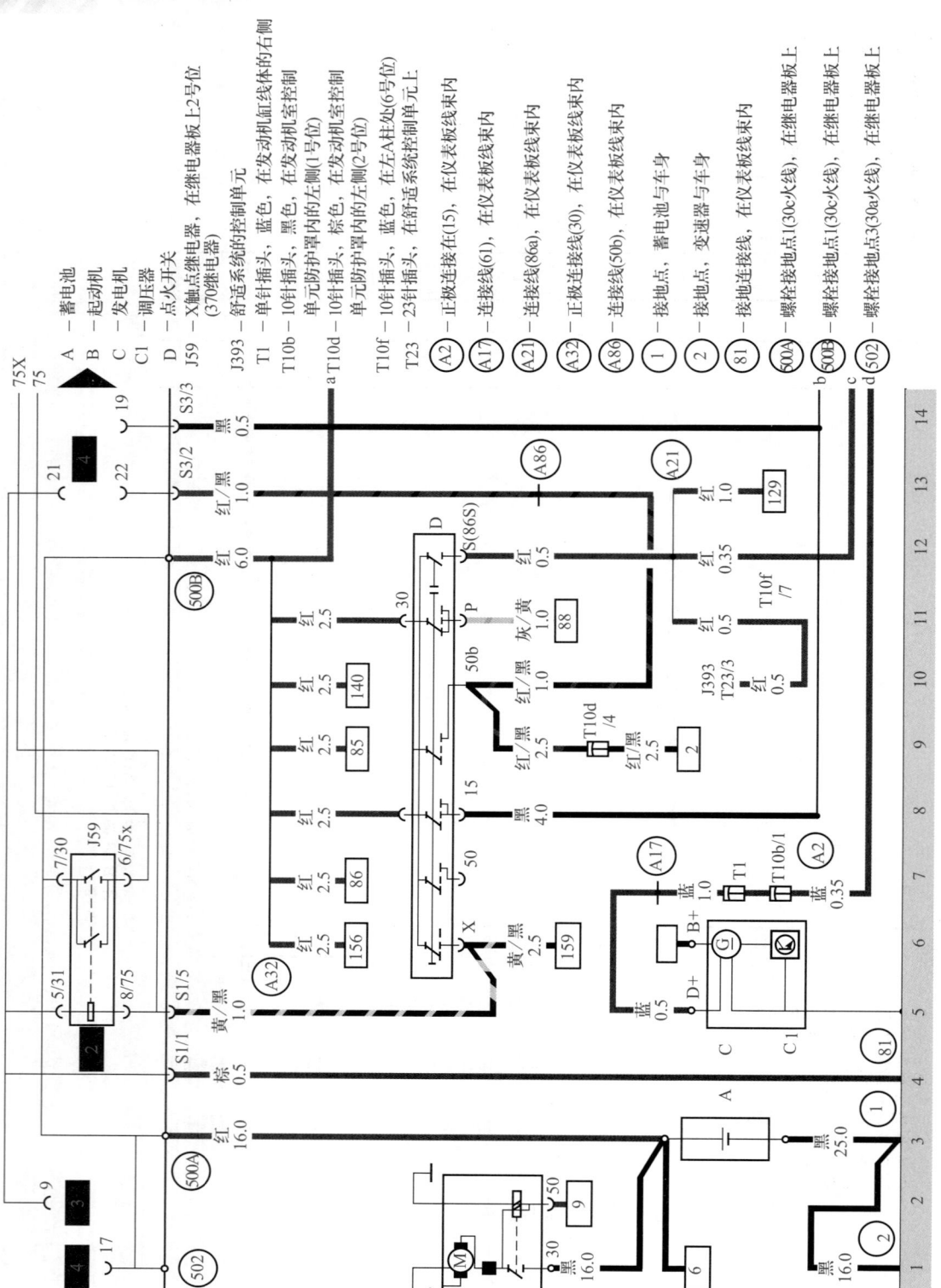

A — 蓄电池
B — 起动机
C — 发电机
C1 — 调压器
D — 点火开关
J59 — X触点继电器，在继电器板上2号位
（370继电器）
J393 — 舒适系统的控制单元
T1 — 单针插头，蓝色，在发动机缸体的右侧
T10b — 10针插头，黑色，在发动机室控制
单元防护罩内的左侧（1号位）
T10d — 10针插头，棕色，在发动机室控制
单元防护罩内的左侧（2号位）
T10f — 10针插头，蓝色，在左A柱处（6号位）
T23 — 23针插头，在舒适系统控制单元上
A2 — 正极连接在(15)，在仪表板线束内
A17 — 连接线(61)，在仪表板线束内
A21 — 连接线(86a)，在仪表板线束内
A32 — 正极连接线(30)，在仪表板线束内
A86 — 连接线(50b)，在仪表板线束内
1 — 接地点，蓄电池与车身
2 — 接地点，变速器与车身
81 — 接地连接线，在仪表板线束内
500A — 螺栓接地点(30c火线)，在继电器板上
500B — 螺栓接地点(30c火线)，在继电器板上
502 — 螺栓接地点3(30a火线)，在继电器板上

(a)

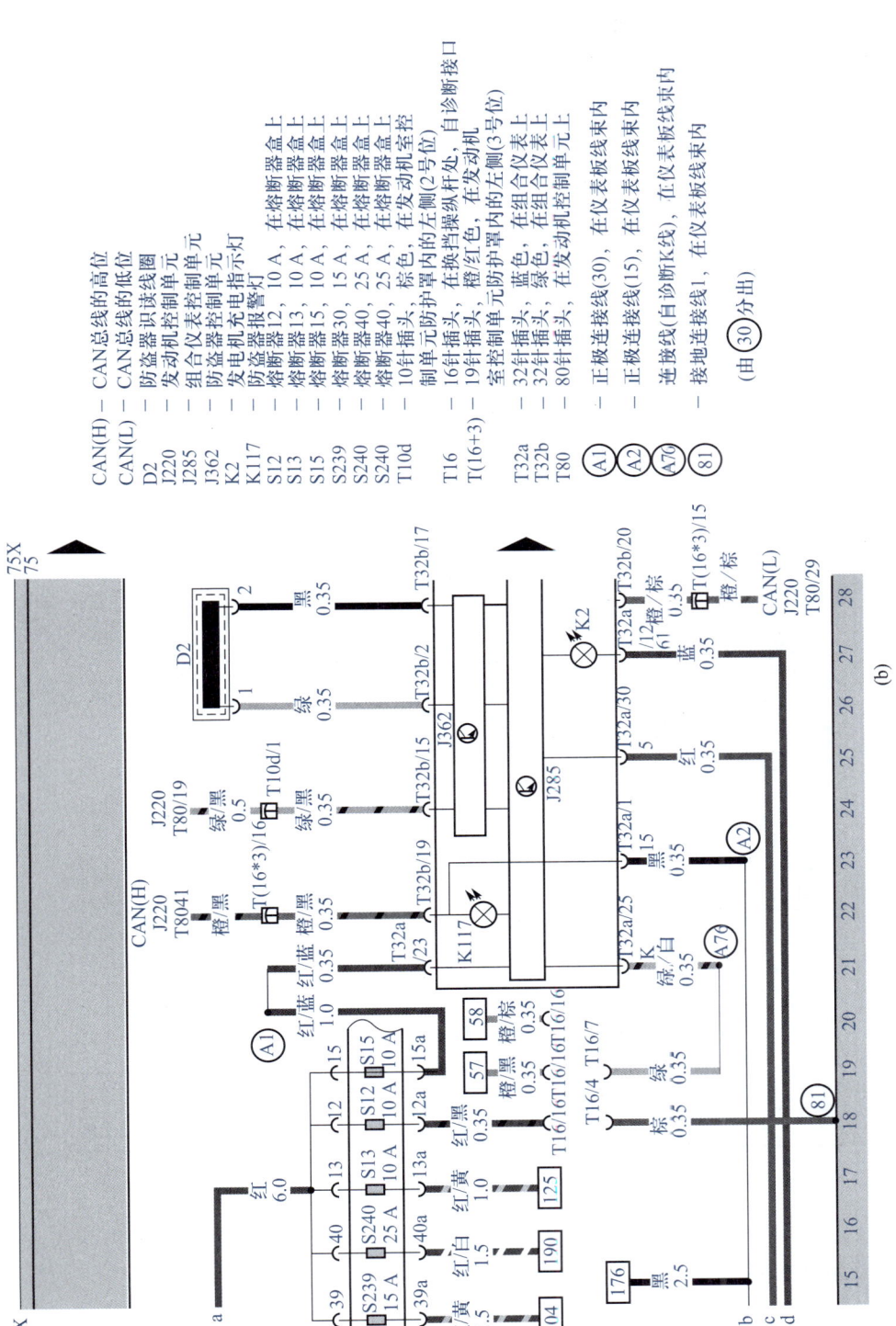

CAN(H)	— CAN总线的高位
CAN(L)	— CAN总线的低位
D2	— 防盗器识读线圈
J220	— 发动机控制单元
J285	— 组合仪表控制单元
J362	— 防盗器控制单元
K2	— 发电机充电指示灯
K117	— 防盗警报警灯
S12	— 熔断器12，10 A，在熔断器盒上
S13	— 熔断器13，10 A，在熔断器盒上
S15	— 熔断器15，10 A，在熔断器盒上
S239	— 熔断器30，15 A，在熔断器盒上
S240	— 熔断器40，25 A，在熔断器盒上
S240	— 熔断器40，25 A，在熔断器盒上
T10d	— 10针插头，棕色，在发动机室控制单元防护罩内的左侧
T16	— 16针插头，在换挡操纵杆处，自诊断接口
T(16+3)	— 19针插头，橙红色，在发动机，在发动机室控制单元防护罩内的左侧(3号位)
T32a	— 32针插头，蓝色，在组合仪表上
T32b	— 32针插头，绿色，在组合仪表上
T80	— 80针插头，在发动机控制单元上
(A1)	— 正极连接线(30)，在仪表板线束内
(A2)	— 正极连接线(15)，在仪表板线束内
(A70)	— 连接线(自诊断K线)，在仪表板线束内
(81)	— 接地连接线1，在仪表板线束内
	(由 ③⓪ 分出)

图 4-28 上海大众帕萨特 1.8GSI 轿车充电系统电路

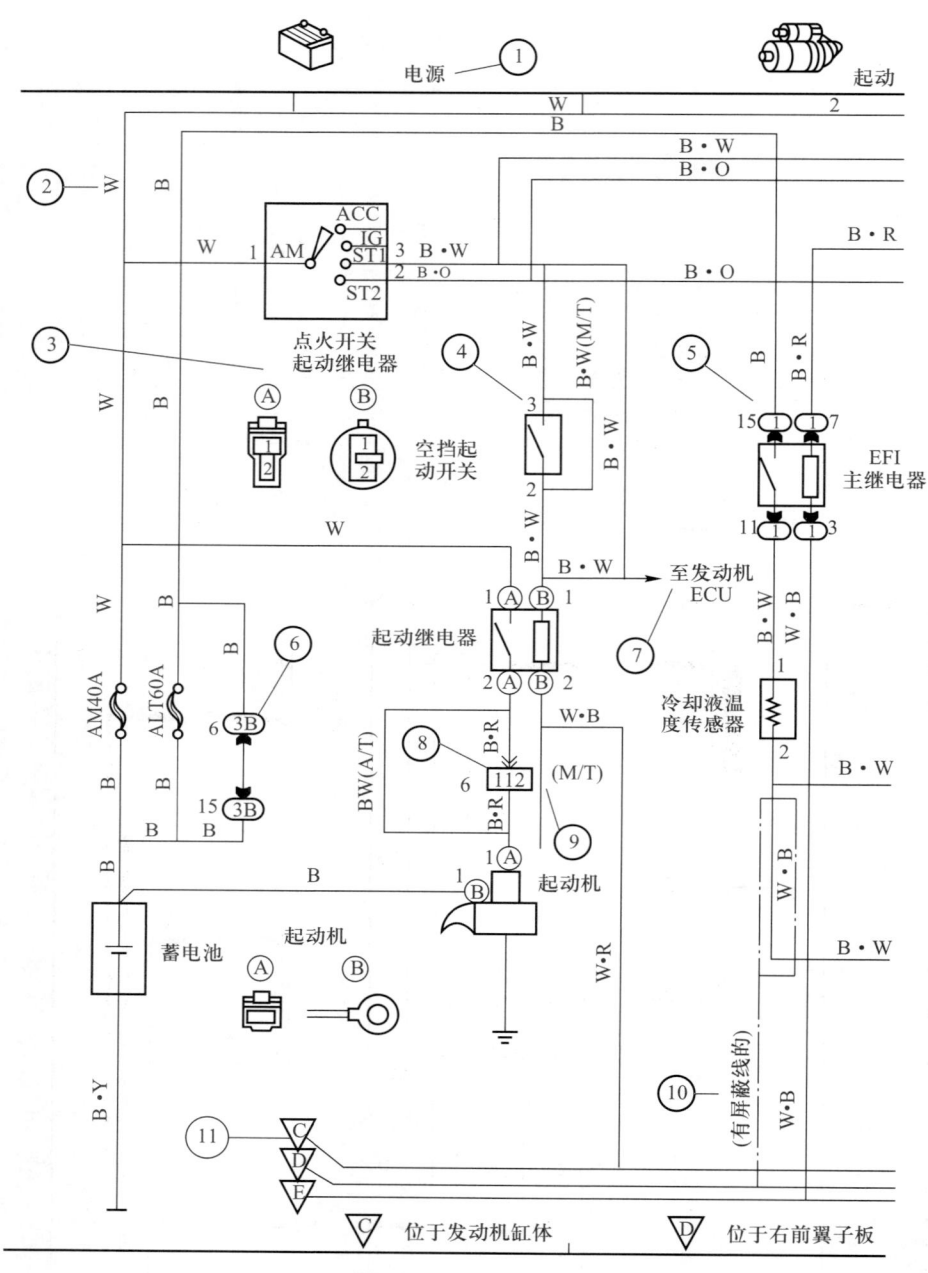

图 4-29 丰田车系电路图示例

① ——系统标题。在电路图上方用刻线划分区域内,用文字和系统符号表示下方电路系统的名称。

② ——配线颜色。

③ ——与电路元件连接的插接器,数字表示接线端子的编号。

④ ——插接器的接线端子编号,其中插座和插头编号的方法不同。在插座编号

中,顺序为从左至右,从上至下;插头则从右至左,从上至下。

　　⑤——继电器盒。图中只标明继电器盒的号码,不印上阴影,以区别接线盒。

　　⑥——接线盒。圈内数字表示接线盒号码,圈旁数字表示该插接器插座位置代码,接线盒上一般印上阴影,使其与其他元件区分。不同的接线盒,用不同的阴影标出,以便区分。例如图 4-29 中的 3B 表示它在 3 号接线盒内;数字 6 和 15 表示两条配线分别在插接器 6 号和 15 号接线端子上。

　　⑦——相关联的系统。

　　⑧——配线之间插接器,带插头的配线用符号≫表示,外侧数字 6 表示接线端子的号码。

　　⑨——当车辆型号、发动机型号或规格不同时,用(　　　)中内容来表示不同的配线和插接器。

　　⑩——屏蔽的配线。

　　⑪——搭铁点位置。搭铁点在电路图中用▽符号表示。

　　2. 电路图特点

　　丰田车系电路图中的电气元件通常有文字注解;电路总图中各系统电路按线路方向逐个布置,并在电路图上方标出各系统电路的区域和代表该电路系统的符号及文字说明;电路图中绘出了搭铁点,并标注代号与文字说明,可以从电路图了解线路搭铁点,直观明了;电路图中,有的还直接标出线路插接器的端子排列和各端子的使用情况,给识图和电路故障查找提供方便。

　　3. 丰田威驰轿车充电系统电路图

　　丰田威驰轿车充电系统电路如图 4-30 所示。发电机 B 插接器有 3 个端子:1 号端子 L 从点火开关 IG$_2$ 端子开始,接组合仪表上的充电指示灯,控制充电指示灯的亮与灭;2 号端子 IG 从点火开关 IG$_1$ 端子,经 10A 的熔断器,给集成电路电压调节器提供工作电压;3 号端子经 75A 和 60A 两个熔断器,检测蓄电池端电压。发电机 A 插接器是交流发电机的输出,并经过 100A 的熔断器,给其他用电设备供电和给蓄电池充电。

4.2.4　通用车系充电系统电路

　　1. 电路识读

　　如图 4-31 所示,以上汽通用别克轿车自动变速器控制电路为例,说明通用车系电路图的识读方法,电路中大圆圈内数字是注释符号,其各部分含义如下。

　　①——"运行或起动时通电"表示线路在点火开关处于运行或起动挡时通电,电压为蓄电池电压。

　　②——27 号 10A 的熔断器。

　　③——点划线框表示没有完全表示出接线盒所有部分。

　　④——导线由发动机舱盖下熔断器接线盒 C2 连接插头的 E2 插脚引出,连接插头编号 C2 写在右侧,插脚编号 E2 写在左侧。

　　⑤——搭配"P100"表示贯穿式密封圈,其中 P 表示密封圈,100 表示其代号。

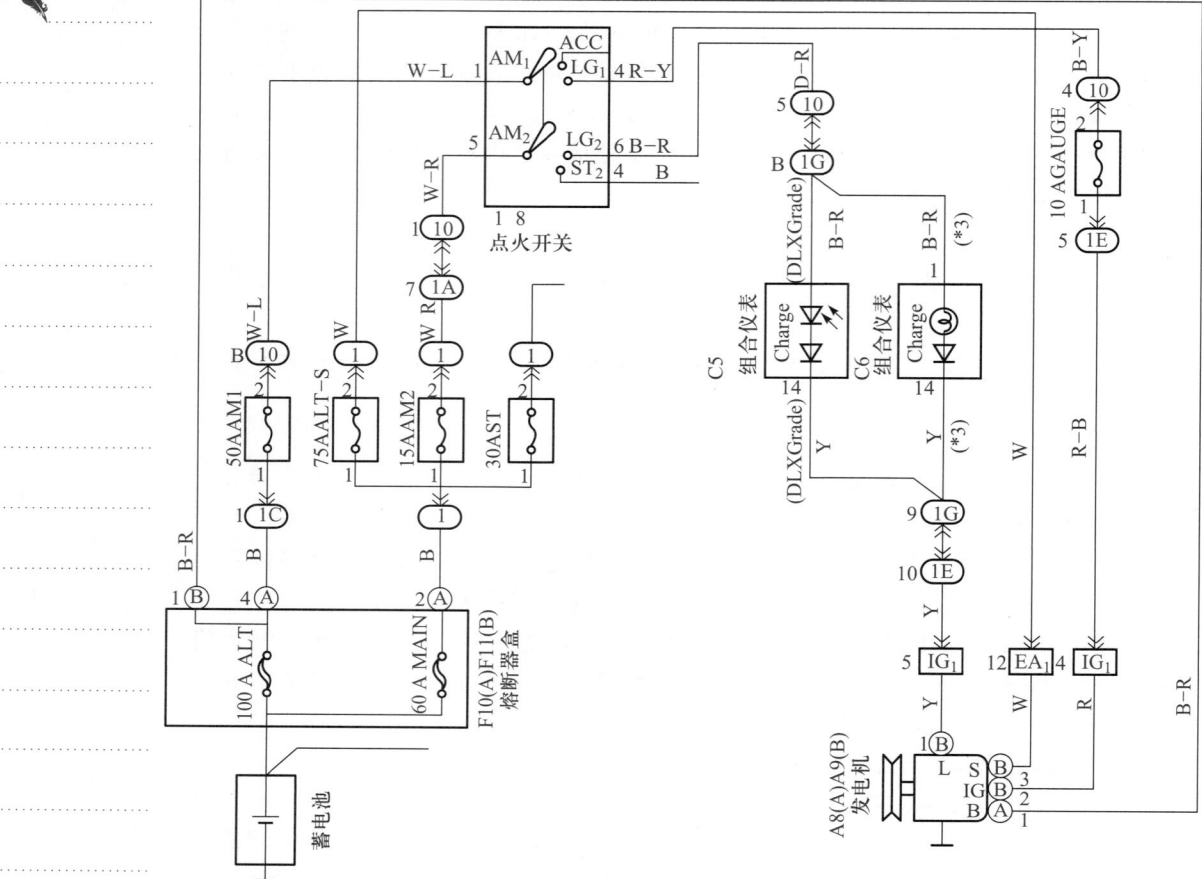

图 4-30　丰田威驰轿车充电系统电路

⑥ ——"0.35 粉红色"表示导线截面积为 0.35 mm²，颜色为粉红色，数字"339"是车辆位置分区代码，表示该线束位置在乘客室。

⑦ ——表示 TCC 开关，图 4-31 画法表示 TCC 处于接通状态，其开关信号经过 P101 和 C101，由 PCM 中的 C1 插头 30 号插脚进入 PCM 中。

⑧ ——表示直列型插接器，右侧"C101"表示连接插头编号（其中 C 表示连接器插头），左侧"C"表示直列线束插接器的 C 插脚。

⑨ ——表示输出电阻器，这里用来把 TCC 和制动灯开关的信号以一定的电压信号的形式输出给动力控制模块（PCM）的内部控制电路。

⑩ ——表示动力控制模块是对静电敏感的部件。

⑪ ——表示搭铁。

⑫ ——表示在自动变速器内部的 TCC 锁止电磁阀，此电磁阀控制液力变矩器内部锁止离合器的结合。它在点火开关处于点火挡或起动挡时，通过 23 号的 10A 熔断器供电。

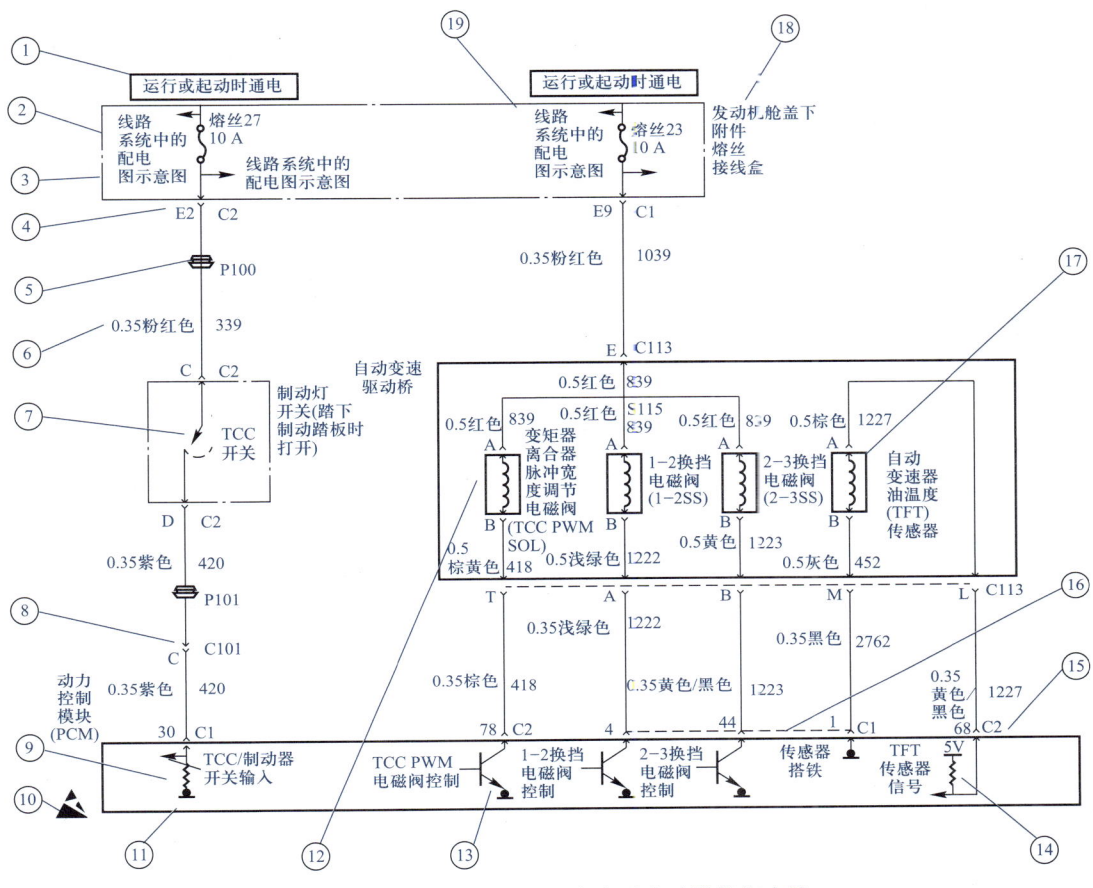

图 4-31　上汽通用别克轿车自动变速器控制电路

⑬ ——表示晶体管半导体元件控制的集成电路。这里为 PCM 内部集成控制电路,控制电磁阀驱动电路,通过 PCM 搭铁。

⑭ ——表示输出电阻。PCM 提供 5 V 稳压通过内部串接电阻与自动变速器油温传感器 TFT 连接,同时将 TFT 的信号传给 PCM。

⑮ ——表示动力控制模块 PCM 的 C2 连接插头的 68 插脚。

⑯ ——用虚线表示 4、44、1 插脚均属于 C1 连接插头。

⑰ ——表示自动变速器内部的油温传感器,它是一个负温度系数电阻。

⑱ ——表示部件的名称及所处的位置。

⑲ ——表示导线通往发动机舱盖下附件导线接线盒的其他电路,对目前所显示的电气系统没有作用,是一种省略的画法。

2. 电路图特点

(1) 特殊的提示符号

在通用车系电路图中标有静电敏感符号、安全气囊符号、故障诊断符号、注意事项符号,用于提醒检修人员。

（2）电源接通说明

通用车系电路图中的电源通常是从该电路的熔断器开始,在电路图的上方,用黑色框表示,并用黑框中的文字说明在什么样的情况下该电路接通电源。

（3）电路编号

通用车系的电路图中,各导线除了标明颜色和截面积外,通常还标有该电路的编码,通过电路编码可以知道该电路在汽车上的位置,以便读图和故障查询。

3. 别克轿车充电系统电路

上汽通用别克君威 2.5L、3.0GS 轿车电源电路主要由发电机、电压调节器、动力控制模块（PCM）、熔断器等组成,其电路如图 4-32 所示。

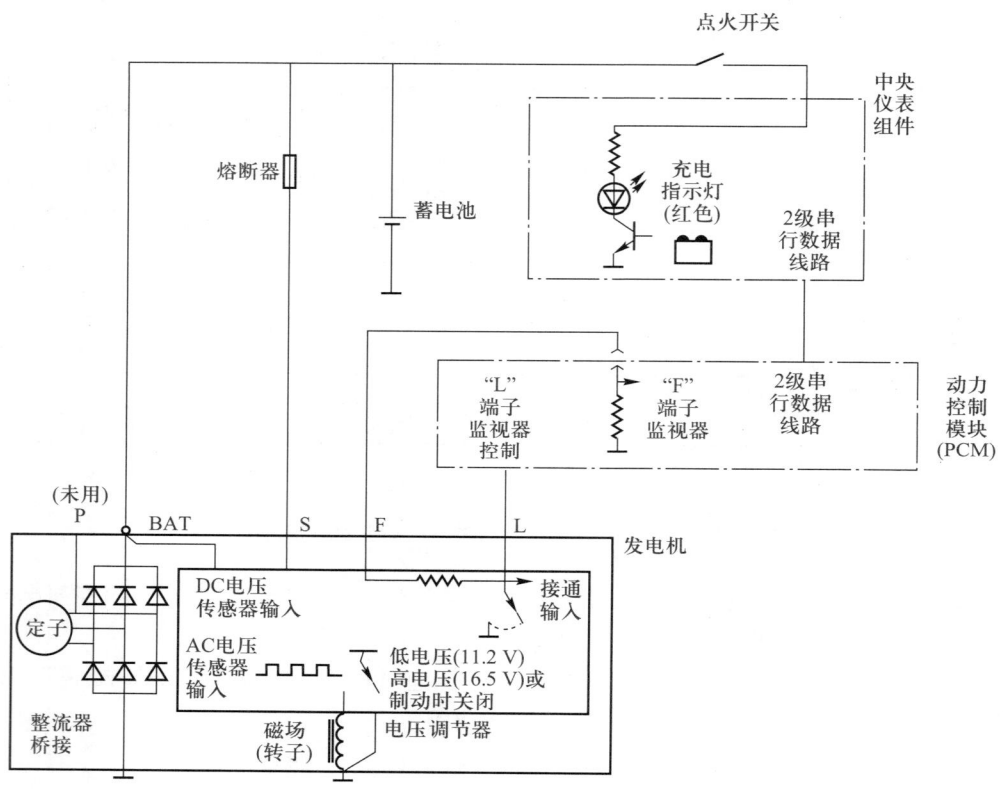

图 4-32 上汽通用别克君威 2.5L、3.0GS 轿车电源电路

发电机的 P 端子是发电机转速信号脉冲输出端（未使用）。F 端子是励磁脉冲数据输出端,接 PCM,用该数据计算发电机的脉冲频率（PWM）信号。PCM 利用发电机的 PWM 信号控制怠速稳定。S 端子通过熔断器接蓄电池正极。L 端子接 PCM,电压调节器根据 L 端子输入的指令确定是否工作,当发动机正常运转时,PCM 向发电机 L 端子提供 5 V 电压,电压调节器向转子提供励磁脉冲;当点火开关没有接通或发动机转速过低时,PCM 切断向 L 端子的电压输出,以减小不必要的额外负荷。

电压调节器以 400 Hz 固定频率接通和断开励磁电流,通过改变励磁电流的通断时间间隔获得系统正常输出电压所需要的励磁电流平均值。励磁电流的大小与电压调节器发送给转子的电流脉冲宽度成正比。

充电指示灯是由动力控制模块通过 2 级串行数据总线控制的,仪表上的指示灯与发电机之间没有直接连接。PCM 接收到 L 端子搭铁信号,充电指示灯点亮;系统电压低于 11.2 V,或系统电压高于 16.5 V,或发电机不运转,或 S 端子参考电压丢失时,充电指示灯也会点亮。

任务实施

任务　汽车充电系统故障诊断与排除

【任务要求】

1. 通过该任务的实施,能够正确使用交流发电机。

2. 能够对交流发电机进行检测。

3. 掌握充电系统常见故障的诊断与排除方法。

4. 实训设备及仪器:普通铅酸蓄电池、免维护蓄电池、交流发电机、电压调节器、万用表、检测仪等。

【任务指导】

一、交流发电机的正确使用

1. 交流发电机的正确使用

蓄电池、交流发电机、电压调节器是电源系统重要组成部分,使用时应避免不当的操作。

1)蓄电池搭铁极性不能弄错,避免烧毁整流器中的二极管和电压调节器中的电子元件。

2)充电系统的导线连接要牢固、可靠。在发动机运转时,禁止断开蓄电池极桩线。

3)发电机和电压调节器二者的规格型号要相互匹配。

4)不能用刮火的方法检查发电机是否发电,否则将损坏相应的电子元件。

5)发动机熄火后,应及时断开点火开关,以免蓄电池长时间向励磁绕组和电压调节器放电而使其损坏。

6)出现整流二极管短路故障时,应及时予以检修,否则容易引起其他二极管和电枢绕组烧毁。

7)保持发电机传动带适合的张紧度。

2. 交流发电机的检测

交流发电机不发电或发电不良的可能故障原因如下。

1)整流二极管烧坏而使发电机电压过低,造成充电电流过小或不充电。

2）发电机磁场绕组或电枢绕组有短路、断路或搭铁而使发电机发电电压过低或不发电。

3）电刷与集电环接触不良而使磁场绕组励磁电流过小或无励磁电流,造成发电机电压过低或不发电。

二、交流发电机解体前检查

充电系统出现故障时,应检查充电线路连接是否正确,线路中是否有短路、断路现象;在点火开关打开时检查励磁线路是否有电压(约等于蓄电池电压);必要时断开发电机传动带,将发电机励磁接线柱接 12 V 电压,用手旋转发电机传动带轮,检查发电机有无励磁,以判断故障是否在发电机本身。

在发电机解体前,通过检测发电机各接线柱之间的电阻或检测发电机输出电压波形,以确定发电机是否有故障和故障的大致部位。

1. 检测交流发电机各接线柱之间的电阻

根据所测得的电阻值正常与否来判断连接两接线柱之间部件和线路是否有故障(依据发电机技术标准)。

2. 检测交流发电机输出电压波形

当发电机内部的二极管或电枢绕组有断路或短路时,发电机的输出电压波形就会异常,因此,可根据示波器显示的发电机输出电压波形判断发电机内部是否有故障。各种故障状态下输出的电压波形如图 4-33 所示。

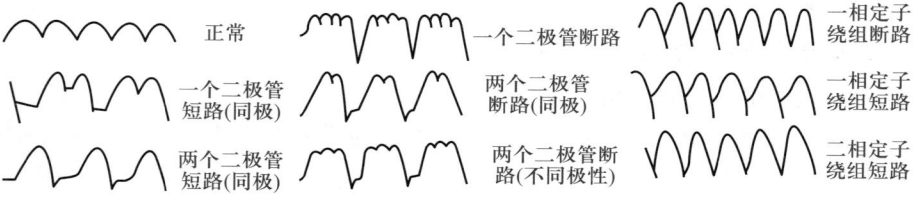

图 4-33　交流发电机各种故障状态下输出的电压波形

3. 交流发电机解体后检查

当确定故障在发电机内部时,按步骤对发电机解体,并对有关部件进行检测。

1）整流二极管的检测:用数字万用表二极管挡检测二极管正向、反向的电压降应符合标准。

2）磁场绕组的检测:用万用表测量两集电环之间(磁场绕组)的电阻,与标准值对比,判断磁场绕组是否短路、断路或搭铁。

3）电枢绕组的检测:用万用表测量电枢绕组 3 个引线之间的电阻,与标准值对比,判断磁场绕组是否短路、断路或搭铁,以及检查电枢绕组与铁心之间是否绝缘。

4）电刷与轴承的检修:检查电刷轴承的磨损情况、电刷弹簧的弹力,若电刷磨损量超过限值、电刷弹簧失效或轴承有明显松旷等,应予以更换。

三、充电系统常见故障诊断与排除

充电系统常见的故障是不充电、充电电流过大或过小、充电电流不稳、充电指示灯常亮或不亮等。充电系统的电路结构不同,故障现象和涉及的故障原因、故障诊断方法等不尽相同。

1. 不充电故障

发动机在怠速及怠速以上的转速运转时,充电指示灯不熄灭,并且蓄电池很快亏电。

（1）故障原因

1）充电电路的故障:励磁线路有搭铁或短路。

2）发电机的故障:电枢绕组有短路、断路或搭铁;磁场绕组有短路或搭铁;整流二极管有断路或短路等。

3）调节器的故障:内部电子元件损坏等。

4）机械故障,发电机安装松动或传动带因磨损而打滑。

（2）诊断与排除

不充电故障的诊断与排除步骤如图4-34所示。

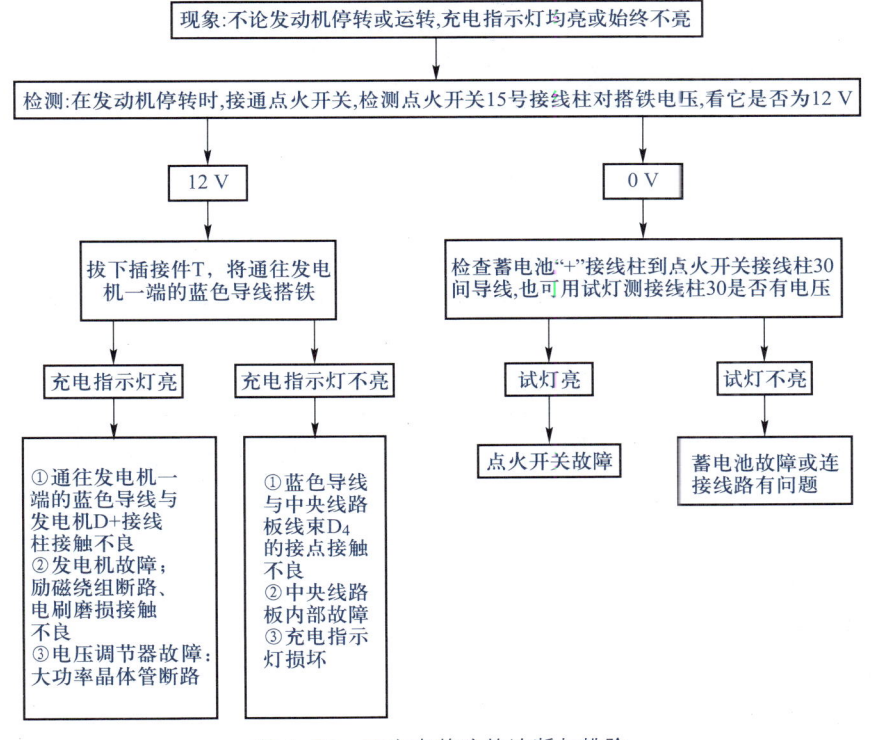

图4-34　不充电故障的诊断与排除

2. 充电电流过小故障

充电指示灯不熄灭或在较高的转速下才能熄灭,充满电的蓄电池很容易出现亏电,夜间前照灯亮度低。

（1）故障原因

1）充电线路因连接松动、接触表面脏污而导致接触电阻过大。

2）发电机有故障：磁场绕组有局部短路；电刷与集电环接触不良；电枢绕组有断路或短路、整流二极管有短路或断路。

3）调节器电子元件性能变化而使调节电压值下降。

4）发电机传动带打滑。

（2）诊断与排除

充电电流过小故障的诊断与排除步骤如图4-35所示。

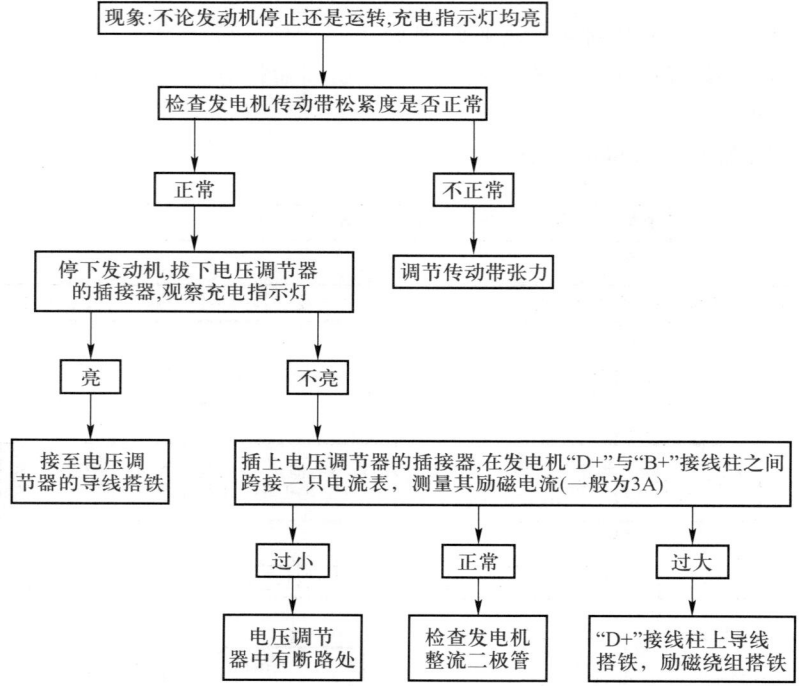

图4-35　充电电流过小故障的诊断与排除

充电系统其他故障诊断过程与上述类似，不再赘述。

【任务工单】

任课教师		时间	
班级		学生姓名	
项目	汽车交流发电机检修	学时	
任务	汽车充电系统故障诊断与排除	学习地点	
仪器与设备	速腾轿车、迈腾轿车、VAS6150、万用表		

续表

参考资料	1. 捷达轿车维修手册 1984 电路图 2. 迈腾轿车维修手册 Magotan B8L 2016 电路图 3. 速腾轿车维修手册 Sagitar_2009_电路图
课前预习	1. 汽车交流发电机的结构 2. 汽车交流发电机的工作原理 3. 汽车充电系统故障
课堂学习	1. 参照迈腾轿车维修手册 Magotan B8L 2016 电路图中的电源系统电路图,画出电路原理图 　　要求:原理图中必须包括点火开关、车载电源控制单元、发电机、蓄电池、充电指示灯 2. 查找捷达轿车维修手册 1984 电路图 11 页,回答下面几个问题 (1) 图中 ABCD 分别表示什么电气部件 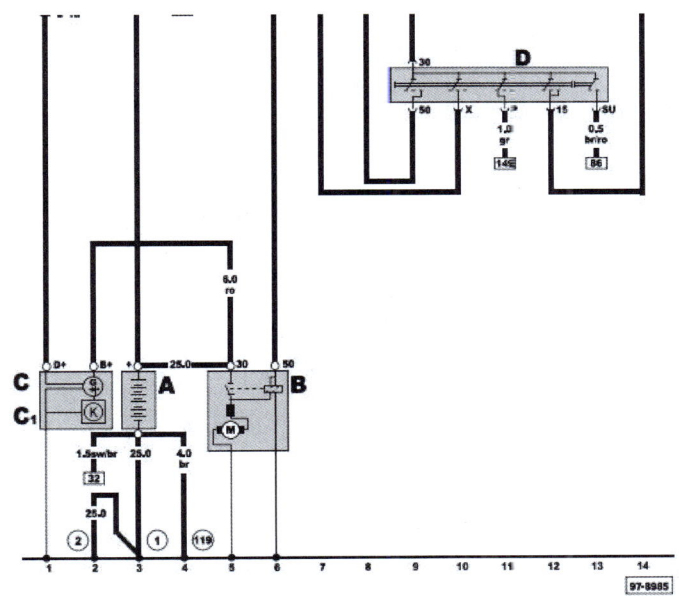 A. _____ B. _____ C. _____ D. _____

续表

（2）解释图中编号的含义？

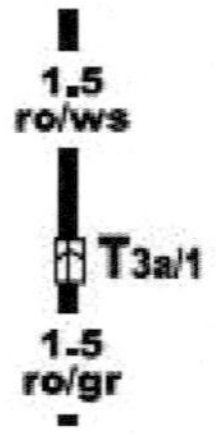

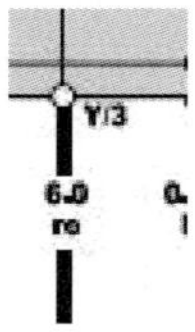

T₁ₐ：_____　　　　T₃ₐ/₁：_____　　　　Y/3：_____

（3）图中地址码 11 的导线，方框里的 149 表示什么

_____

_____

_____

_____

课堂学习

（4）下图中的 J59 是_____（填电路图标识），它在中央继电器第_____（填数字）个位置，在电路图_____（只填数字）页可以找到它的实际安装位置，描述安装位置_____

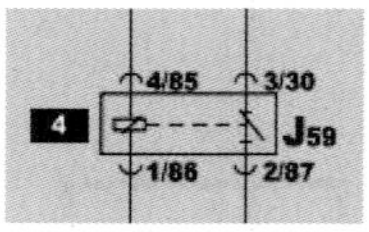

（5）下图中的 S15 保险丝，在_____（只填数字）页，可以找到它所保护的是_____电路，允许通过电流是_____，在电路图_____（只填数字）页可以找到它的实际安装位置，描述安装位置_____。

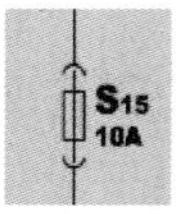

3. 查找速腾轿车维修手册 Sagitar_2009_电路图，回答下面几个问题

（1）打开电路图，查阅"001－基本装备"和"118－基础装备"，两者的区别是什么

_____

_____

（2）打开电路图，查阅"001－基本装备"，查找制动灯，在电路图_____（只填数字）页

（3）打开电路图，查阅"001－基本装备"，左制动灯标记是_____

续表

课堂学习	（4）打开电路图，查阅"001-基本装备"，左制动灯来电端插脚号是_____。 （5）打开速腾2009电路图，查阅"001-基本装备"，左制动灯接地端插脚号是_____。 （6）打开速腾2009电路图，查阅"001-基本装备"，制动信号灯开关F的T4y/1针脚，连接的是_____。 打开电路图，查阅"001-基本装备"，J519是_____，在电路图_____（只填数字）页可以找到它的实际安装位置，描述安装位置_____。 打开电路图，查阅"001-基本装备"，左制动灯与车载电网控制单元连接针脚是_____。
总结与记录	

习题

一、选择题

1. 交流发电机的中性点电压与发电机直流输出电压的比值为（　　　）。

A. 1　　　　　　　　　　　　　　B. 1/2

C. 1/3　　　　　　　　　　　　　D. 1/4

2. 交流发电机在正常工作时，属（　　　）。

A. 他励串励式发电机

B. 自励串励式发电机

C. 自励并励式发电机

3. 下列说法不正确的是（　　　）。

A. 在发动机运转及汽车行驶的大部分时间里，由交流发电机向各用电设备供电

B. 在发动机怠速运转时，交流发电机向各用电设备供电

C. 在发动机起动时，协助蓄电池向起动机和各用电设备供电

D. 在发电机的端电压高于蓄电池的电动势时，向蓄电池充电

4. 硅整流器可以将定子绕组产生的三相交流电变为直流电，它由（　　　）等组成。

A. 6只硅二极管　　　　　　　　　B. 6只硅晶体管

C. 正散热板　　　　　　　　　　　D. 负散热板

二、判断题（正确打"√"，错误打"×"）

（　　　）1. 轿车的充电指示灯亮表示发电机工作正常。

（　　　）2. 发电机在工作时，其励磁电流始终是蓄电池供给。

（　　　）3. 只有当发电机的转速大于空载转速时，发电机才有能力在额定电压下

对外供电。

（　　）4. 汽车交流发电机的输出特性中，空载转速高于满载转速。

三、简答题

1. 交流发电机由哪几部分组成？作用是什么？

2. 简述交流发电机的工作原理。

3. 交流发电机的中性点输出有何功用？

项目五 汽车起动系统检修

任务目标

1. 知识目标

掌握起动机的型号、工作特性,掌握起动机的构造、工作原理。

2. 技能目标

能够对起动机的性能进行检测,能够对起动机进行拆装。能够排除起动系统故障。

3. 素养目标

(1) 能够用细心、耐心的工作态度对待客户。

(2) 能够组织小组讨论并发表个人观点和看法。

(3) 能够做好"5S"管理,保持环境清洁。

任务描述

起动系统常见故障是起动机不工作或起动机运转无力。该任务通过对起动机及起动系统故障的诊断,起动机拆卸、检修、安装调整过程的实施与学习,使学生在掌握起动机的结构与工作原理等方面的理论知识的同时,具备对上述故障分析与排除的能力。

学习单元 5.1　起动系统概述

起动机的作用是起动发动机,发动机起动之后,起动机便立即停止工作。发动机常用的起动方式,有人力起动、辅助汽油机起动和电力起动机起动。目前大多数运输车辆都已采用电力起动机起动,电力起动机起动方式是由直流电动机通过传动机构将发动机起动,它具有操作简单、体积小、质量轻、安全可靠、起动迅速并可重复起动等优点,一般将这种电力起动机简称为起动机。起动机均安装在汽车发动机飞轮壳前端的座孔上,用螺栓紧固。

5.1.1　起动系统的组成

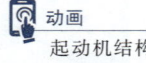

起动系统由蓄电池、起动机和起动控制电路等组成,如图 5-1 所示,起动控制电路包括起动按钮或开关、起动继电器等。

起动机在起动开关或按钮控制下,将蓄电池的电能转化为机械能,通过飞轮齿环带动发动机曲轴转动。为增大转矩,便于起动,起动机与曲轴的传动比:汽油机一般为 15~17,柴油机一般为 8~10。

5.1.2　起动机的分类

(1) 按磁场产生的方式分

1) 励磁式起动机。励磁式起动机磁场是由励磁线圈产生的,常在大中型发动机上使用。

2) 永磁式起动机。永磁式起动机以永磁材料(铁氧体或铁硼)为磁极。由于电

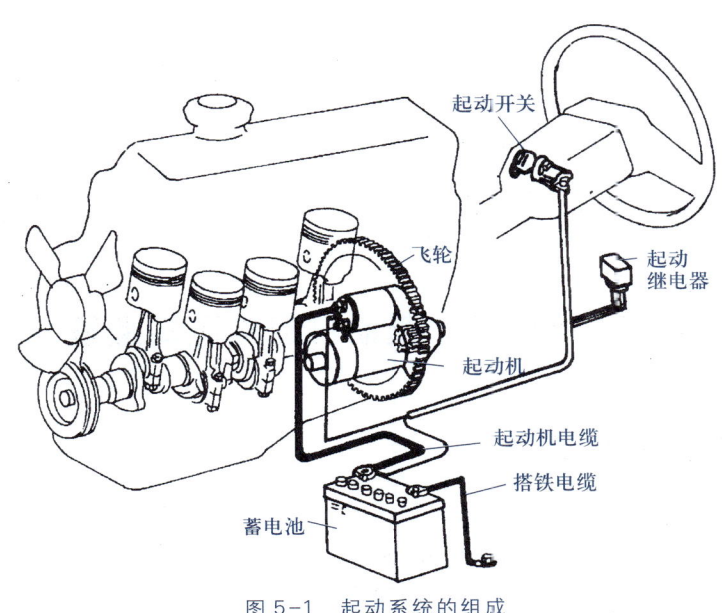

图 5-1　起动系统的组成

动机中无磁极绕组,故可使起动机结构简化,体积和质量都可相应减小。可用于起动中小型发动机。

（2）按操纵机构分类

1）直接操纵式起动机。直接操纵式起动机由脚踏或手拉杠杆联动机构直接控制起动机的主电路开关来接通或切断主电路,也称机械式起动机。这种起动机虽然结构简单、工作可靠,但由于要求起动机、蓄电池靠近驾驶室,而有安装布局的限制,而且操作不便,已很少采用。

2）电磁操纵式起动机。电磁操纵式起动机是由起动按钮或开关控制继电器,再由继电器控制起动机的主开关来接通或切断主电路,也称电磁控制式起动机。这种起动机可实现远距离控制,操作方便,在现代汽车上广泛采用。

（3）按传动机构的啮合方式分类

1）惯性啮合式起动机。起动机旋转时,其啮合小齿轮靠惯性力自动啮合入飞轮齿环。起动后,小齿轮又借惯性力自动与飞轮齿环脱离。这种啮合机构结构简单,但不能传递较大的转矩,而且可靠性较差,已很少采用。

2）强制啮合式起动机。强制啮合式起动机是靠人力或电磁力拉动杠杆强制小齿轮啮合入飞轮齿环的。这种啮合机构结构简单、动作可靠、操作方便,仍被现代汽车所采用。

3）电枢移动式起动机。电枢移动式起动机是靠起动机磁极磁通的吸力,使电枢沿轴向移动而使小齿轮啮合入飞轮齿环的,起动后再由复位弹簧使电枢复位,让驱动齿轮退出飞轮齿环。这种啮合机构多用于大功率的柴油汽车上。

（4）齿轮移动式起动机

齿轮移动式起动机是电磁开关推动安装在电枢轴孔内的啮合杆,而使小齿轮啮合入飞轮齿环的。

（5）减速式起动机

减速式起动机是靠电磁吸力推动单向离合器,使小齿轮啮合入飞轮齿环的。减速起动机的结构特点是在电枢和驱动齿轮之间装有一级减速齿轮（一般速比为 3～4）,它的优点是:可采用小型高速低转矩的电动机,使起动机的体积减小,质量减少约35%,并便于安装;提高了起动机的起动转矩,有利于发动机的起动;电枢轴较短,不易弯曲;减速齿轮的结构简单、效率高,保证了良好的机械性能,同时拆装修理方便。

学习单元 5.2　起动机的构造与型号

5.2.1　起动机的构造

起动机由串励直流电动机、传动机构和操纵机构三个部分组成,如图 5-2 所示。

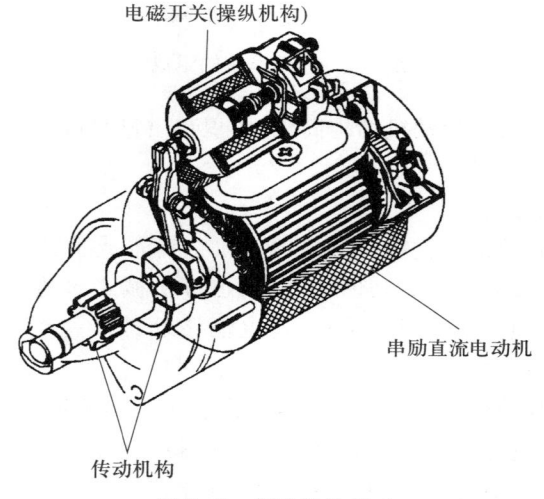

图 5-2　起动机的组成

1）串励（激）直流电动机。该电动机的作用是将蓄电池输入的电能转换为机械能,产生电磁转矩。

2）传动机构。传动机构又称起动机离合器、啮合器。传动机构的作用是在发动机起动时使起动机轴上的小齿轮啮合入飞轮齿环,将起动机的转矩传递给发动机曲轴,在发动机起动后又能使起动机小齿轮与飞轮齿环自动脱开。

3）操纵机构。操纵机构的作用是接通和断开电动机与蓄电池之间的电路。

起动机的整体构造见图 5-3。

5.2.2　起动机的型号

根据中华人民共和国行业标准 QC/T 73—93《汽车电气设备产品型号编制方法》规定,起动机的型号如下。

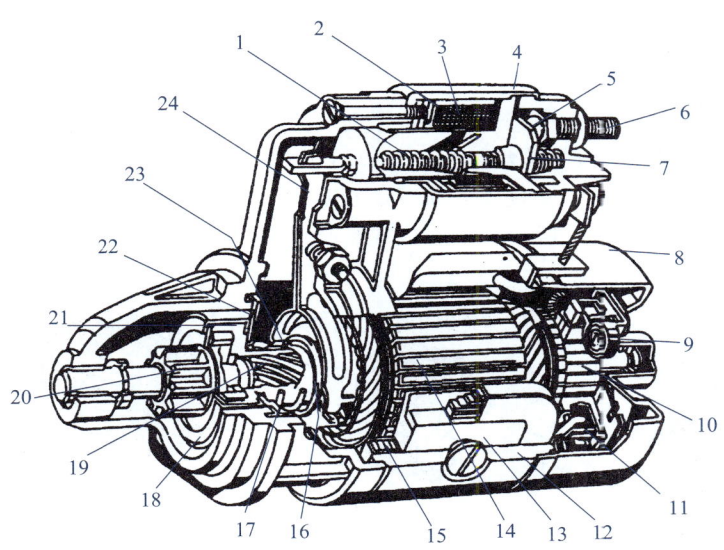

图 5-3　起动机的整体构造

1—复位弹簧;2—保持线圈;3—吸拉线圈;4—电磁开关壳体;5—触点;6—接线柱;7—接触盘;

8—后端盖;9—电刷弹簧;10—换向器;11—电刷;12—磁极;13—磁极铁心;14—电枢;

15—激磁绕组;16—移动衬套;17—缓冲弹簧;18—单向离合器;19—电枢轴花键;

20—驱动齿轮;21—罩盖;22—制动盘;23—传动套筒;24—拨叉

1）产品代号:起动机的产品代号 QD、QDJ、QDY 分别表示起动机、减速起动机及永磁起动机。

2）电压等级代号:1—12 V;2—24 V;3—6 V。

3）功率等级代号:其含义见表 5-1。

表 5-1　功率等级代号的含义

功率等级代号	1	2	3	4	5	6	7	8	9
功率（kW）	~1	>1~2	>2~3	>3~4	>4~5	>5~6	>6~7	>7~8	>8~9

4）设计序号。

5）变形代号。

例如:QD124 表示额定电压为 12 V,功率为 1~2 kW,第四次设计的起动机。

学习单元 5.3　直流电动机

5.3.1　串励直流电动机的构造

串励直流电动机是起动机最主要的组成部件,它的工作原理和特性决定了起动机的工作原理和特性。串励直流电动机主要由电枢(转子)、磁极(定子)等构成。

1. 电枢(转子)

电枢是直流电动机转矩的输出部分,包括电枢轴、换向器、电枢铁心、电枢绕组,如图5-4所示。为了获得足够的转矩,通过电枢绕组的电流一般为200~600 A,因此电枢绕组采用较粗的矩形裸铜线绕制成成型绕组。

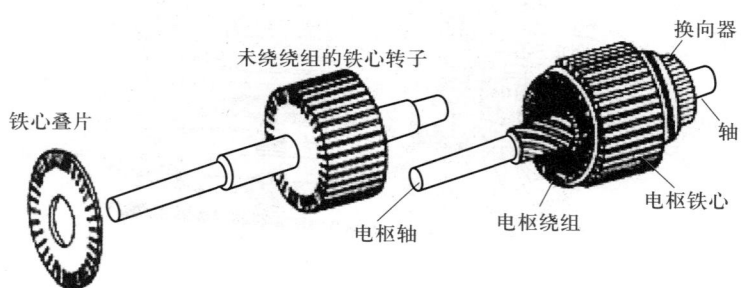

图5-4 电枢

电枢绕组各线圈的端头均焊接在换向片上,通过换向器和电刷将蓄电池的电流引入。换向片和云母片迭压成换向器,为了避免电刷磨损的粉末落入换向片之间造成短路,起动机换向片间的云母片一般不必低于换向片。

2. 磁极(定子)

磁极的作用是产生磁场,分励磁式和永磁式两类。汽车起动机通常采用四个磁极,两对磁极相对交错安装在电动机定子内壳上,定子与转子铁心形成的磁感线回路如图5-5所示,低碳钢板制成的机壳是磁路的一部分。

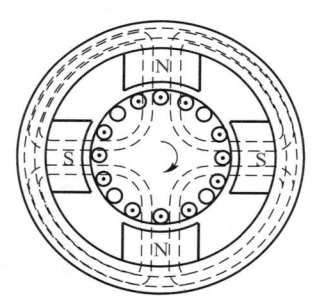

图5-5 定子与转子铁心
形成的磁感线回路

(1)励磁式磁极

励磁绕组是4个,这4个绕组有的是互相串联后再与电枢绕组串联,有的是每2个分别串联再并联后与电枢绕组串联,如图5-6所示。

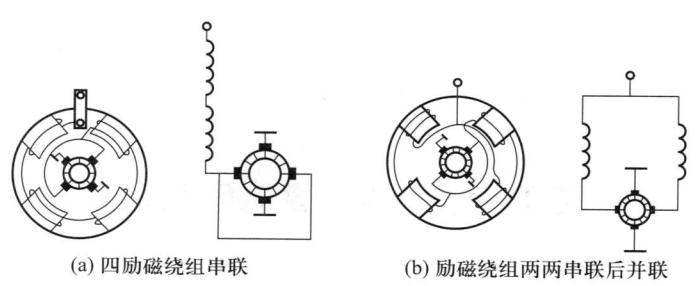

(a)四励磁绕组串联　　　　(b)励磁绕组两两串联后并联

图5-6 励磁绕组的接法

如图 5-7 所示，励磁绕组一端接在外壳的绝缘接线柱上，另一端与两个非搭铁电刷相连，当起动开关接通时，起动机的电流流向为：蓄电池正极→接线柱→励磁绕组→电刷→电枢绕组→搭铁电刷→搭铁→蓄电池负极。

（2）永磁式磁极

永磁式磁极采用永久磁铁，可节省材料，而且能使电动机磁极的径向尺寸减小；条形永久磁铁可用冷黏接法黏在机壳内壁上或用片弹簧均匀地固定在起动机机壳内表面上。由于结构尺寸及永磁材料性能的限制，永磁起动机的功率一般不大于 2 kW。

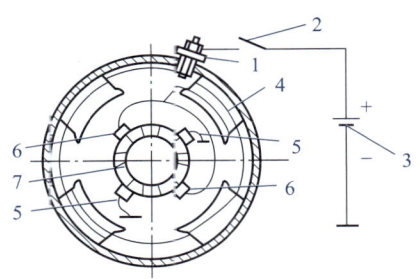

图 5-7　起动机接线图
1—接线柱；2—起动开关；3—蓄电池；
4—励磁绕组；5—搭铁电刷；
6—非搭铁电刷；7—换向器

（3）电刷架、支架与机壳

电刷架一般为框式结构，其中正极电刷架与端盖绝缘地固定，负极电刷架直接搭铁。电刷置于电刷架中，电刷由铜粉与石墨粉压制而成，呈棕红色。电刷架上装有弹性较好的盘形弹簧，电刷与电刷架的组合如图 5-8 所示。

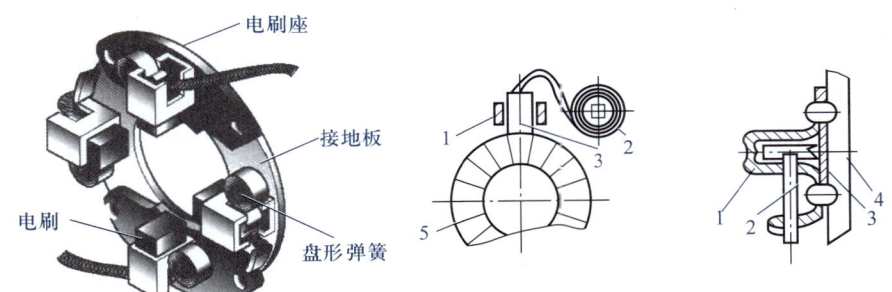

图 5-8　电刷与电刷架的组合
1—框式电刷架；2—盘形弹簧；3—电刷；4—前端盖；5—换向器

起动机机壳的一端有 4 个检查窗口，中部只有一个电流输入接线柱，并在内部与励磁绕组的一端相连。端盖分前、后两个，前端盖由钢板压制而成，后端盖由灰口铸铁浇制而成，呈缺口杯状。它们的中心均压装着青铜石墨轴承套或铁基含油轴承套，外围有 2 个或 4 个组装螺孔。电刷装在前端盖内，后端盖上有拨叉座，端盖口有凸缘和安装螺孔，还有拧紧中间轴承板的螺钉孔。

微课
起动机的工作原理

5.3.2　串励直流电动机的工作原理

1. 电磁转矩的产生

直流电动机是根据带电导体在磁场中受到电磁力作用这一原理而制成的，其工作原理如图 5-9 所示。直流电动机工作时，电流通过电刷和换向片流入电枢绕组。如图 5-9（a）所示，换向片 A 与正极电刷接触，换向片 B 与负极电刷接触，绕组中的电

流从 $a \rightarrow d$，根据左手定则判定绕组匝边 ab、cd 均受到电磁力 F 的作用，由此产生逆时针方向的电磁转矩 M 使电枢转动；当电枢转动至换向片 A 与负极电刷接触，换向片 B 与正极电刷接触时，电流改由 $d \rightarrow a$，如图 5-9(b) 所示，但电磁转矩的方向仍保持不变，使电枢按逆时针方向继续转动。

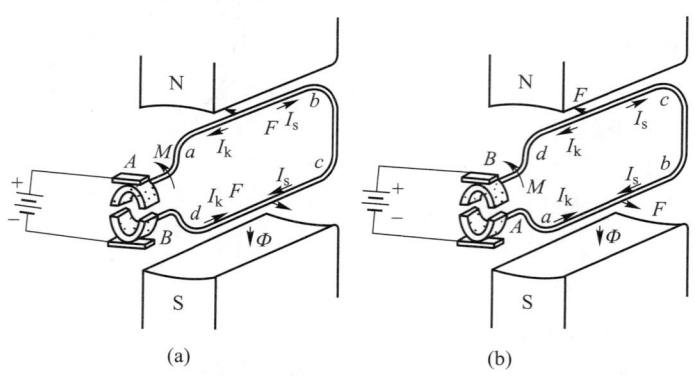

图 5-9 直流电动机的工作原理

由此可见，直流电动机的换向器可将电源提供的直流电转换成电枢绕组所需的交流电，以保证电枢所产生的电磁力矩的方向保持不变，使其产生定向转动。但实际使用的直流电动机为了产生足够大且转速稳定的电磁力矩，其电枢上绕有很多组线圈，换向器的铜片也随其相应增加。

根据安培定律，可以推导出直流电动机通电后所产生的电磁转矩 M 与磁极的磁通量 Φ 及电枢电流 I_s 之间的关系：

$$M = C_m \Phi I_s$$

式中，C_m 为电动机的结构常数，它与电动机磁极对数 P、电枢绕组导线总根数 Z 及电枢绕组电路的支路对数 a 有关，即

$$C_m = PZ/2\pi a$$

2. 直流电动机转矩自动调节原理

根据上述原理分析，电枢在电磁力矩 M 作用下产生转动，由于绕组在转动同时切割磁感线而产生感生电动势，并根据右手定则判定其方向与电枢电流 I_s 的方向相反，故称反电动势 E_f。反电动势 E_f 与磁极的磁通量 Φ 和电枢的转速 n 成正比，即

$$E_f = C_e \Phi n$$

式中的 C_e 为电机的结构常数。由此可推导出电枢回路的电压平衡方程式，即

$$U = E_f + I_s R_s$$

式中的 R_s 为电枢回路电阻，其中包括电枢绕组的电阻和电刷与换向器的接触电阻。

在直流电动机刚接通电源的瞬间，电枢转速 n 为 0，电枢反电动势也为 0，此时电枢绕组中的电流达到最大值，即 $I_{sm} = U/R_s$，将相应产生最大电磁转矩，即 M_{max}，若此时的电磁转矩大于电动机的阻力矩 M_z，电枢就开始加速转动起来。随着电枢转速的上升，E_f 增大，I_s 下降，电磁转矩 M 也就随之下降。当 M 下降至与 M_z 相平衡（$M =$

M_z）时，电枢就以此转速运转。如果直流电动机在工作过程中负载增大，就会出现如下变化：

$M < M_z \rightarrow n \downarrow \rightarrow E_f \downarrow \rightarrow I_s \uparrow \rightarrow M \uparrow \rightarrow M = M_z$，达到新的稳定；

或直流电动机的工作负载减小，则出现如下变化：

$M > M_z \rightarrow n \uparrow \rightarrow E_f \uparrow \rightarrow I_s \downarrow \rightarrow M \downarrow \rightarrow M = M_z$，达到新的稳定。

可见，当负载变化时，电动机能通过转速、电流和转矩的自动变化来满足负载的需要，使之能在新的转速下稳定工作。因此直流电动机具有自动调节转矩功能。

微课
起动机的工作特性

3. 起动机的工作特性

起动机用的直流电动机多为串励直流电动机，这是因为串励直流电动机的特性可满足需要。起动机的转矩、转速、功率与电流的关系称为起动机的特性曲线。起动机的特性取决于直流电动机的特性，而串励直流电动机的特性是起动转矩大，机械特性较软。

（1）转矩特性

对于串励直流电动机，其磁场电流 I_j 与电枢电流 I_s 相同，并且磁极未饱和时，磁通 Φ 与电枢电流成正比，即 $\Phi = C_1 I_s$。所以，串励直流电动机的转矩可表示为：

$$M = C_m I_s \Phi = C_1 C_m I_s^2$$

可见，在磁极未饱和的情况下，串励直流电动机的电磁转矩 M 与电枢电流 I_s 的平方成正比。

由直流电动机的转矩特性（图 5-10）可知，只有在磁场饱和后，串励直流电动机的电磁转矩才与电枢电流成正比。而当电枢电流相同时，串励直流电动机产生的电磁转矩要大得多，这是起动机采用串励直流电动机的原因之一。

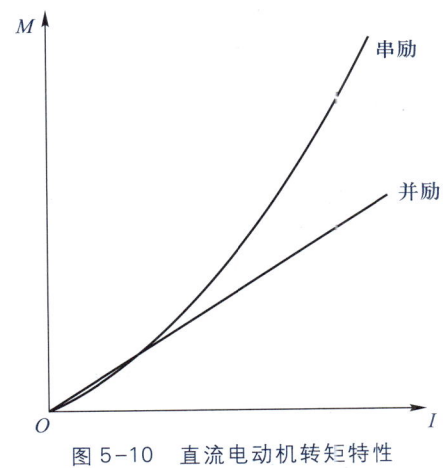

图 5-10　直流电动机转矩特性

（2）机械特性

由以上公式可推导出串励直流电动机转速 n 与电枢电流 I_s 的关系式，即

$$n = (U - I_s R_s) / C_e \Phi$$

相比而言，串励直流电动机在磁极未饱和时，由于 Φ 不为常数，当 I_s 增加，即电

磁转矩增大,由于 Φ 与 $I_s R_s$ 同时随之增加,因此电枢转速 n 随 $I_s(M)$ 的增大下降较快,故具有较软的机械特性,如图 5-11 所示。

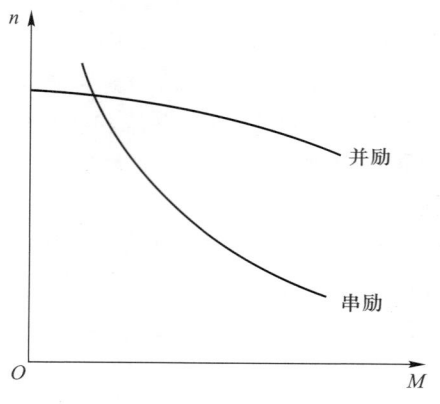

图 5-11　直流电动机机械特性

从机械特性同样看出,串励直流电动机具有轻载转速高、重载转速低的特点。重载转速低,可以保证电动机在起动(重载)时不会超出额定功率而烧毁,使起动安全可靠,这是起动机采用串励直流电动机的又一原因。但由于其轻载或空载时转速很高,容易造成"飞车"事故,故对于功率较大的串励直流电动机,不允许在轻载或空载下运行。

(3)功率特性

起动机功率由电动机电枢转矩 M 和电枢的转速 n 来确定,即

$$P = Mn/9550$$

由转矩特性、机械特性及上式可得到起动机特性曲线,如图 5-12 所示。

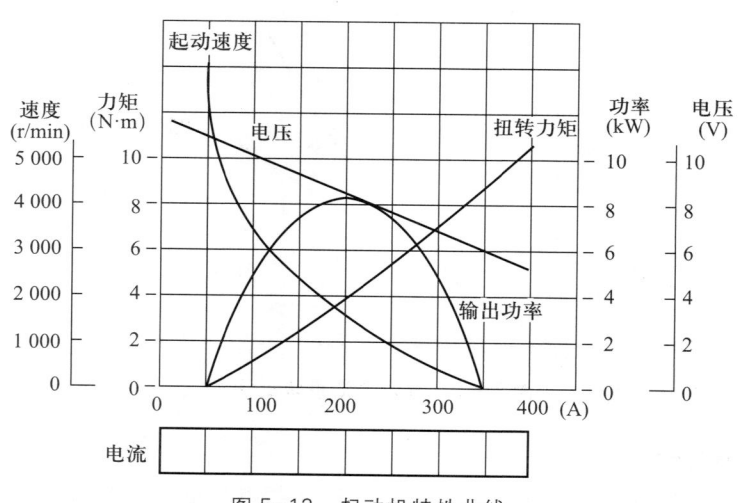

图 5-12　起动机特性曲线

在完全制动状态($n=0$)和空载($M=0$)时,起动机的功率等于零,电枢电流接近

制动电流的一半时,电动机输出功率最大。由于起动机起动时间很短,起动机可以最大功率运转,因此将其最大功率作为额定功率。

起动机的起动功率必须保证发动机能够迅速可靠起动,若功率不够将会增加起动次数,缩短蓄电池的寿命,增加燃料消耗,低温下会使发动机零件的磨损增加。起动发动机所需的功率,取决于发动机的最低起动转速和起动阻力矩,即

$$P = (M_Q n_Q)/9550$$

式中:M_Q——发动机的起动阻力矩(N·m);

$\quad n_Q$——发动机最低起动转速(r/min)。

发动机的起动阻力矩是指在最低起动转速时的发动机的阻力矩,由摩擦阻力矩、压缩损失力矩、驱动发动机附件的阻力矩三部分组成。而影响上述三种阻力矩的因素主要有:润滑油黏度、气缸的工作容积、压缩比、缸数、转速、温度及附件数等。由于柴油机压缩比较大,驱动附件的功率也较大,柴油机的阻力矩一般比汽油机大。各型发动机阻力矩由实验方法确定。

发动机最低起动转速是指保证发动机可靠起动的最低转速,在点火装置可靠点火情况下,发动机起动尚需以下两个条件。

1)气缸中吸入可燃的混合气。

2)压缩终了时,混合气具有一定的压力和温度。转速过低,进气管中气流速度低,不利于燃油的雾化,压缩行程时间长,热量损失大,不能形成可燃混合气,压缩终了的压力温度也会降低。对柴油机而言,由于利用玉燃着火,转速低时,由于压缩时间长,散热漏气增加,压缩终了温度压力降低,更不利于起动。一般汽油机最低起动转速是 50~70 r/min,柴油机是 100~200 r/min。

根据以上分析,起动机所需起动功率一般如下。

汽油机:$P = (0.184 \sim 0.21)L$(单位:kW)

柴油机:$P = (0.736 \sim 1.05)L$(单位:kW)

其中:L——发动机的排量。

在实际使用时,影响起动机起动功率的因素较多,必须对起动机进行正确保养,影响因素主要如下。

1)接触电阻和导线电阻的影响。电刷与换向器接触不良、电刷弹簧张力减弱以及导线与蓄电池接线柱连接不牢,都会使电阻增加;导线过长以及导线截面积过小也会造成较大的电压降,由于起动机工作时电流特别大,这些都会使起动机功率减小。因此必须保证电刷与换向器接触良好,导线接头牢固,并尽可能缩短蓄电池接至起动机的导线以及蓄电池搭铁线的长度,并选用截面积足够大的导线,以保证起动机的正常工作。

2)蓄电池容量的影响。蓄电池容量越小,其内阻越大,内阻上的电压降也越大,因而供给起动机的电压会降低,从而使起动机功率减小。

3)温度的影响。当温度降低时,由于蓄电池电解液黏度增大,内阻增加,会使蓄电池容量和端电压急剧下降,起动机功率将会显著降低,因此冬季应对蓄电池采取有效的保温措施,例如不要将汽车停在户外过夜等。

学习单元 5.4　起动机的传动机构与操纵机构

5.4.1　起动机的传动机构

一般起动机的传动机构是指包括驱动齿轮的单向离合器。

起动机不工作时,如图 5-13(a)所示,驱动齿轮和飞轮齿环脱离啮合;发动机起动时,按下按钮或起动开关,线圈通电产生电磁力将铁心吸入,带动拨叉推出离合器,使驱动齿轮啮入飞轮齿环,如图 5-13(b)、(c)所示。发动机起动后,只要松开按钮或开关,线圈即断电,电磁力消失,在复位弹簧的作用下,铁心退出,拨叉返回,拨叉头将打滑工况下的离合器拨回,驱动齿轮脱离飞轮齿环。

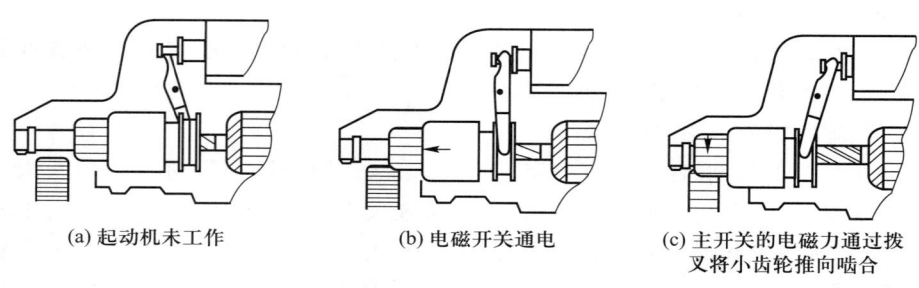

(a) 起动机未工作　　　　(b) 电磁开关通电　　　　(c) 主开关的电磁力通过拨
　　　　　　　　　　　　　　　　　　　　　　　　叉将小齿轮推向啮合

图 5-13　起动机传动机构工作过程

常见起动机离合器(超越离合器)的结构主要有滚柱式、弹簧式和摩擦片式三种。

1. 滚柱式离合器

滚柱式离合器的构造如图 5-14 所示,驱动齿轮与外壳制成一体,外壳内装有十字块和 4 套滚柱、压帽和弹簧。十字块与花键套筒固连,壳底与外壳相互扣合密封。花键套筒的外面装有啮合弹簧及衬圈,末端安装拨环与卡圈。整个离合器总成套装在电动机轴的花键部位上,可做轴向移动和随轴转动。在外壳与十字块之间,形成 4 个宽窄不等的楔形槽,槽内分别装有一套滚柱、压帽及弹簧。滚柱的直径略大于楔形槽窄端,略小于楔形槽的宽端,因此当十字块作为主动部分旋转时,滚柱滚入窄端,将十字块与外壳卡紧,使十字块与外壳之间能传递力矩;当外壳作为主动部分旋转时,滚柱滚入宽端,则放松打滑,不能传递力矩。

滚柱式离合器的工作原理如图 5-15(a)所示,发动机起动时,经拨叉将离合器沿花键推出,驱动齿轮啮入发动机飞轮齿环。由于十字块处于主动状态,随电动机电枢一起旋转,促使 4 套滚柱进入槽的窄端,将花键套筒与外壳挤紧,于是电动机电枢的转矩就可由十字块经滚柱离合器外壳传给驱动齿轮,从而达到驱动发动机飞轮齿环旋转从而使起动发动机运转的目的。如图 5-15(b)所示,发动机起动后,飞轮齿环的转速高于驱动齿轮,十字块处于被动状态,促使滚柱进入槽的宽端自由滚动,只有驱动齿轮随飞轮齿环作高速旋转,起动机电枢转速并不升高,防止了电枢超速"飞散"的

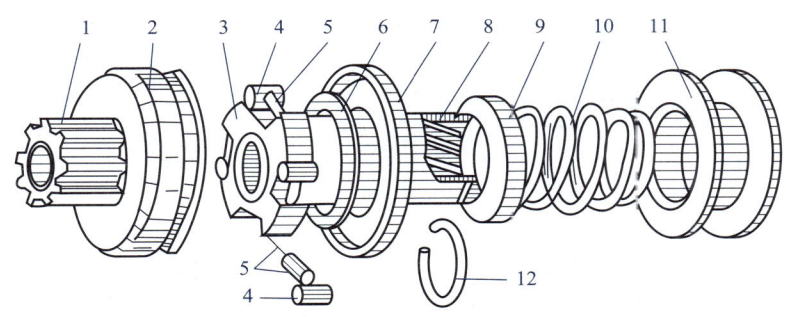

图 5-14 滚柱式离合器
1—驱动齿轮;2—外壳;3—十字块;4—滚柱;5—弹簧;6—垫圈;7—护盖;
8—花键套筒;9—弹簧座;10—啮合弹簧;11—拨环;12—卡簧

危险。起动完毕,由于拨叉复位弹簧的作用,经拨环使离合器退回,驱动齿轮完全脱离飞轮齿环。

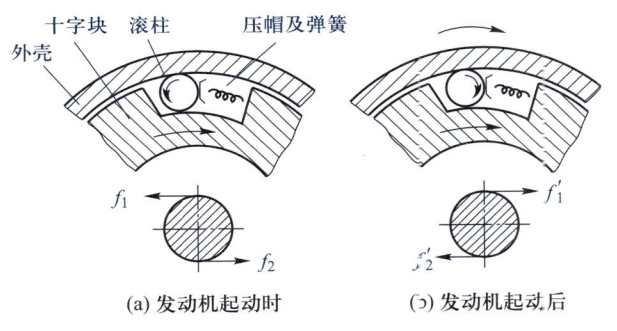

图 5-15 滚柱式离合器的工作原理

滚柱式离合器具有结构简单、坚固耐用、体积小、质量轻、工作可靠等优点,因此得到广泛采用。其不足是不能用于大功率起动机上。

2. 摩擦片式离合器

摩擦片式离合器的驱动齿轮与外接合鼓构成一个整体,如图 5-16 所示。在外接合鼓的内壁有 4 道轴向槽沟,钢质被动摩擦片通过外围 4 个齿插装其中。在花键套筒的一端表面也有 3 条螺旋花键,其上套着内接合鼓。内接合鼓的表面也有 4 条轴向槽沟,用钢或青铜制造的主动摩擦片利用内圆 4 个齿套装在沟槽内。主动摩擦片和被动摩擦片彼此相间地排列组装。内接合鼓的外面装有缓冲弹簧,端部固定着拨环。

离合器总成在起动机不工作时,主、被动摩擦片之间处于放松无摩擦力状态。发动机起动时,通过拨叉推动拨环使内接合鼓沿 3 条螺旋花键向外移动,主动和被动摩擦片相互压紧,从而具有摩擦力。当驱动齿轮啮入飞轮齿环时,就能利用起动机转矩驱动曲轴旋转。发动机起动后,驱动齿轮被飞轮齿环带动做高速旋转,在惯性力和拨叉返回的作用下,内接合鼓沿 3 条螺旋花键向内移动,于是主动和被动摩擦片之间的

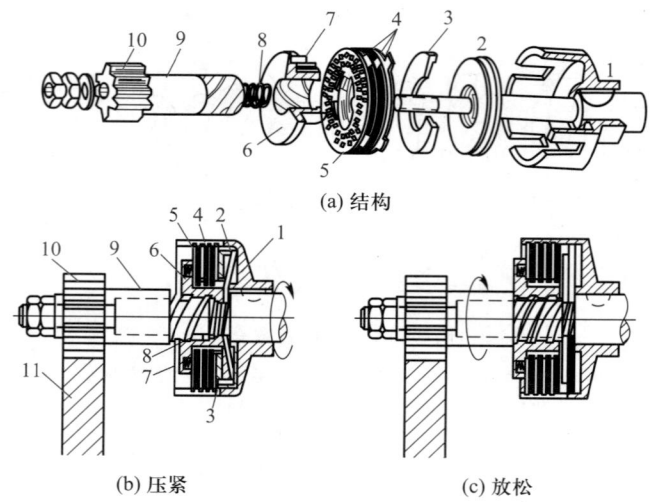

(a) 结构

(b) 压紧 (c) 放松

图 5-16　摩擦片式离合器

1—外接合鼓；2—弹性圈；3—压环；4—主动片；5—被动片；6—内接合鼓；

7—小弹簧；8—减震弹簧；9—齿轮柄；10—驱动齿轮；11—飞轮

摩擦力消失而打滑，防止了电枢超速"飞散"的危险。

摩擦片式离合器具有传递大转矩，防止超载损坏起动机的优点，多用在大功率起动机上。但由于摩擦片容易磨损而影响起动性能，需要经常检查、调整或更换摩擦片。此外，这种离合器结构比较复杂，耗用材料较多，加工费时，而且不便于维修。

3. 弹簧式离合器

弹簧式离合器的主动套筒套装在电枢轴的花键上，如图 5-17 所示。小齿轮套筒套在电枢轴的光滑部分，在小齿轮套筒与主动套筒外圆上装有驱动弹簧，驱动弹簧内径略小于两套筒的外径。起动发动机时，传动叉拨动滑环，并压缩弹簧，推动离合器移向飞轮齿环一端，使小齿轮啮入飞轮齿环。电枢旋转时带动主动套筒，在摩擦力的作用下，驱动弹簧被扭紧，将两个套筒抱死，起动机转矩便由此传给飞轮。起动机起动后，驱动小齿轮和飞轮齿环的主动与从动关系改变，啮合器因驱动弹簧被放松而打滑，从而使电枢轴避免了超速运转的危险。

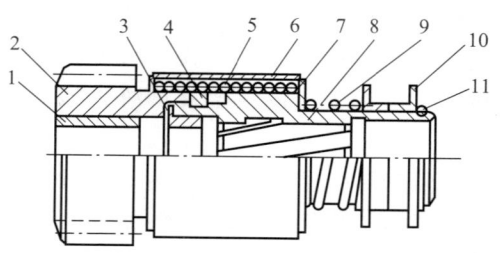

图 5-17　弹簧式离合器

1—衬套；2—驱动齿轮；3—挡圈；4—月形圈；5—扭力弹簧；6—护套；7—垫圈；8—传动套筒；

9—缓冲弹簧；10—移动衬套；11—卡簧

弹簧式离合器具有结构简单、制造工艺简单、成本低等优点,但由于驱动弹簧所需圈数较多,使其轴向尺寸增大。

5.4.2　起动机的操纵机构

微课
起动机的操纵机构

起动机的电磁开关与电磁式拨叉合装在一起,利用挡铁控制,分为直接控制式电磁开关和带起动继电器式电磁开关。电磁开关的结构如图 5-18 所示,分为整体式和分离式两种。

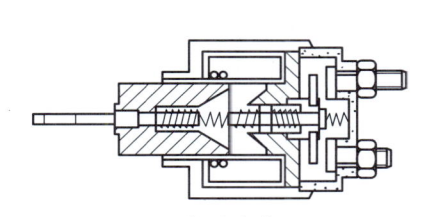

(a) 整体式　　　　　　　　　　　(b) 分离式

图 5-18　电磁开关的结构

在一些起动机功率小于 1.2 kW 的轿车电路中,由点火开关直接控制通过起动机的吸引、保持线圈的电流,如图 5-19 所示。

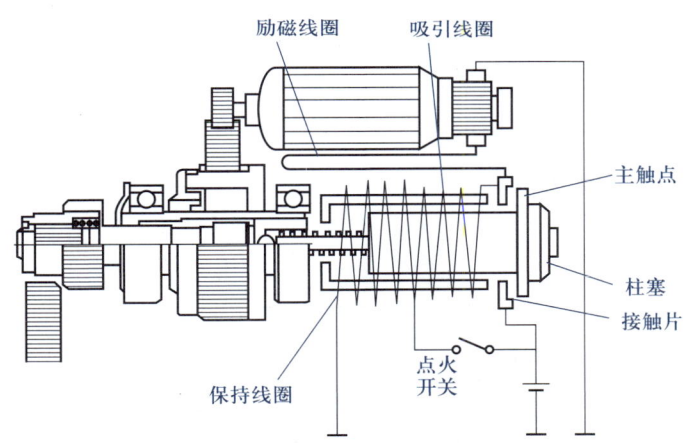

图 5-19　直接控制电磁开关电路

操纵机构工作过程如下:

1)起动机不工作时,驱动齿轮处于与飞轮齿轮脱开啮合位置,电磁开关中的接触盘与各接触点分开,如图 5-19 所示。

2)将起动开关接通时,分三个阶段:

第一阶段为吸引阶段,如图 5-19 和图 5-20 所示,吸引线圈(牵引线圈、吸拉线圈)、保持线圈同时工作,其电流回路为:

蓄电池(+)→点火开关→吸引线圈→励磁绕组→搭铁→蓄电池(-)。

蓄电池(+)→保持线圈→搭铁→蓄电池(-)。

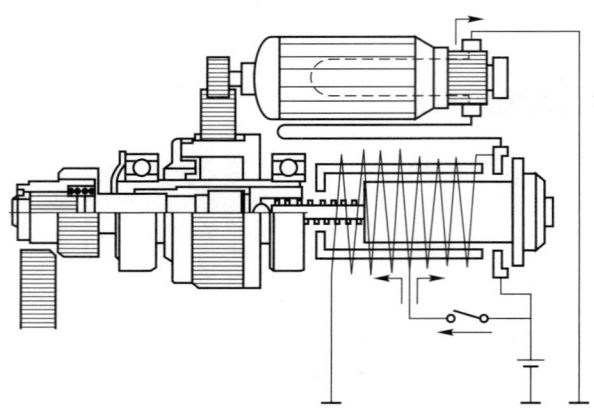

图 5-20 吸引线圈(牵引线圈、吸拉线圈)、保持线圈同时工作状态

此时,吸引线圈和保持线圈磁场方向相同,活动铁心在电磁力作用下克服复位弹簧的弹力向内移动,压动推杆使起动机主开关接触盘与接触点靠近,与此同时带动拨叉将驱动小齿轮推向啮合;当驱动小齿轮与飞轮齿环接近完全啮合时,接触盘已将触点接通,起动机主电路接通。电流回路为:

蓄电池(+)→点火开关→电磁开关触点→励磁绕组→搭铁→蓄电池(-)。

直流电动机产生强大转矩,通过接合状态的单向离合器传给发动机飞轮齿环。

第二阶段为保持阶段,如图 5-21 所示,主开关接通后,吸引线圈被主开关短路,电流消失,活动铁心在保持线圈电磁力作用下保持在吸合位置。

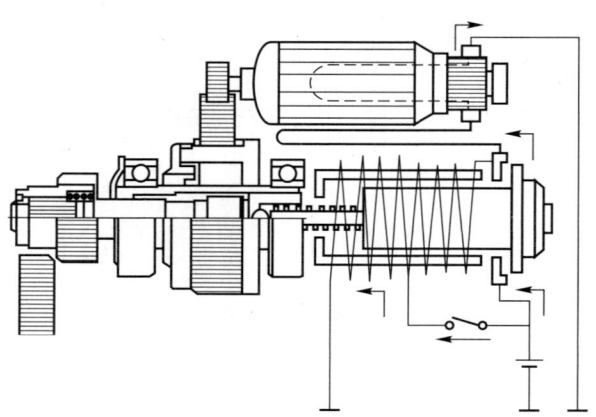

图 5-21 保持线圈通电处于磁力保持阶段

发动机起动后,飞轮转动线速度超过了起动机驱动小齿轮的线速度,单向离合器打滑,避免了电枢超速"飞散"的危险。

第三阶段为断开阶段,如图 5-22 所示,松开起动开关时,起动控制电路断开,但电磁开关内吸拉线圈和保持线圈通过仍然闭合的主开关得到电流。因吸引线圈和保持线圈磁场方向相反,相互削弱,活动铁心在复位弹簧作用下迅速回位,使驱动小齿轮脱开啮合,主开关断开,起动机停止工作,起动结束。

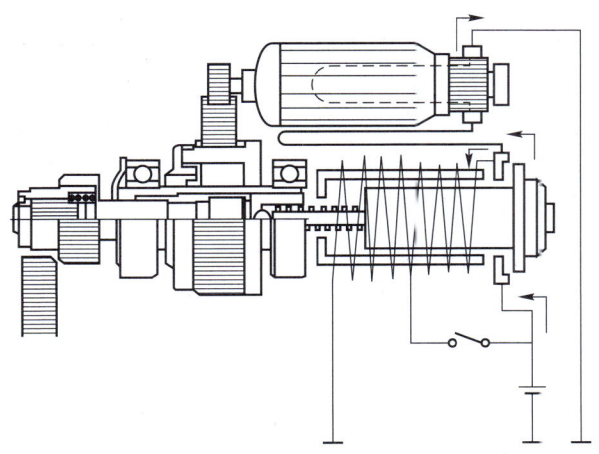

图 5-22　电磁开关断电状态

3）起动继电器控制的电磁开关如图 5-23 所示。

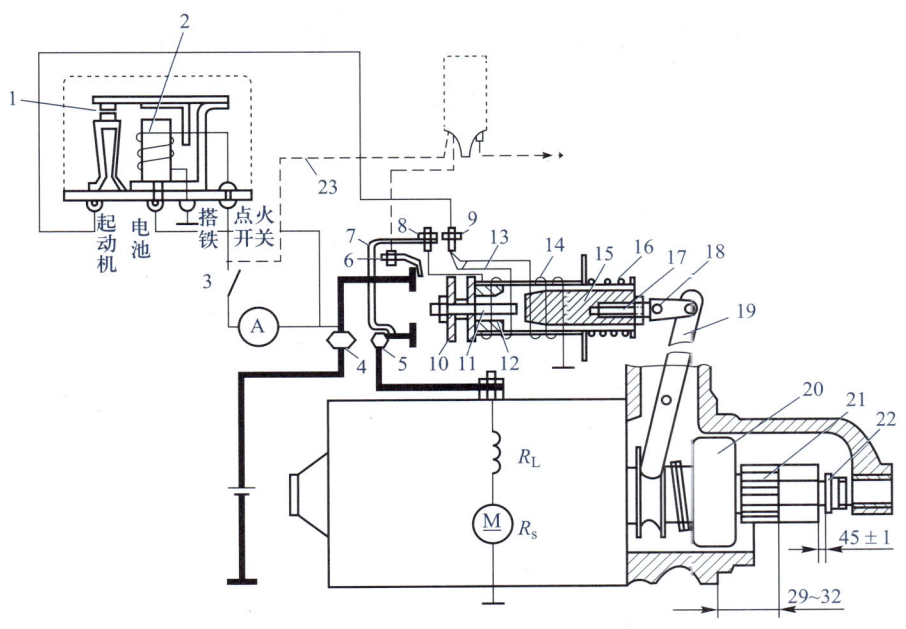

图 5-23　带起动继电器控制的电磁开关电路

1—起动继电器触点;2—起动继电器线圈;3—点火开关;4、5—主接线柱;6—附加电阻短线接线柱;
7—导电片;8—吸引线圈接线柱;9—起动机接线柱;10—接触盘;11—推杆;12—固定铁心;
13—吸引线圈;14—保持线圈;15—活动铁心;16—复位弹簧;17—调节螺钉;18—连接叉;
19—拨叉;20—滚柱式离合器;21—驱动齿轮;22—推力螺母;23—点火线圈附加电阻线

发动机起动时,将点火开关旋至起动挡,起动继电器通电后,吸下可动臂使触点闭合,接通了电磁开关线圈电路,起动机投入工作。发动机起动后,只须松开点火开关钥匙,点火开关自动转回到点火工作挡,起动继电器线圈断电,触点打开,电磁开关也随即断开,起动机停止工作。

利用起动继电器控制电磁开关,能减小通过点火开关起动触点的电流,避免烧蚀触点,延长使用寿命。有些汽车上的起动继电器在改进控制电路以后,还能起到自动停止起动机工作及安全保护的作用。

5.4.3　起动机的控制电路

1. 由点火开关直接控制的起动系统

捷达轿车由点火开关直接控制的起动系统电路如图 5-24 所示。

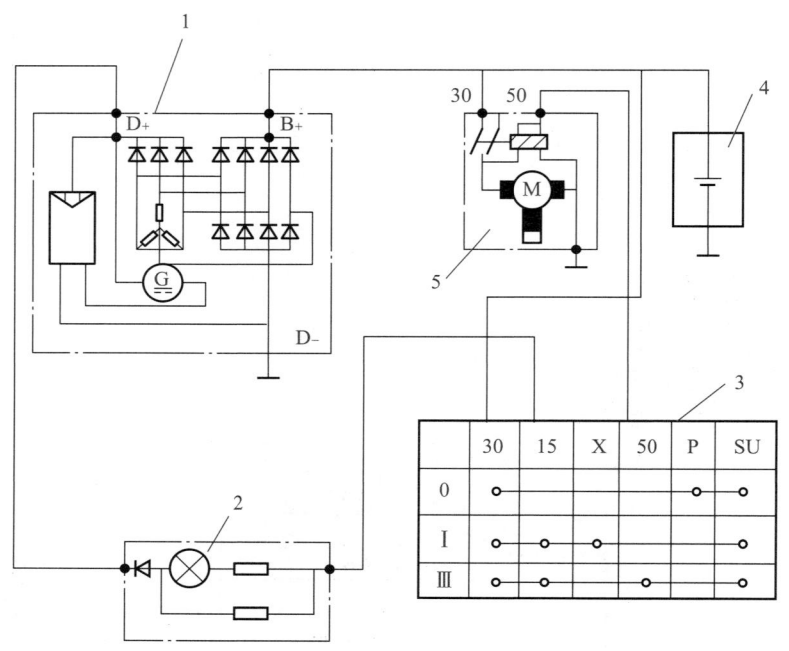

图 5-24　　捷达轿车起动系统电路

1—发电机及调节器;2—充电指示灯;3—点火开关;4—蓄电池;5—起动机

将点火开关旋至起动挡,工作电路为:

蓄电池(+)→点火开关 30 接线柱→点火开关 50 接线柱→起动机 50 接线柱→电磁开关(保持线圈、吸引线圈)→搭铁→蓄电池(-)。

蓄电池(+)→起动机 30 接线柱→电枢绕组→搭铁→蓄电池(-),起动机被起动。

2. 带起动保护的起动控制电路

带起动保护的起动控制电路在载货汽车上较为常见,图 5-25 所示为载货汽车起动系统电路。

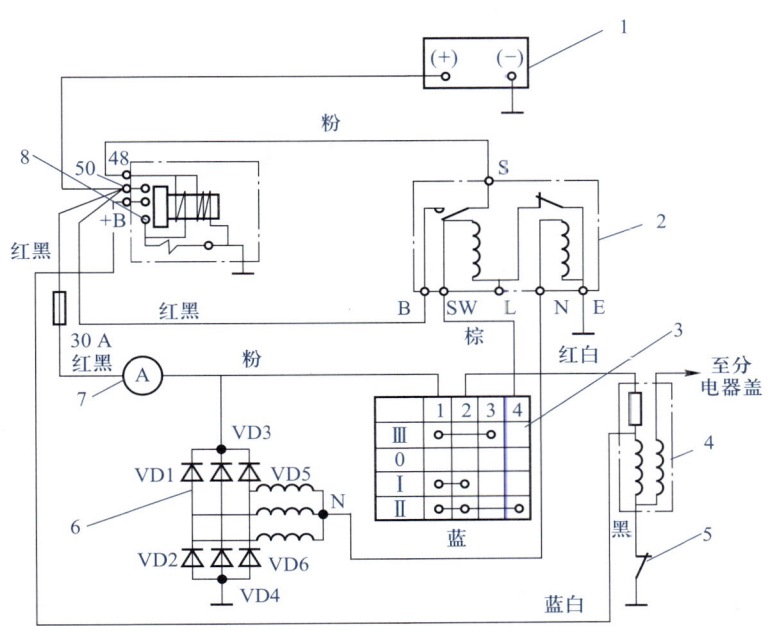

图 5-25　载货汽车起动系统电路

1—蓄电池；2—组合继电器；3—点火开关；4—点火线圈；
5—断电器；6—交流发电机；7—电流表；8—起动机

当点火开关旋至 2 挡时，起动系统工作电路为：

蓄电池(+)→起动机 50 端子→电流表→点火开关→组合继电器的 SW→控制动合触点的线圈→动断触点→搭铁→蓄电池(−)。结果动合触点吸合，起动机的吸引、保持线圈由起动机 48 端子供电，产生吸力，使起动机小齿轮与飞轮齿圈啮合，同时将主电路触点接通。

蓄电池(+)→主触点→起动机磁场线圈→起动机电枢→搭铁→蓄电池(−)，起动机工作。与此同时，主触点将点火线圈旁路触点接通，电流直通点线圈一级绕组，附加电阻被排除在外。

发动机点火工作后，发电机的中性点 N 的对地电压（约为发电机调节电压的 1/2）使组合继电器中的起动保护继电器动合触点断开，切断充电指示灯搭铁电路（L 端子接充电指示灯），充电指示灯熄灭，表明发电机工作正常。同时也切断了起动继电器线圈的搭铁通路，当发动机正常工作时，即使误将点火开关旋至 2 挡，起动机小齿轮也不会与飞轮齿圈啮合，避免打坏飞轮齿圈与起动机，起到保护起动机的作用。

5.4.4　起动机的正确使用

1）起动机每次起动时间不超过 5 s，再次起动应间隔 2 min，使蓄电池得以恢复。如果有连续第三次起动，应在检查与排除故障的基础上等到 15 min 以后。

2）在冬季或低温情况下起动时，应采取保温措施，例如先将发动机手摇预热后，再通过起动机起动。

3）发动机起动后,必须立即切断起动机控制电路,使起动机停止工作。

学习单元 5.5　起动系统电路

5.5.1　捷达轿车起动系统电路

将点火开关旋至起动挡时工作电路为:蓄电池 A（+）→Y/3→H1/2→点火开关 D 30 接线柱→点火开关 50 接线柱→H1/1→F/1→F/1→起动机 B 50 接线柱→电磁开关保持线圈、吸引线圈搭铁。蓄电池 A（+）→起动机 30 接线柱→电枢绕组→搭铁,起动机运转,如图 5-26 所示。

5.5.2　速腾轿车起动系统电路

速腾轿车的起动系统电路包括:起动机、点火开关、转向柱控制单元 J527（转向柱开关控制模块）、车载电网控制单元 J519、15 端子供电继电器 J329、50 端子供电继电器 J682。

（1）转向柱控制单元 J527

转向柱控制单元 J527 安装在转向柱的下方,如图 5-27 所示。

转向柱控制单元 J527 的作用:接收点火开关、转向盘转角传感器、刮水器开关、转向操纵开关、喇叭开关、安全气囊等传递来的操纵信号,通过线路或总线系统传递给车载电网控制单元 J519 或其他控制单元,由车载电网控制单元 J519 或其他控制单元驱动相应控制元件或系统,控制图如图 5-28 所示。

（2）车载电网控制单元 J519

车载电网控制单元 J519 的作用:实现灯光控制、刮水控制、负荷管理、端子控制、燃油泵预供油控制,这里重点介绍端子控制。

1）15 端子正电的形成。

当点火开关断开时,电路如图 5-29 所示。此时,电源通过熔断器 SB2 为转向柱控制单元 J527 和点火开关供电,J527 没有接收点火开关 15 端子的电信号,J519 没有接收到 J527 的电信号。因此,15 端子供电继电器 J329 的触点没有接通,不能形成 15 端子正电。

当点火开关旋至点火挡时,此时,转向柱控制单元 J527 接收到点火开关 15 端子的电信号,J527 通过 T20/17 端子将此信号传递给 J519,J519 控制 15 端子为供电继电器 J329 的电磁线圈通电,使得 J329 的触点接通形成车内所有的 15 端子正电,如图 5-30 所示。

微课

电源管理控制单元控制起动电路分析

发电机、蓄电池、起动机、点火开关

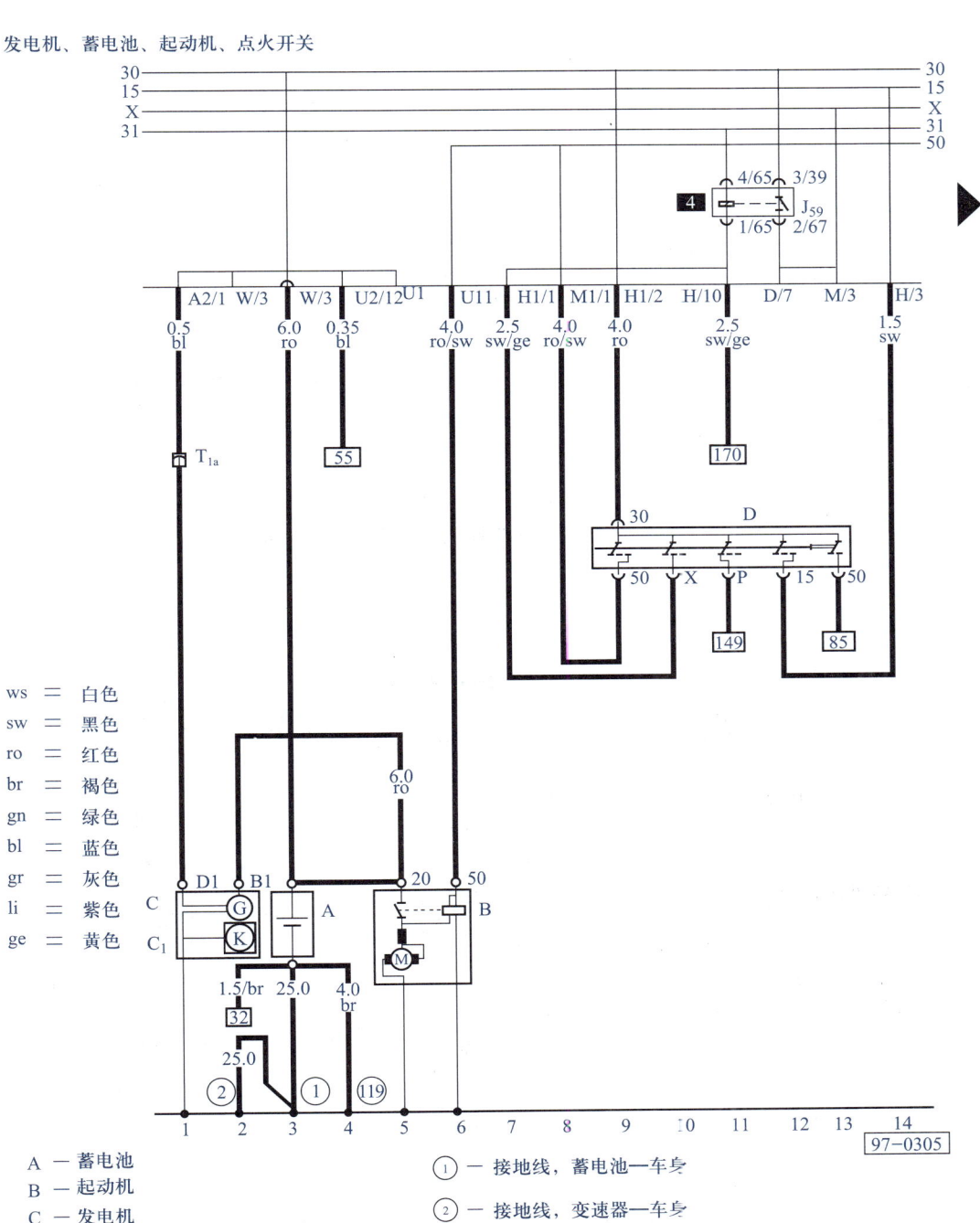

ws	=	白色
sw	=	黑色
ro	=	红色
br	=	褐色
gn	=	绿色
bl	=	蓝色
gr	=	灰色
li	=	紫色
ge	=	黄色

A — 蓄电池
B — 起动机
C — 发电机
C_1 — 电压调节器
D — 点火开关
J_{59} — X—触点卸荷继电器
T_{1a} — 单孔接头—蓄电池附近

① — 接地线，蓄电池—车身

② — 接地线，变速器—车身

⑪⑨ — 接地连接点，前照灯线束内

图 5-26　捷达轿车起动系统电路

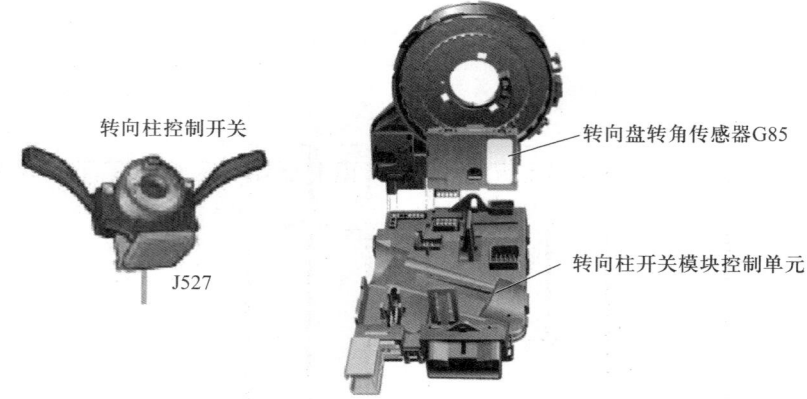

转向柱控制开关

J527

转向盘转角传感器G85

转向柱开关模块控制单元

图 5-27 转向柱控制单元 J527 的安装位置

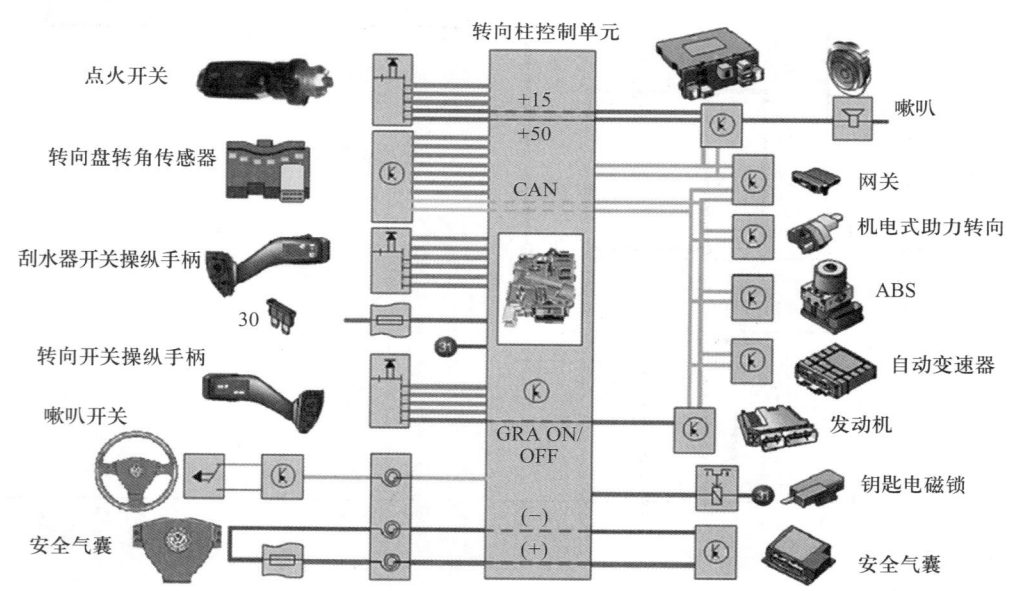

转向柱控制单元

点火开关

转向盘转角传感器

刮水器开关操纵手柄

30

转向开关操纵手柄

嗽叭开关

安全气囊

+15

+50

CAN

GRA ON/
OFF

(−)

(+)

嗽叭

网关

机电式助力转向

ABS

自动变速器

发动机

钥匙电磁锁

安全气囊

图 5-28 转向柱控制单元 J527 控制图

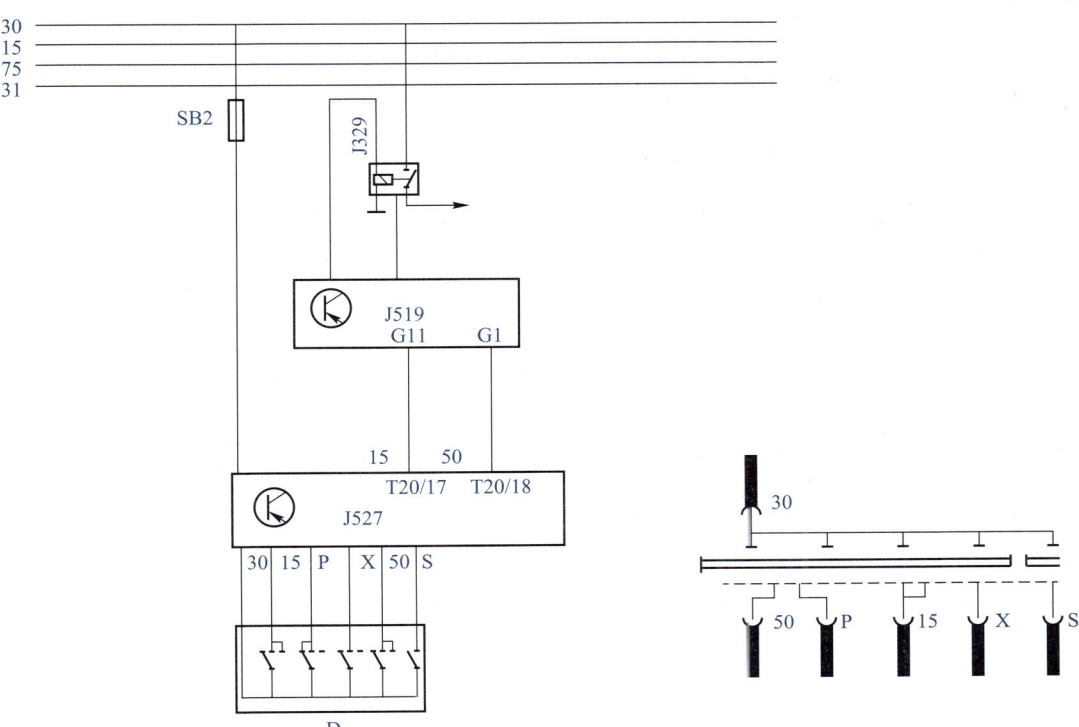

图 5-29　不能形成 15 端子正电

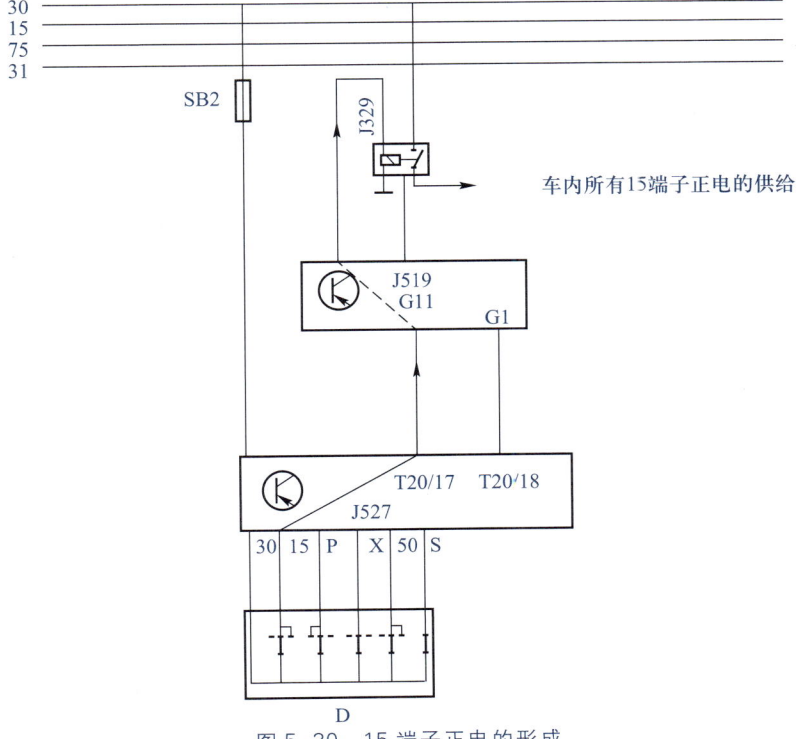

图 5-30　15 端子正电的形成

2）50 端子正电的形成。

当点火开关旋至起动挡时，转向柱控制单元 J527 接收到点火开关 50 端子的电信号，J527 通过 T20/18 端子将此信号传递给 J519，J519 通过 A/11 端子为 50 端子供电继电器 J682 线圈通电，使得 50 端子供电继电器 J682 触点闭合形成 50 端子正电，进而起动起动机，如图 5-31 所示。

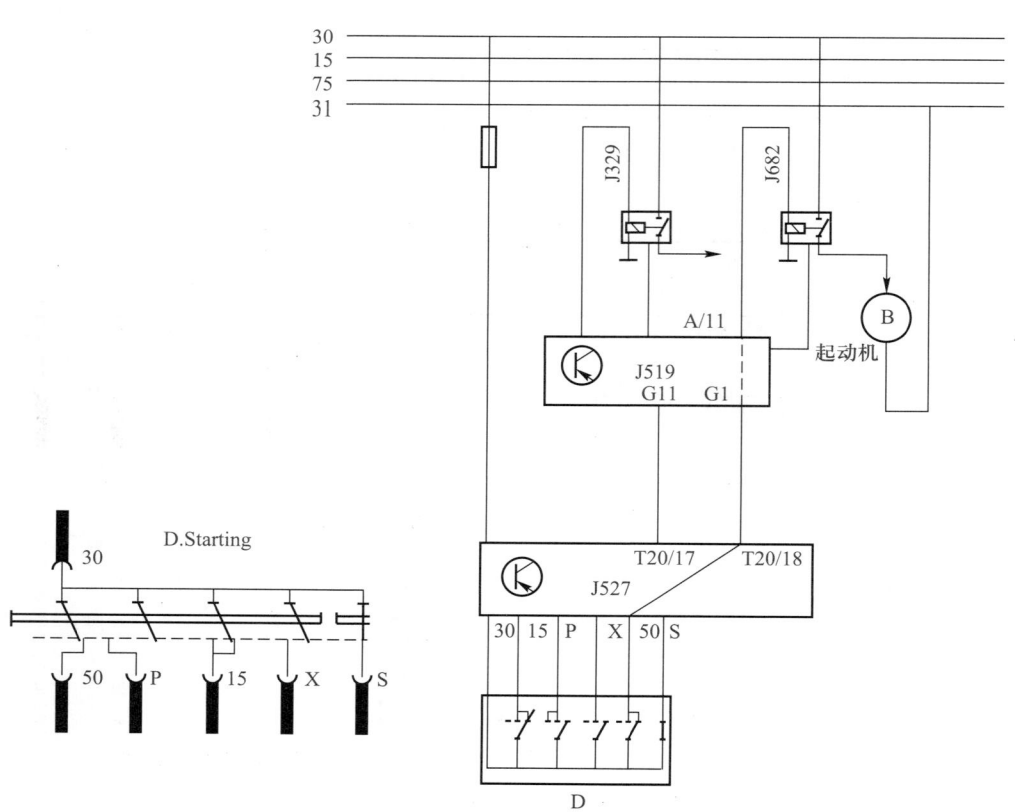

图 5-31　50 端子正电形成

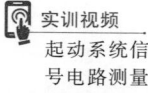
实训视频
起动系统信
号电路测量

速腾轿车起动系统电路总图，如图 5-32 所示。

5.5.3　丰田车系起动系统电路

1. 起动继电器线圈电路

将点火开关旋至起动挡时工作电路为：蓄电池（+）→熔断器盒→熔断器（15AAM2）→点火开关（15AAM2）接线柱→点火开关 ST2 接线柱→起动继电器→J2 连接器搭铁。

2. 起动继电器触点电路

蓄电池（+）→起动机电枢绕组→搭铁，起动机被起动，如图 5-33 所示。

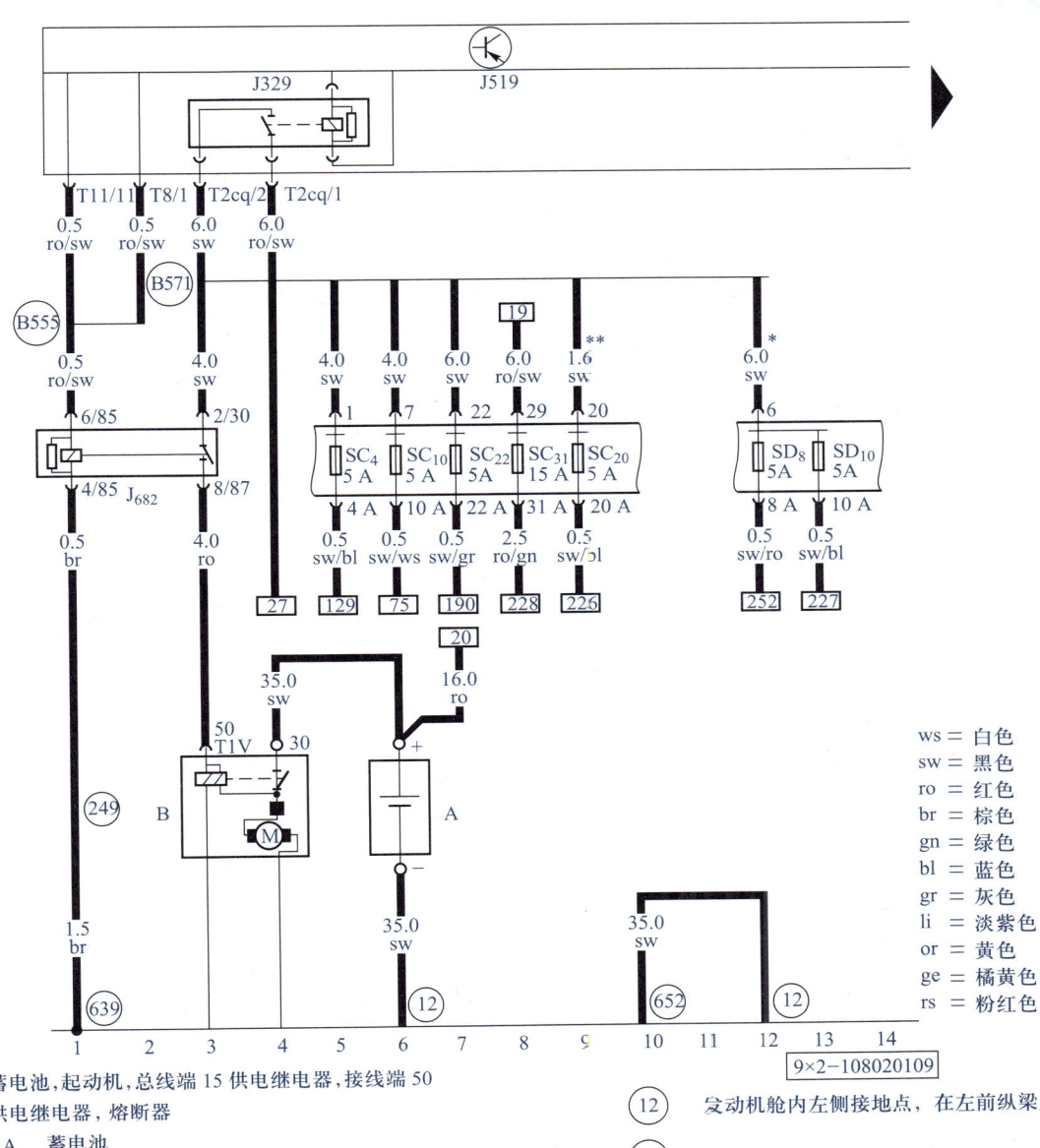

ws = 白色
sw = 黑色
ro = 红色
br = 棕色
gn = 绿色
bl = 蓝色
gr = 灰色
li = 淡紫色
or = 黄色
ge = 橘黄色
rs = 粉红色

9×2-108020109

蓄电池,起动机,总线端15供电继电器,接线端50
供电继电器,熔断器

- A 蓄电池
- B 起动机
- J329 总线端15供电继电器,在车载电网控制单元继电器支架上
- J519 车载电网控制单元
- J682 接线端15供电继电器,在仪表板下左侧的继电器板上
  5号位(53继电器)
- SC4 熔断器盒C上的熔断器4
- SC10 熔断器盒C上的熔断器10
- SC21 熔断器盒C上的熔断器21
- SC22 熔断器盒C上的熔断器22
- SC31 熔断器盒C上的熔断器31
- SD8 熔断器盒D上的熔断器8
- SD10 熔断器盒D上的熔断器10
- T1v 1芯黑色插头连接
- T2cq 2芯黑色插头连接
- T8t 8芯黑色插头连接
- T11 11芯黑色插头连接

⑫ 发动机舱内左侧接地点,在左前纵梁上

㉔⑼ 接地连接2,在车身线束中

⑥⑶⑼ 接地点,在左侧A柱上

⑥⑸⑵ 变速器和发动机接地的接地点

Ⓑ⑸⑸⑸ 正极连接2(50),在车身线束中

Ⓑ⑸⑺① 连接38,在车身线束中

* 到2009年01月止
** 从2009年01月起

图 5-32 速腾轿车起动系统电路

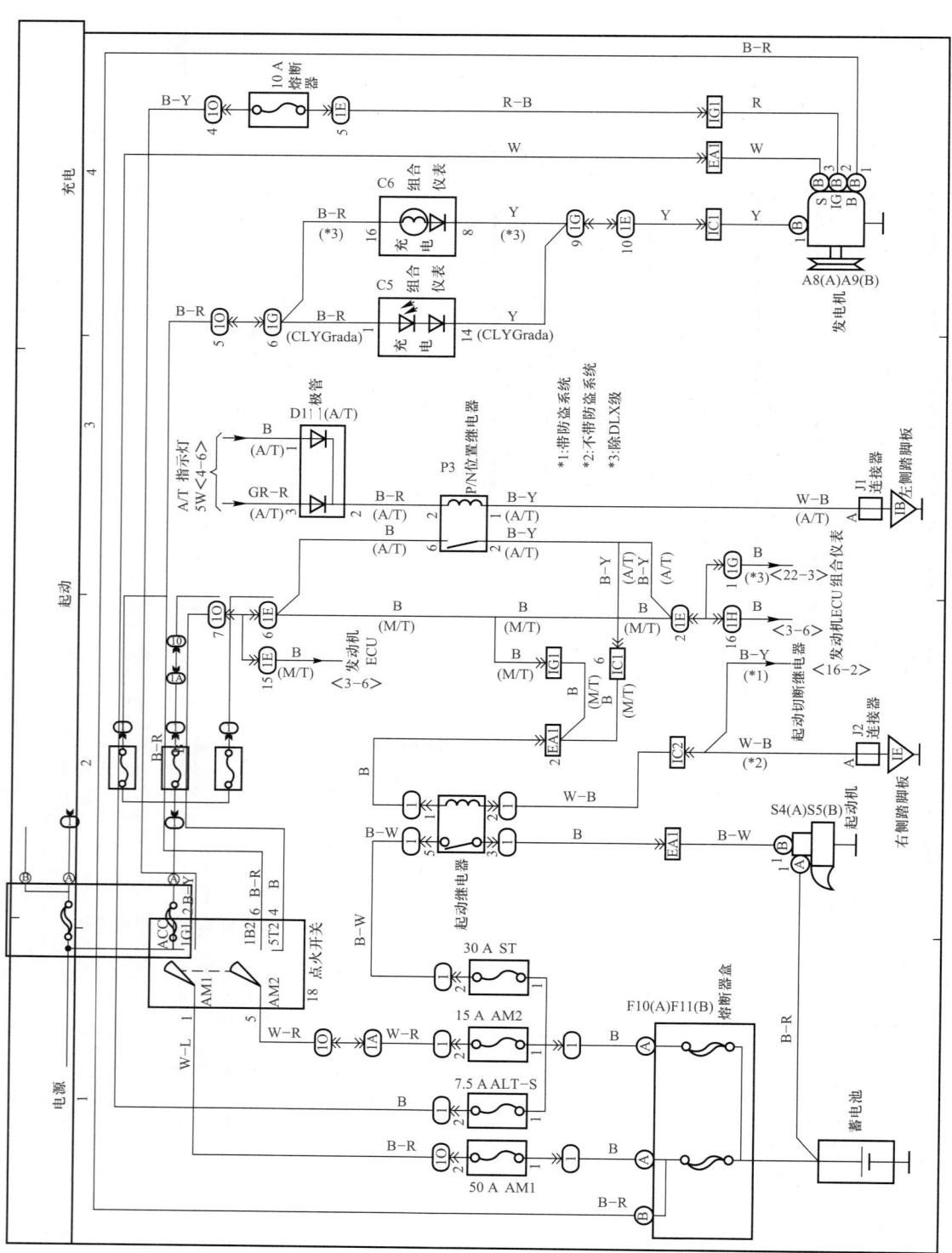

图 5-33 丰田车系起动电路

任务实施

任务　起动机不工作故障诊断

【任务要求】

1. 通过该任务的实施,应能够对起动系统进行拆装与调整,并掌握起动系统故障诊断与检测的步骤与方法。

2. 该任务应具有完成项目的车辆和该车辆的电路图等资料。

3. 实训设备及仪器:教学车辆、VAS5051B、金奔腾、X431、KT600、起动机、万用表。

【任务指导】

一、起动机运转无力故障

1. 带起动保护的起动系统起动机不工作故障的诊断

（1）故障现象

点火开关旋至起动挡时,起动机不转动。

（2）故障原因

1）供电系统故障:蓄电池储电量严重不足,亏电太多;起动机电缆线与蓄电池接线柱连接松动或接线柱氧化。

2）起动机故障:起动机电磁开关吸引线圈或保持线圈出现搭铁、断路、短路故障,电磁开关触点烧蚀,或因调整不当使接触盘与触点接触不良;磁场绕组或电枢绕组断路、短路或搭铁;电刷在电刷架内卡死、弹簧折断等;换向器有油污、烧蚀、磨损产生沟槽。

3）组合继电器故障:起动继电器线圈断路、短路、搭铁;起动继电器触点烧蚀、有油污。铁心与触点臂气隙过大导致继电器触点烧蚀、有油污。

4）点火开关故障:起动挡失灵。

（3）诊断方法

在未接通起动开关前,打开前照灯,观察灯光亮度。如果灯光暗淡,则可能是蓄电池亏电过多或连接线松脱所致。在蓄电池正常的情况下,起动机不工作故障按图 5-34 进行诊断。

2. 由点火开关直接控制的起动系统起动机不工作故障诊断

（1）故障现象

点火开关旋至起动挡,起动机没有反应。

（2）故障原因

① 蓄电池严重亏电;② 蓄电池接线柱氧化严重;③ 线路接触不良或有断路处;④ 点火开关故障;⑤ 起动机电磁开关故障;⑥ 起动电动机有故障;⑦ 自动变速器不

实训视频
车辆常见应急操作

实训视频
电流感应钳的使用

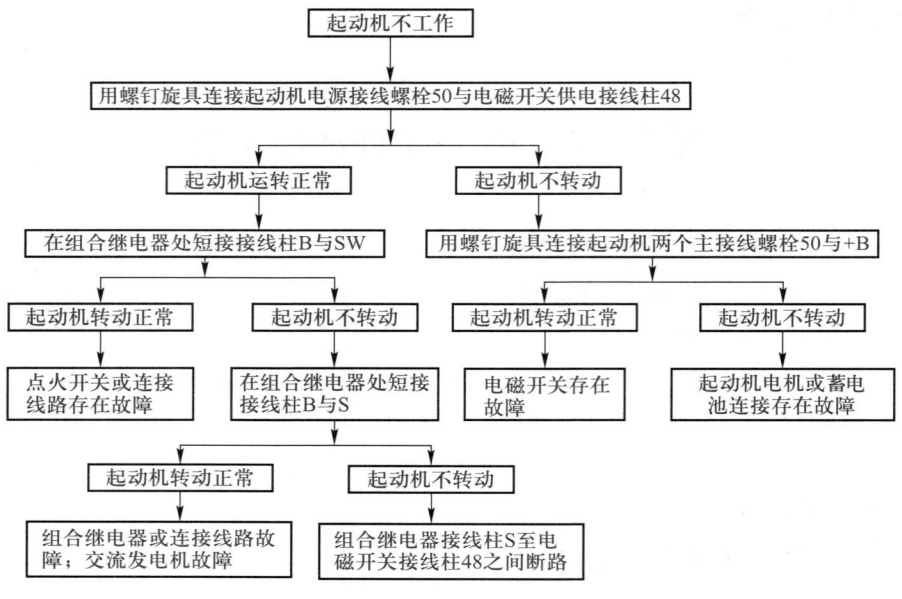

图 5-34 起动机不工作故障诊断方法

在 N 或 P 挡（自动变速器车辆）；⑧ 自动变速器多功能开关有故障（配备自动变速器车辆）；⑨ 自动变速器控制单元有故障（配备自动变速器车辆）。

（3）故障诊断与分析

对于配备手动变速器车辆，可使用万用表进行检测。在确保蓄电池有电、起动机电磁开关各接线以及各搭铁线接触良好的前提下，按图 5-35 进行故障诊断。

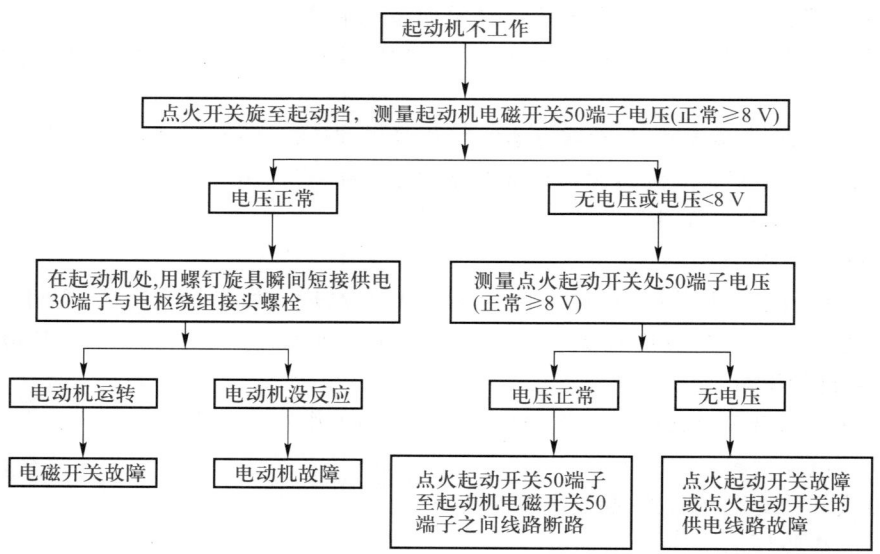

图 5-35 手动变速器车辆起动机不工作故障诊断方法

对于配备自动变速器车辆,首先要确认自动变速器是否处在 N 或 P 挡,在蓄电池有电、起动机电磁开关各接线以及各搭铁线接触良好的前提下,可在起动机处用导线短接 30 与 50 端子。若起动机不工作,则说明故障在起动机自身(此时可进一步进行诊断,用较粗导线在起动机处瞬间短接 30 端子与电枢接头,若起动机运转,则说明故障在电磁开关;否则说明故障在电机内部);若起动机工作,须在起动继电器处进一步进行诊断,在确认各接线良好且点火开关起动供电正常的前提下,借助专用仪器(如大众车系使用 VAG1551 或 VAG1552)对自动变速器的多功能开关和控制单元进行诊断,若无故障,说明故障在起动继电器。

二、起动机运转无力故障

1. 故障现象

起动时,发动机转速太低不能起动。

2. 故障原因

① 蓄电池亏电;② 线路接触不良或接线柱被氧化;③ 起动机自身故障;④ 发动机转动阻力太大。

3. 故障诊断方法

在正确使用发动机机油和具有合适的 V 形传动带张紧度的情况下,按图 5-36 进行故障诊断。

实训视频
蓄电池电压
低应急起动

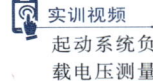

实训视频
起动系统负
载电压测量

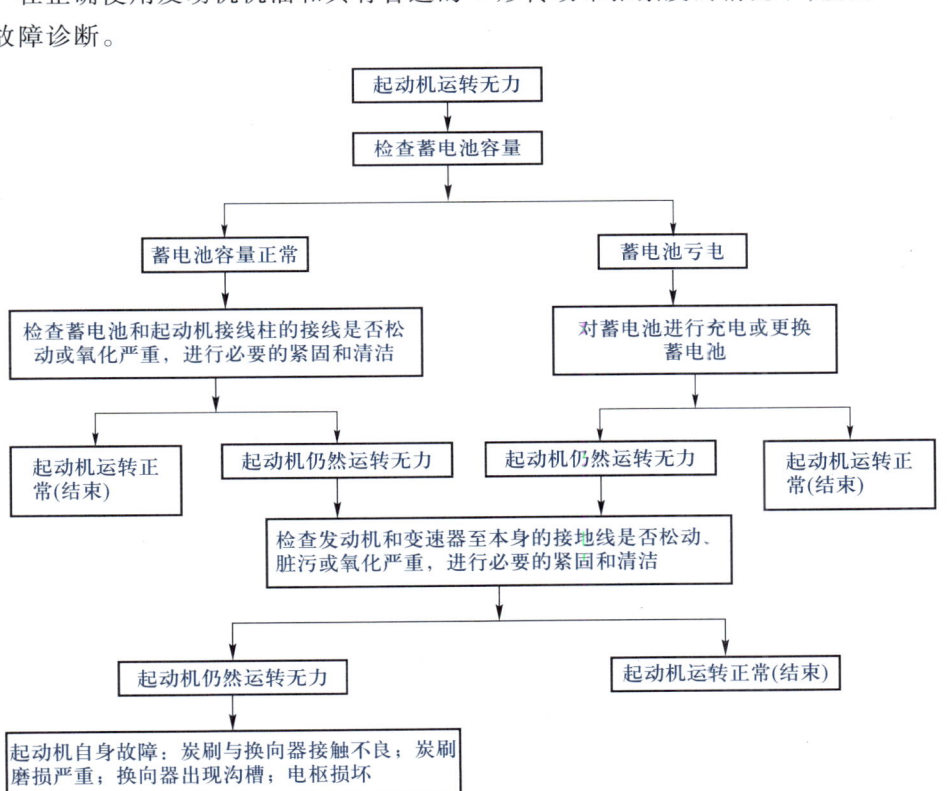

图 5-36　起动机运转无力故障的诊断方法

【任务工单 1】

实训视频
起动系统继电器控制回路测量

任课教师		时间	
班级		学生姓名	
项目	汽车起动系统检修	学时	
任务	起动机不工作故障诊断	学习地点	
仪器与设备	起动机、万用表		
参考资料	1. 捷达轿车维修手册 1984 第五分册－空调系统电气 2. 捷达轿车维修手册 1984 电路		
课前预习	1. 起动机的结构 2. 直流电动机工作原理 3. 大众车系起动系统电路识图		
课堂学习	1. 起动机由哪些零部件组成 _____ 2. 励磁绕组的检测 （1）检测工具：_____ （2）检测方法：_____ （3）检测结果：_____ 3. 电枢绕组的检测 （1）检测工具：_____ （2）检测方法：_____ （3）检测结果：_____ 4. 换向器的检测 （1）检测工具：_____ （2）检测方法：_____ （3）检测结果：_____ 5. 电枢与电刷架的检测 （1）检测工具：_____ （2）检测方法：_____ （3）检测结果：_____ 6. 单向离合器的检测 （1）检测工具：_____ （2）检测方法：_____ （3）检测结果：_____ 7. 电磁开关的检测 （1）检测工具：_____ （2）检测方法：_____ （3）检测结果：_____		
总结与记录			

【任务工单 2】

任课教师		时间	
班级		学生姓名	
项目	汽车起动系统检修	学时	
任务	起动机不工作故障诊断	学习地点	
仪器与设备	速腾轿车或迈腾 B8 轿车 VAS6150、万用表、VAS6356、FSA740、蓄电池		
参考资料	1. 捷达轿车维修手册 1984 电路图 2. 迈腾轿车维修手册 Magotan B8L 2016 电路图 3. 速腾轿车维修手册 Sagitar_2009_电路图		
课前预习	1. 电流感应钳的使用 2. 起动电流变化的测量 3. 蓄电池电压变化的测量		
课堂学习	1. 请描述迈腾 B8 如何为起动机供电 2. 根据下图画出迈腾 B8 起动系统主电源电路简图 要求:原理图中必须包括点火开关、继电器、控制单元、起动机 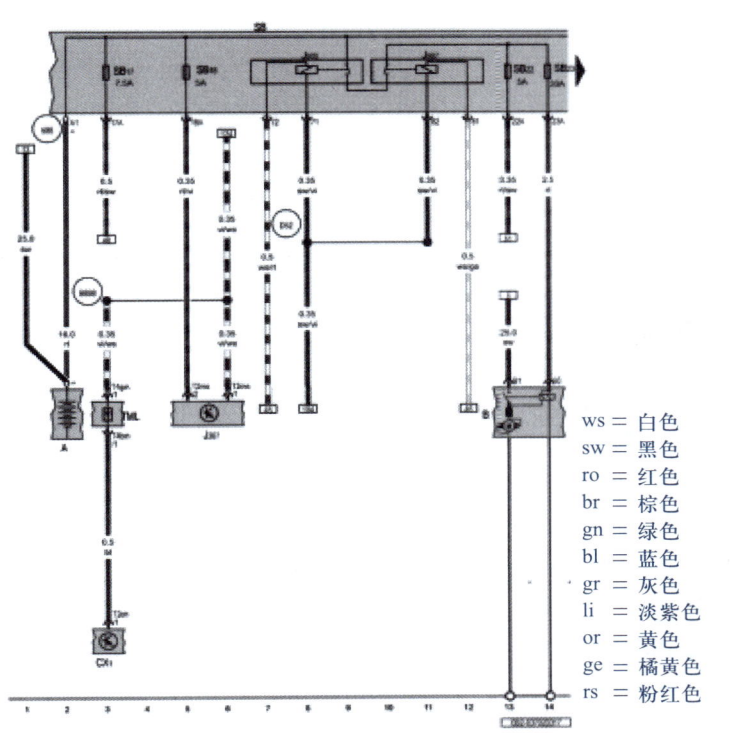 ws = 白色 sw = 黑色 ro = 红色 br = 棕色 gn = 绿色 bl = 蓝色 gr = 灰色 li = 淡紫色 or = 黄色 ge = 橘黄色 rs = 粉红色		

续表

课堂学习	3. 起动电流的检测 （1）起动机功率为 $P = 1.8$ kW，则预估起动电流 $I = $ _____ A （2）电流感应钳规格选择，在正确选项的方框里打√ □ 100 A □ 1 800 A （3）示波器 VAS6356 DSO1 电缆连接在蓄电池正负极柱上，测量（ ）；万用表连接在蓄电池正负极柱上测量（ ） A. 蓄电池电压波形变化 B. 蓄电池电压数值变化 （4）选择测量条件，在正确选项的方框里打√ □ 起动过程中测量 □ 不需要起动即可测量 起动电流最高值（ ） 蓄电池电压最低值（ ） （5）画出蓄电池电压变化波形图
总结与记录	

习题

一、选择题

1. 将同极性极板并联在一起形成极板组的目的是（   ）。

A. 提高端电压　　　　　　　　　　B. 增大容量

C. 提高电动势　　　　　　　　　　D. 增大电流

2. 蓄电池放电后极板上的生成物为（   ）。

A. PbO_2　　　　　　　　　　　　B. Pb

C. $PbSO$　　　　　　　　　　　　D. $Pb(OH)_4$

3. 起动机一般由（   ）等部分组成。

A. 直流串励式电动机　　　　　　　B. 电压调节器

C. 传动机构　　　　　　　　　　　D. 控制装置

4. 电磁开关将起动机的主电路接通以后,活动铁心(　　)线圈产生的电磁力保持在吸合的位置。

A. 吸引　　　　　　　　　　　　B. 保持

C. 转子　　　　　　　　　　　　D. 定子

5. 汽车电路中,分线束与分线束,线束与终端电器之间的连接应使用(　　)。

A. 继电器　　　　　　　　　　　B. 开关

C. 熔断器　　　　　　　　　　　D. 插接器

二、判断题(正确打"√",错误打"×")

(　　)1. 起动机的电枢电流越大,输出转矩越大。

(　　)2. 捷达轿车起动机工作电路没有熔断器。

(　　)3. 在汽车电路图中,导线的字母标记代表颜色,数据标记代表导线直径。

(　　)4. 按照国家标准,汽车电气系统均采用正极搭铁。

(　　)5. 起动机小齿轮与飞轮啮合好后,电磁开关的报位线圈不再工作。

三、简答题

1. 滚柱式、摩擦片式和弹簧片式离合器各有哪些优缺点?

2. 怎样合理使用起动机?

项目六　汽车照明与信号系统检修

任务目标

1. 知识目标

（1）了解汽车照明系统、信号系统及报警装置的构成、工作原理。

（2）掌握前照灯的安装及调整方法。

（3）掌握电喇叭继电器的原理及检修调整方法，照明系统一般故障的判断及检测方法。

2. 技能目标

（1）能够拆卸、安装和调整车辆的各种灯具、组合仪表。

（2）能够阅读、分析汽车照明、信号电路。

（3）能够根据汽车电路图诊断照明、信号、仪表控制电路并排除故障。

3. 素养目标

（1）具有良好的团队合作精神。

（2）具有吃苦耐劳的劳动精神。

（3）具有严谨、规范、精益求精的工匠精神。

任务描述

汽车照明与信号系统常见故障有照明灯都不亮、照明灯部分不亮、转向灯不亮、转向灯闪烁不正常、喇叭不响等故障。通过该任务的学习可以获得对汽车照明与信号系统故障进行诊断与排除的能力。

学习单元 6.1　汽车照明系统组成及工作原理

6.1.1　照明系统种类与用途

汽车照明系统按其安装位置和用途不同，可分为：外部照明装置、内部照明装置和灯光信号装置。主要包括：

1）前照灯。前照灯俗称大灯，安装在汽车头部的两侧，用来照亮车前的道路，有两灯制和四灯制之分。前照灯具有特殊的光学结构，功率为 40~60 W。国家规定：机动车前照灯必须具备远光和近光两种照明方式，并可通过变光装置转换。

2）雾灯。雾灯分为前雾灯、后雾灯。在有雾、下雪、暴雨或尘埃弥漫等情况下，点亮雾灯可改善道路的照明情况。每辆汽车有一只或两只雾灯，安装位置比前照灯稍低，一般离地面约 50 cm，射出的光线倾斜度大。雾灯灯光光色为黄色或橙色（黄色光波长较长，透雾性能好）。

3）示宽灯。汽车在夜间行驶时，示宽灯可标示汽车的宽度，其装于汽车的前面、后面和侧面。前面的称为小灯、示宽灯或位置灯，灯光光色为白色或黄色；后面的称为后位灯，也称尾灯，灯光光色为红色；侧面的称为侧位灯，灯光光色为琥珀色。

4）转向信号灯。汽车转向时,会发出明暗交替的闪光信号,以表明汽车向左或向右转向行驶,发出闪光信号的灯具即转向信号灯,它有前、后、侧转向信号灯之分。转向信号灯的灯光光色为琥珀色。转向信号灯的功率为20 W以上。在紧急遇险状态需其他车辆注意、避让时,可通过按下危险警告灯开关使全部转向信号灯同时闪烁。

5）尾灯。尾灯安装在汽车的尾部,夜间行驶时,尾灯可警示后面的车辆,以便其保持一定的距离。

6）制动灯。制动灯安装于汽车尾部,当踩下制动踏板时,可发出较强红光,以示本车制动,警示后方的车辆,防止追尾。为避免后方的大型车因视野原因与轿车发生碰撞,轿车后窗内可加装由发光二极管成排显示的高位制动灯(第二制动灯)。高位制动灯功率多为 21 W,灯罩透光面积较大。

7）倒车灯。倒车灯可照亮车后路面,并警示车后的车辆和行人,表示该车正在倒车。倒车灯灯光光色为白色,功率一般为 21 W。

8）牌照灯。牌照灯安装于汽车牌照的上方或两侧,功率为 5～15 W,用来照亮汽车牌照。

9）停车灯。夜间停车时,停车灯用来标志汽车的存在。

10）仪表灯。仪表灯安装在仪表板上,用来照明仪表。

11）顶灯。顶灯安装在车厢或驾驶室内顶部,作为内部照明,由相应的专门开关控制,也有由车门的开关进行控制的,车门关闭后仍需车内照明时,再由专门开关控制。功率为 5～8 W。

12）警告及指示灯。警告及指示灯有充电指示灯、机油压力过低警告灯、转向指示灯、远光指示灯等,安装在仪表板上,功率为 2 W。警告灯灯光光色一般为红色或黄色;指示灯灯光光色一般为绿色或蓝色。

13）其他辅助用灯。为了便于夜间检修,汽车上还设有工作灯,经插座与电源相接。有的车辆在发动机舱盖下面还装有发动机罩下灯,其功用与工作灯相同。

前转向信号灯和示宽灯通常制成双丝灯泡,其中功率较大的一根灯丝(20 W)作转向信号灯用,功率较小的一根灯丝(8W)作示宽灯用。后转向信号灯常和尾灯制成双丝灯泡。人们多将汽车后部的尾灯、后转向信号灯、制动灯、倒车灯等组合起来称为组合后灯,将前照灯、雾灯或前转向信号灯等组合在一起称为组合前灯。

微课
灯泡的类型
及原理

6.1.2 对前照灯的照明要求与前照灯类型

1. 照明要求

1）足够的照明距离。前照灯应保证车前有明亮而均匀的照明,使驾驶人能看清车前 100 m 内路面上的障碍物。随着汽车行驶速度的提高,汽车前照灯的照明距离的要求也越来越远。

2）应能防止眩目。前照灯应避免夜间两车相会时,使对方驾驶人眩目而造成交通事故。

2. 前照灯类型

两灯制:两前照灯均采用双丝灯泡,为远光和近光双光束灯。四灯制:外侧的一对用双丝灯泡,为远近双光束灯;内侧的一对为远光单光束灯。

6.1.3 　前照灯的光学系统

微课
汽车前照灯
结构

1. 前照灯光学系统的组成

前照灯的光学系统包括反射镜、配光镜和灯泡三部分。反射镜的表面呈旋转抛物面,其内表面镀银、铝或镀铬,然后抛光,作用是将灯泡的光线聚合并导向前方。配光镜又称散光玻璃,作用是将反射镜反射出的平行光束进行折射,使车前路面和路缘都有良好而均匀的照明。目前,汽车前照灯的灯泡有以下三种。

（1）白炽灯泡

白炽灯泡的灯丝用钨丝制成(钨的熔点高、发光强)。玻璃泡内充以约 86% 的氩和约 14% 的氮的混合惰性气体。为了缩小灯丝的尺寸,常把灯丝制成紧密的螺旋状,这对聚合平行光束是有利的。白炽灯泡的结构如图 6-1(a)所示。

（2）卤钨灯泡

卤钨灯泡的结构如图 6-1(b)所示,它是利用卤钨再生循环反应的原理制成的。卤钨灯泡充入惰性气体的压力较高。在相同功率下,卤钨灯的亮度为白炽灯的 1.5 倍,寿命为白炽灯的 2~3 倍。

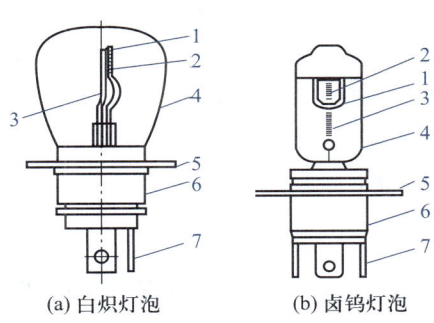

(a) 白炽灯泡　　　(b) 卤钨灯泡

图 6-1 　前照灯的灯泡

1—配光屏;2—近光灯丝;3—远光灯丝;
4—灯壳;5—定焦盘;6—灯头;7—插片

（3）高压放电氙灯

高压放电氙灯由弧光灯组件、电子控制器、升压器三部分组成。图 6-2 是高压放电氙气灯外形及工作原理图。高压放电氙灯灯泡发出的灯光光色和日光灯光色非常相似,亮度是卤钨灯泡的 3 倍左右,使用寿命是卤钨灯泡的 5 倍左右。高压放电氙灯灯泡里没有灯丝,取而代之的是装在石英管内的两个电极,管内充有氙气及微量金属

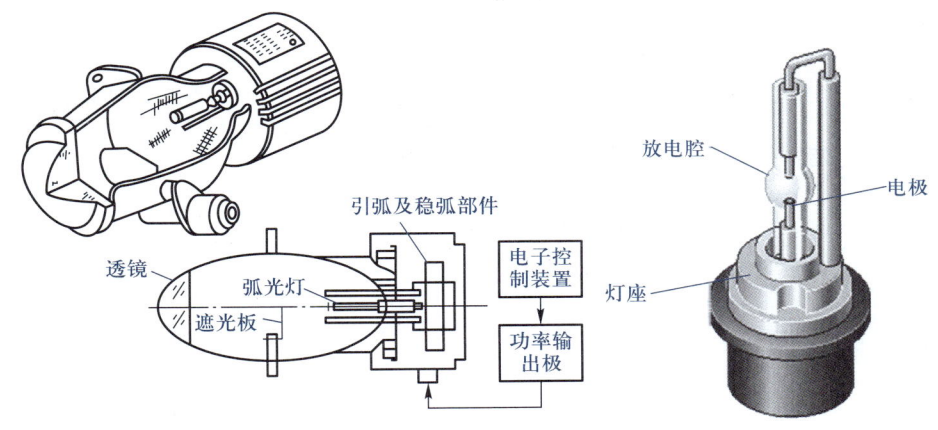

图 6-2 　高压放电氙气灯外形及工作原理图

元素(或金属卤化物)。在电极加上数万伏的引弧电压后,气体开始电离而导电,气体原子即处于激发状态,使电子发生能级跃迁而开始发光,电极间蒸发少量汞蒸气,光源立即引起汞蒸气弧光放电,待温度上升后再转入卤化物弧光灯工作。

微课
汽车前照灯
相关法律法规

2. 前照灯防眩目措施

前照灯射出的强光会使迎面来车驾驶人眩目。所谓"眩目"是指人的眼睛突然被强光照射时,由于视神经受刺激而失去对眼睛的控制,本能地闭上眼睛,或只能看到亮光而看不见暗处物体的生理现象。这时很容易发生交通事故。

为了避免前照灯的眩目作用,保证汽车夜间行车安全,一般汽车都采用双丝灯泡的前照灯。灯泡的一根灯丝为"远光",另一根为"近光"。远光灯丝功率较大,位于反射镜的焦点;近光灯丝功率较小,位于焦点上方(或前方)。当夜间行驶无迎面来车时,可用远光灯丝,使前照灯光束射向远方,便于提高车速。当两车相遇时,用近光灯丝,使光束射向路面,从而避免引起迎面来车驾驶人的眩目,并使车前 50 m 内的路面被照得十分清晰。

学习单元 6.2 前照灯的控制

为保证行车照明的安全与方便,减少驾驶人的操作,近年来,出现了多种新型的灯光控制系统,常用的有日间行车自动点亮系统、光束调整系统、延时控制等。

6.2.1 自动点亮系统

自动点亮系统的控制电路如图 6-3 所示。

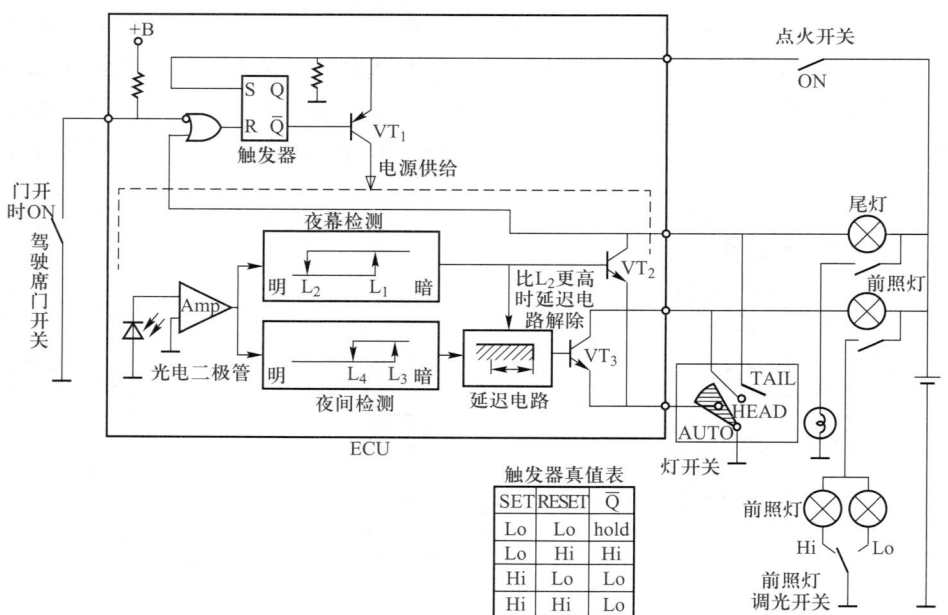

图 6-3 自动点亮系统控制电路图

当前照灯开关位于 AUTO 位置时,由安装在仪表板上部的光传感器检测周围的光线强度,自动控制灯光的点亮。其工作原理如下:当车门关闭,点火开关处于 ON 位置时,触发器控制晶体管 VT_1 导通,为灯光自动控制器提供电源。自动点亮系统有如下几种工作模式。

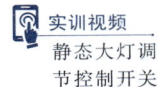

（1）周围环境明亮时

当周围环境的亮度比夜幕检测电路的熄灯照度 L_2（约 5 501 lx）及夜间检测电路的熄灯照度 L_4（约 2 001 lx）更亮时,夜幕检测电路与夜间检测电路都输出低电平,晶体管 VT_2 和 VT_3 截止,所有灯都不工作。

（2）夜幕及夜间时

当周围环境的亮度比夜幕检测电路的点灯照度 L_1（约 1 301 lx）暗时,夜幕检测电路输出高电平,使 VT_2 导通,点亮尾灯。当变成更暗的状态,达到夜间检测电路的点灯照度 L_3（约 501 lx）以下时,夜间检测电路输出高电平,此时,延迟电路也输出高电压,使晶体管 VT_3 导通,前照灯继电器动作,点亮前照灯。

（3）接通后周围亮度变化时

在前照灯点亮时,由于路灯等原因使得周围环境变为明亮的情况下,夜间检测电路的输出变为低电平,但在延迟电路的作用下,在时间 T 期间,VT_3 仍保持导通状态,所以前照灯不熄灭。在周围的亮度比夜幕检测电路的熄灯照度 L_2 更亮的情况下（如白天汽车从隧道驶出）,从夜幕检测电路输出低电平,从而解除延迟电路,尾灯和前照灯都立即熄灭。

（4）自动熄灯

点火开关断开,使发动机停止工作时,触发器 S 端子断电处于低电平,但是,触发器由+U 供电,VT_2 仍是导通状态,因为触发器 R 端子上也是低电平,不能改变触发器的输出端 Q 的状态。在这种状态下打开车门时,触发器 R 端子上就变成高电平,Q 端子输出就反转成为高电平,向电路供应电源的晶体管 VT_1 截止,VT_2 及 VT_3 也截止,所有灯都熄灭。这样,夜间在黑暗的车库等处下车前,因为有车灯照亮周围,给下车后的行动提供了方便。

6.2.2 前照灯光束调整控制

当车辆的载荷发生变化时,前照灯光束的照射位置也随之发生变化,因而不能适当地照亮前方路面,这就需要前照灯光束调整控制。前照灯光束调整控制机构如图 6-4 所示。

执行器由电动机和齿轮机构组成,在进行光束轴线调整时,执行器驱动调整螺钉正反向旋转,使调整螺钉左右移动并带动前照灯以枢轴为中心摆动,实现前照灯光束的调整。前照灯光束调整的控制电路如图 6-5 所示,其工作过程如下。

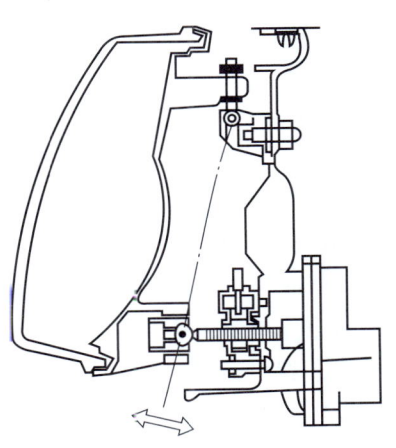

图 6-4 前照灯光束调整控制机构

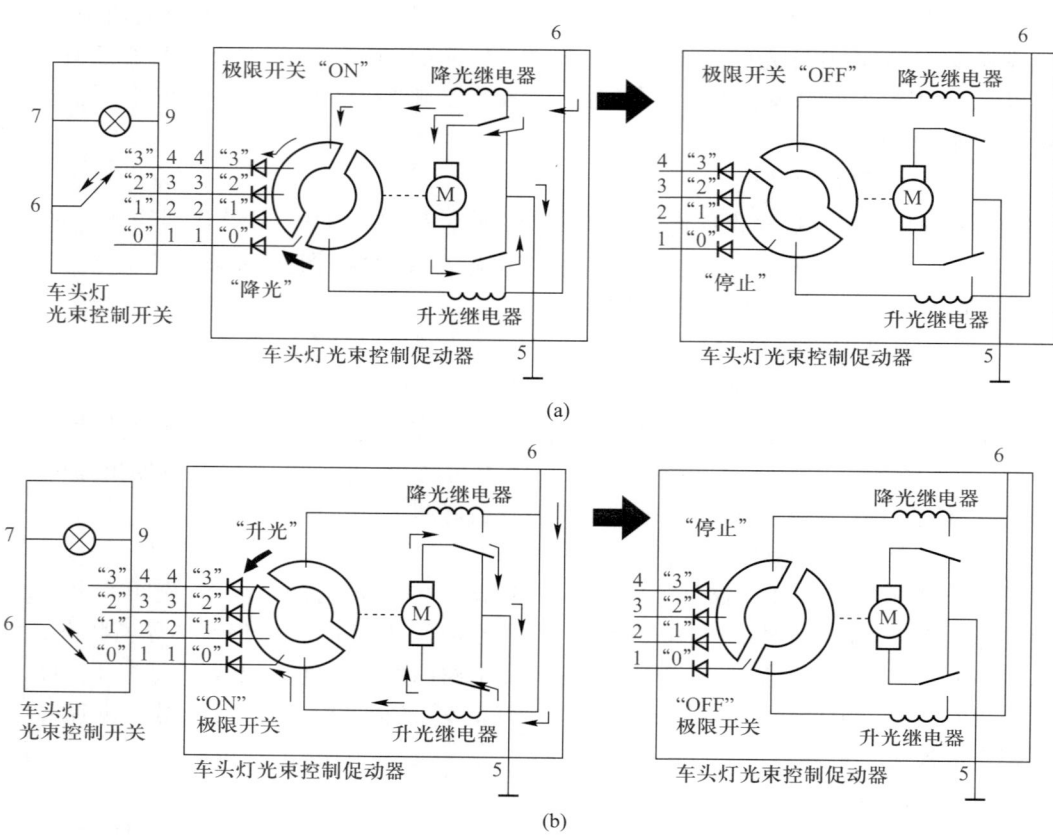

图 6-5　前照灯光束调整控制电路图

（1）降低光束照射位置

光束控制开关拨到"3"时，如图6-5（a）所示，电流从灯光束控制执行器（促动器）端子6→降光继电器线圈→执行器端子4→光束控制开关端子6→搭铁，构成回路。前照灯降光继电器触点闭合。于是电流从执行器端子6→前照灯降光继电器→电动机→前照灯升光继电器→执行器端子5→搭铁，构成回路，电动机工作，使前照灯光束照射位置降低。电动机转过一定角度后，限位开关工作，执行器端子6与4之间断开，前照灯降光继电器断开，前照灯光束停留在"3"的水平位置上。

（2）升高光束照射位置

光束控制开关拨到"0"时，如图6-5（b）所示，电流从灯光束控制执行器（促动器）端子6→升光继电器线圈→执行器端子1→光束控制开关端子1→光束控制开关端子6→搭铁，构成回路。前照灯升光继电器触点闭合。于是电流从执行器端子6→前照灯升光继电器→电动机→前照灯降光继电器→执行器端子5→搭铁，构成回路，电动机工作，使前照灯光束照射位置升高。电动机转过一定角度后，限位开关工作，执行器端子6与1之间断开，前照灯升光继电器断开，前照灯光束停留在"0"的水平位置上。

实训视频
灯光测试仪
的使用

（3）前照灯的自动水平调整系统

有些投射式前照灯系统中搭配了自动水平调整系统。有了该系统,则不论车身的载荷如何分布,系统会通过传感器找出光线投射角度的偏移量,并调整投射式灯组的角度来维持正确的照射方向(角度),减轻或避免对面车辆驾驶人、行人眩目。有些自动水平调整系统还会依据车速高低调整投射角度,在高速时将光束照得远些,让驾驶人能看清较远距离的路况,以便及时作出反应;在低速时将光束照得近些,以防造成对面车辆驾驶人、行人眩目。为防止眩目现象,有些车辆前照灯左低右高,这会造成前方左侧路面的光照效果差,若遇左转弯时,弯道中的路况可能会完全照不到,无法辨识道路情况。为解决这一问题,有些车在投射式前照灯系统的外侧再加入主动转向系统(AFS),其中的主动式前照灯随转向调整光束方向。汽车行进时,若系统检测到转向盘有向左转的情形时,前照灯会向左偏转最多达 15°的转角,以将角度较高的光束照入弯道内,提高驾驶人对弯道上的路况的辨别效果;若是在右转弯道上,由于右侧前照灯的光束已能有效地照亮弯道路况,此时前照灯以最大 5°的偏转角度向右照射,提高对右转弯道路况的辨别能力。

6.2.3　前照灯延时控制

前照灯延时控制电路可使前照灯在电路被切断后,仍继续照明一段时间后再自动熄灭,为驾驶人离开黑暗的停车场所提供照明。德州仪器公司研制的前照灯延时控制电路如图 6-6 所示。其工作原理如下:当汽车停驶切断点火开关时,晶体管 VT_1 处于截止状态。此时电容 C_1 立即经 R_5、R_2 开始充电;当 C_1 二的电压达到单结晶体管 VT_2 的导通电压时,C_1 则通过其发射极、基极和电阻 R_7 放电;于是在 R_7 上产生一个电压脉冲,使晶体管 VT_3 瞬时导通,消除加在晶闸管 VT 上的正向电压,使晶闸管 VT 截止;随后,VT_3 很快恢复截止,晶闸管还来不及导通,前照灯继电器断电而使其触点 K 打开(图 6-6 所示位置),将前照灯电路切断,实现自动延时关灯的功能。

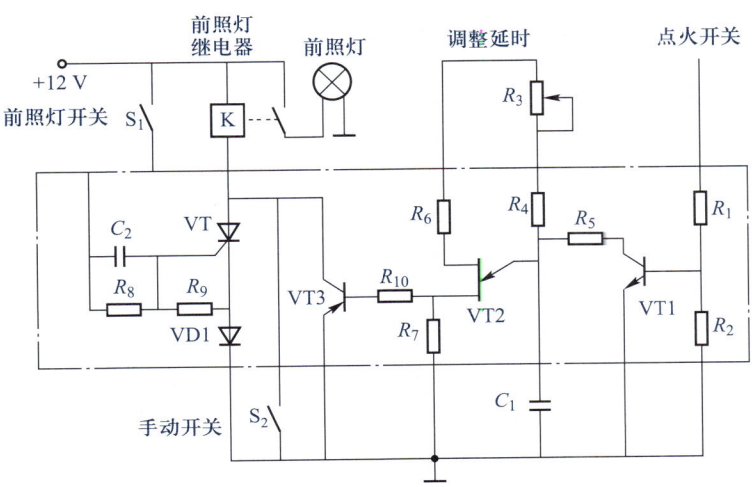

图 6-6　前照灯延时控制电路图

学习单元 6.3　汽车信号系统组成及工作原理

　　汽车信号主要有转向信号、危险警示信号、制动信号、倒车信号、喇叭声响等,这些信号都是驾驶人根据道路交通情况向别的车辆和行人发出的,带有较强的随机性,一般只由自身开关控制。如制动信号多由制动踏板联动控制;倒车灯多由变速杆倒挡轴联动控制,不用驾驶人特意操作即可接通;喇叭多安装在汽车前方,具有一定的声级(90~110 dB);喇叭按钮多在转向盘上,驾驶人手不离转向盘即可发出信号。

微课

汽车转向系统的组成

6.3.1　转向及危险警示信号的组成

　　汽车上都装有转向信号灯用以指示车辆的行驶方向。转向信号灯一般由四个或六个灯具,包括转向信号灯、转向指示灯、转向开关、闪光器等。当汽车要向左或向右转向时,通过操纵转向开关,使车辆左边或右边的转向信号灯闪光器通电而闪烁发光。转向后,回转转向盘,转向盘控制装置可自动使转向开关回位,转向灯熄灭。危险警示信号和转向信号共同使用一套灯具,如遇危险情况,前、后、左、右转向灯同时发出闪光,作为危险警示信号。

　　闪光器是发出转向及危险警示信号最重要的组件,下面介绍三种闪光器。

　　(1) 带继电器的有触点晶体管式闪光器

　　带继电器的有触点晶体管式闪光器由一个晶体管的开关电路和一个继电器组成,如图 6-7 所示。

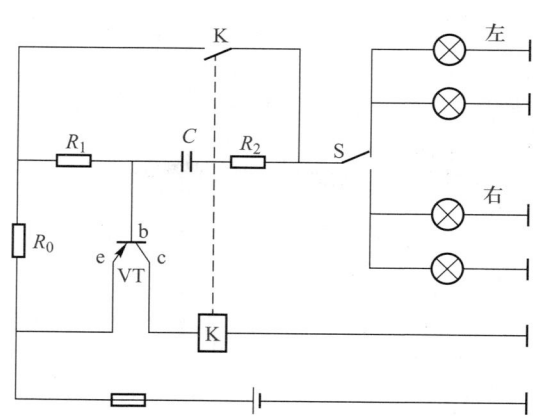

图 6-7　带继电器的有触点晶体管式闪光器

　　当汽车向左转向时,转向开关 S 接通左转向灯,电流便从蓄电池正极→熔断器→电阻 R_0→触点 K→转向开关 S→左转向灯→搭铁→蓄电池负极,构成回路,左转向信号灯和指示灯点亮。同时,R_0 上的电压降使晶体管 VT 导通产生集电极电流。集电极电流经继电器 K 搭铁,继电器 K 的线圈产生电磁吸力使触点 K 打开。于是蓄电池向电容器 C 充电,使左转向灯的灯光变暗。随着充电时间的延长,充电电流减小,晶体管 VT 的基极电位提高,偏流减小。当基极电位接近发射极电位时,晶体管 VT 截止,集电极电流消失,触点 K 又闭合,转向灯又被点亮,同时,电容 C 经 R_2、触点 K、R_1 放电。

电容器 C 放完电后,晶体管 VT 的基极上又恢复低电位,晶体管 VT 重新导通,集电极电流又经继电器 K 的线圈产生电磁吸力使触点 K 打开,重复上述过程,使转向灯发出闪光。其闪光频率由电容器 C 的充放电时间常数来决定。

（2）全晶体管式（无触点）闪光器

图 6-8 所示为国产 SGl31 型全晶体管式（无触点）闪光器的电路原理图。它是利用电容器充放电延时的特性,控制晶体管 VT_1 的导通和截止来达到闪光的目的。

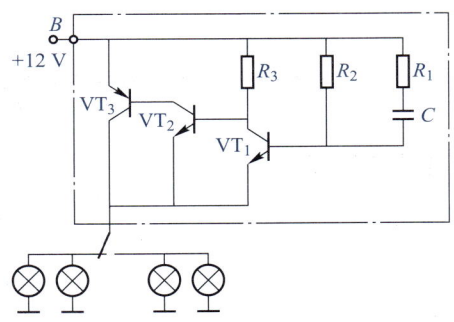

图 6-8　国产 SGl31 全晶体管式（无触点）闪光器电路原理图

（3）由集成块和小型继电器组成的有触点集成电路闪光器

集成电路闪光器可用通用集成电路制成,有普通集成电路电子闪光器和专用集成电路电子闪光器两种。

1）普通集成电路电子闪光器。普通集成电路电子闪光器目前常采用双极时基电路,如 NE555。图 6-9 为 NE555 集成电路闪光器电路原理图。

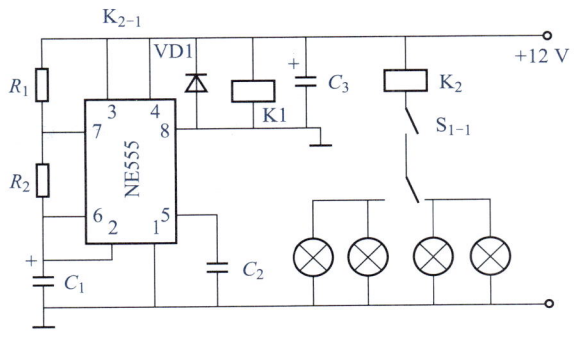

图 6-9　NE555 集成电路闪光器电路原理图

2）专用集成电路电子闪光器。上汽大众桑塔纳轿车采用的电子闪光器为专用集成电路电子闪光器,其电路原理如图 6-10 所示。

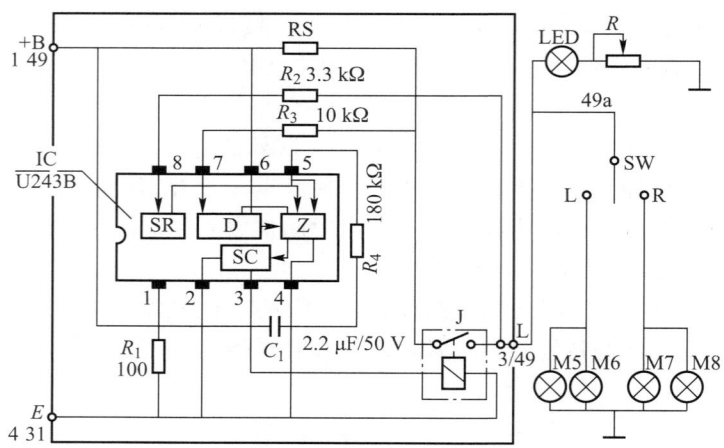

图 6-10　上汽大众桑塔纳轿车电子闪光器电路原理图

6.3.2　转向信号电路的特点

转向信号灯的一般电路如图 6-11 所示，电路特点可以归纳如下。

1）左转向信号灯、指示灯（或右转向信号灯、指示灯）与转向灯开关，以及转向闪光继电器经危险警示灯开关的常闭触点与点火开关串联，即转向信号灯是在点火开关处于工作挡（运行）时使用。

2）危险警示灯的使用场合主要有：本车有故障或危险不能行驶；本车有牵引别车的任务，需要别车注意；本车需优先通过，需别车回避。

危险警示灯可以在发动机不工作时使用，此时不用接通点火系统及仪表报警灯，为此设有危险警示开关。这是一个多触点联动开关，它在断开点火开关接线 FU2 的同时，接通蓄电池接线 FU1，闪光器及灯泡电源直接来自蓄电池，并将闪光器的输出端与左右转向灯连在一起，在闪光器动作时，左右转向灯及指示灯同时闪光发出危险信号。

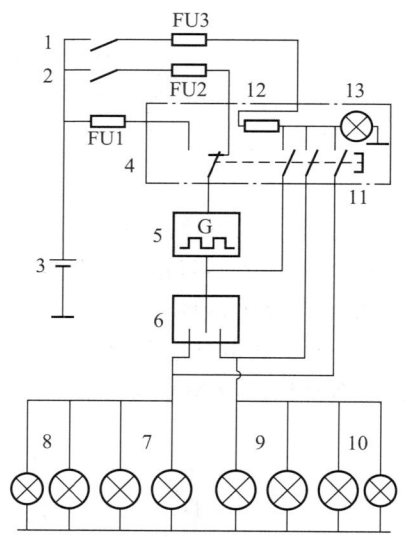

图 6-11　转向信号与危险警示信号电路
1—照明灯开关；2—点火开关；3—蓄电池；
4—危险警示灯开关；5—转向闪光继电器；
6—转向灯开关；7—左转向信号灯；
8—左转向指示灯；9—右转向信号灯；
10—右转向指示灯；11—危险警示灯开关；
12—降压电阻；13—危险警示灯

为了检测转向灯灯泡是否烧坏，常在转向闪光器中设有监测装置。如有转向灯灯泡烧坏，则转向信号灯及转向指示灯的闪动频率明显加快或变慢来提醒驾驶人更换灯泡。

6.3.3　捷达轿车转向信号灯及危险警示灯

图 6-12 所示是捷达轿车转向信号灯及危险警示灯工作电路。

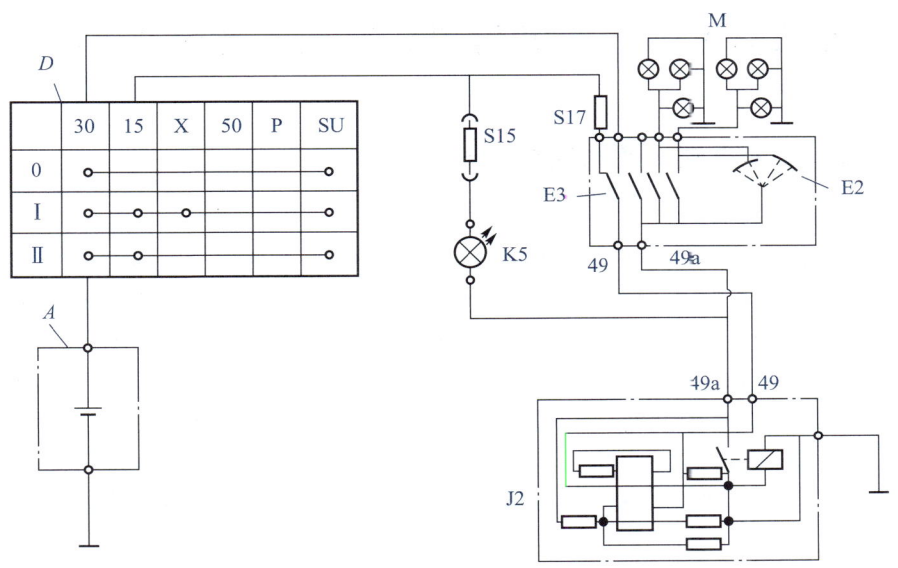

图 6-12　捷达轿车转向信号灯及危险警示灯工作电路

A—蓄电池；D—点火开关；S15、S17—熔断器；M—转向灯泡；K5—转向指示灯；
E3—危险警示灯开关；E2—转向灯开关；J2—闪光器

1. 转向信号灯

点火开关处于 I 挡，如果车辆向左转向，将转向开关 E2 手柄向下扳动，这时左侧转向信号灯电路的工作电流由蓄电池（+）经点火开关触点 30 与 15 至熔断器 S17，经危险警示灯开关 E3 的常闭触点、闪光器触点 49 和 49a、转向于关 E2 的触点、左侧转向灯搭铁至蓄电池（-），左侧转向信号灯闪亮。

右转向时，工作电流在转向开关处发生改变，变为向右转向信号灯供电。

转向指示灯的工作电路为：蓄电池（+）→点火开关触点 30 与 15→熔断器 S15→转向指示灯（发光二极管）K5→转向开关 E2 的触点 49a→转向开关，然后通过左侧或右侧转向灯→搭铁→蓄电池（-），形成回路，转向指示灯亮。由于转向指示灯工作电流较小，此时转向信号灯并不亮。当闪光器触点闭合，转向信号灯亮时，转向指示灯 K5 两端电位相等，转向指示灯熄灭。因此，转向指示灯的频闪状态与转向信号灯相反。

2. 危险警示灯

当汽车发生故障或有紧急情况时，打开危险警示灯开关，这时所有转向灯一起闪烁，以进行警示。无论点火开关处于什么位置，危险警示灯都可以工作。

危险警示灯开关 E3 按下，这时危险警示灯电路的电流由蓄电池（+）经危险警示灯开关直接流至闪光器 49 触点,再由闪光器 49a 触点经危险警示灯开关流至所有转向灯,然后流回蓄电池(-),形成回路,所有转向灯闪亮。同时,转向指示灯也进入工作状态。

学习单元 6.4　汽车电喇叭的构造、原理及调整

微课
喇叭的结构
与原理

6.4.1　普通电喇叭的构造与工作原理

1. 机械式电喇叭

机械式电喇叭由振动机构和电路断续机构两个部分组成,按外形不同可分为筒形、螺旋形和盆形。由于盆形电喇叭具有尺寸小、质量轻、指向性好等特点,因此为现代汽车所普遍采用。盆形电喇叭的构造如图 6-13 所示。其工作原理如下:当按下喇叭按钮时,进入喇叭的电流由蓄电池正极→线圈→触点→喇叭按钮→搭铁→蓄电池负极。线圈通电后产生电磁吸力,吸引上铁心及衔铁下移,使膜片向下拱曲,衔铁下移时将触点顶开,线圈电路被切断,其电磁力消失,上铁心、衔铁在膜片弹力的作用下复位,触点又闭合。如此反复一通一断,使膜片及共鸣板连续振动发出响声。

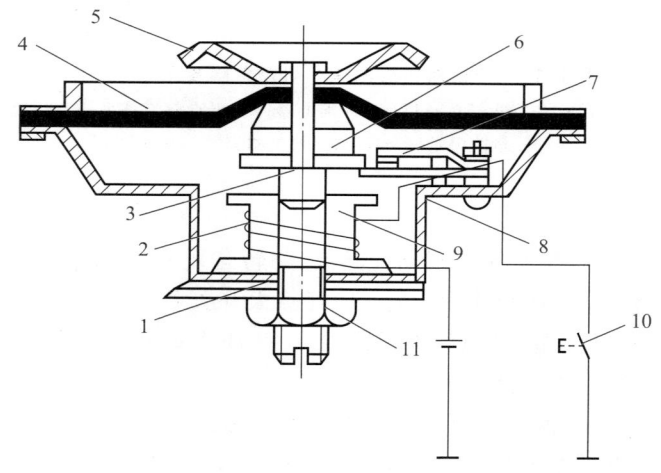

图 6-13　盆形电喇叭

1—下铁心;2—线圈;3—上铁心;4—膜片;5—共鸣板;
6—衔铁;7—触点;8—调整螺钉;9—铁心;
10—喇叭按钮;11—锁紧螺母

2. 电子式电喇叭

电子式电喇叭的构造如图 6-14 所示,工作原理如图 6-15 所示。

当电喇叭电路接通电源后,由于晶体管 VT 加正向偏压而导通,线圈中便有电流通过,产生电磁力,吸引上衔铁,连同绝缘膜片和共鸣盘一起动作,当上衔铁与下衔铁接触而直接搭铁时,晶体管 VT 失去偏压而截止,切断线圈中的电流,电磁力消失,膜

片与共鸣盘在弹力作用下复位,上、下衔铁又恢复为断开状态,晶体管 VT 重又导通,如此周而复始地动作,膜片不断振动发出响声。

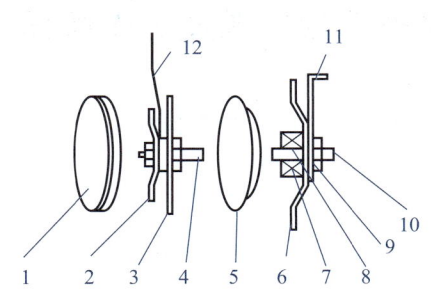

图 6-14　电子式电喇叭

1—罩盖;2—共鸣盘;3—绝缘膜片;4—上衔铁;
5—绝缘垫圈;6—喇叭体;7—线圈;8—下衔铁;
9—锁紧螺母;10—调节螺钉;11—托架;12—导线

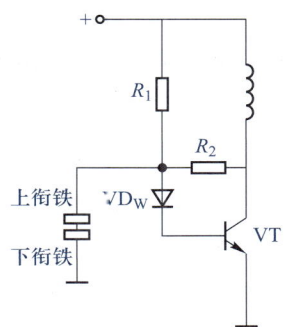

图 6-15　电子式电喇叭工作原理图

6.4.2　电喇叭继电器

为了得到更加悦耳的声音,在汽车上常装有两个不同音调(高、低音)的电喇叭。其中,高音电喇叭膜片厚,扬声简短,低音电喇叭则相反。有时甚至用三个(高、中、低)不同音调的电喇叭。

装用单只电喇叭时,电喇叭电流是直接由按钮控制的,按钮大多安装在转向盘的中心。

当汽车装用双喇叭时,因为需要电流较大(15~20 A),用按钮直接控制时,按钮容易烧坏。为了避免这个问题,电喇叭采用继电器控制,其构造和接线方式如图 6-16 所示。

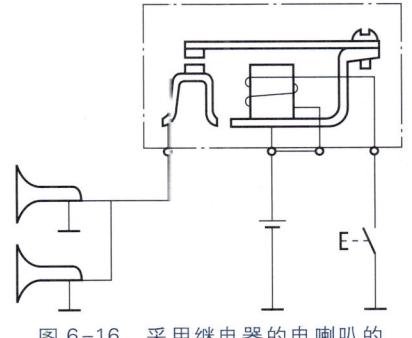

图 6-16　采用继电器的电喇叭的
构造和接线方式

6.4.3　电喇叭的调整

1. 电喇叭音调的调整

减小衔铁与铁心间的间隙,可以提高音调;反之,增大间隙,则音调降低。调整时,铁心要平整,铁心与衔铁四周的间隙要均匀,否则会产生杂音。

2. 电喇叭音量的调整

电喇叭音量的大小与通过电喇叭线圈中的电流大小有关。需增大音量时,增大触点的压力,由于触点的接触电阻减小,触点闭合的时间增加,通过线圈的电流增大,所以音量也相应增大;反之,喇叭音量就减小。

此外,电喇叭触点应保持清洁。

电喇叭的固定方法对其声音影响极大。为了使电喇叭的声音正常,电喇叭不能做刚性的装接,而应固定在缓冲支架上,即在电喇叭与固定支架之间装上片状弹簧或橡胶垫。

学习单元6.5 汽车制动信号系统的组成及工作原理

制动信号灯电路一般不受点火开关控制,直接由电源、熔断器和制动信号灯开关组成。制动信号灯电路根据尾灯的组合形式有以下几种情况。

1. 三灯组合式尾灯

如图6-17所示,在三灯组合式尾灯中,采用单丝灯泡,每个灯泡只有一个功能,随着功能的增加,尾灯灯泡的数量还要增加。

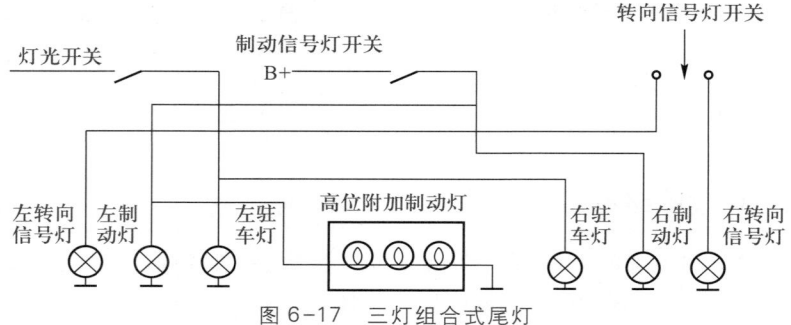

图6-17 三灯组合式尾灯

2. 采用双丝灯泡的尾灯

在双丝灯泡中,大功率的灯丝既用于制动信号灯,也用于转向信号灯,美国福特公司所采用的双丝灯泡尾灯的电路如图6-18所示。

1)当转向灯开关不工作时,转向信号灯开关内的所有电刷都处于中间位置,踩下制动踏板,制动信号灯开关闭合,电流经制动信号灯开关进入转向信号灯开关,经转向信号灯开关内的两个电刷A、D分别到后面两个尾灯的大功率灯丝4、7上,这时两个尾灯内的大功率灯丝的功能都是发出制动信号。

2)当要发出转向信号时,例如转向灯开关在左转向挡,这时所有电刷都移至左侧,电流经闪光器进入转向灯开关,经转向灯开关内的两个电刷B、C分别到达左前转向信号灯和左后尾灯(大功率灯丝7),这时左侧尾灯大功率灯丝7的功能是发出转向信号。

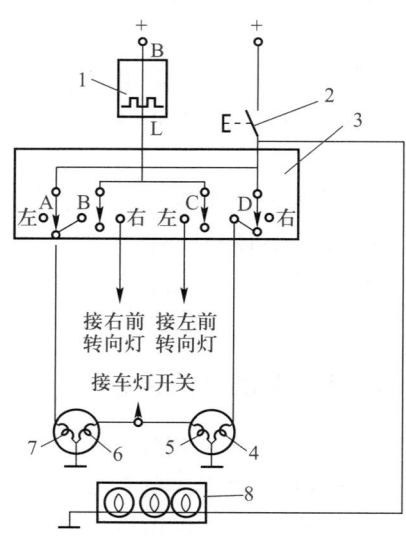

图6-18 美国福特公司所采用的
双丝灯泡尾灯的电路
1—闪光器;2—制动信号灯开关;3—转向灯开关;4—右后转向及右后制动灯丝;5、6—左、右后驻车灯丝;7—左后转向及左后制动灯丝;8—高位附加制动灯

3）如果在要发出左转向信号的同时，踩下制动踏板，这时只有右侧尾灯内的大功率灯丝 4 起发出制动信号作用，电流经制动信号灯开关到转句灯开关，经转向灯开关内的电刷 D 到右侧尾灯内的大功率灯丝 4，大功率灯丝 4 起发出制动信号的作用。

学习单元 6.6　汽车倒车信号系统的组成及工作原理

汽车倒车时，为了警示车后的行人和车辆驾驶人，在汽车的后部常装有倒车灯、倒车蜂鸣器或倒车雷达装置，它均由安装在变速器盖上的倒车开关自动控制。

1. 倒车蜂鸣器

倒车蜂鸣器是一种间歇发声的音响装置，其电路如图 6-19 所示。其发声部分是一只功率较小的电喇叭，控制电路是一个由无稳态电路和反相器组成的开关电路。

倒车蜂鸣器电路原理如图 6-20 所示，当倒车开关接通时，蓄电池电流将流过线圈 L_1，同时也通过线圈 L_2 对电容器进行充电，因流经两线圈的电流产生的磁力方向相反，相互抵消，继电器触点保持闭合，倒车蜂鸣器线圈通电；随着电容器端电压的上升，充电电流下降，L_2 的磁力减弱，合并磁场加强，将继电器触点吸开，电容器通过 L_2 和 L_1 放电，产生的磁场维持触点断开状态，此时，倒车蜂鸣器线圈断电。随着电容器放电电流的减小，线圈磁场吸力逐渐消失，继电器触点再次闭合，倒车蜂鸣器线圈通电。如此循环，使倒车蜂鸣器线圈反复通电断电，带动膜片振动而发出声音，警示他人。

微课
倒车蜂鸣器
原理

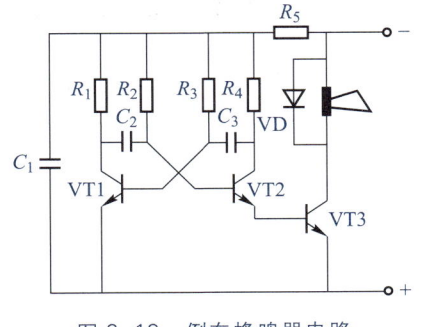

图 6-19　倒车蜂鸣器电路

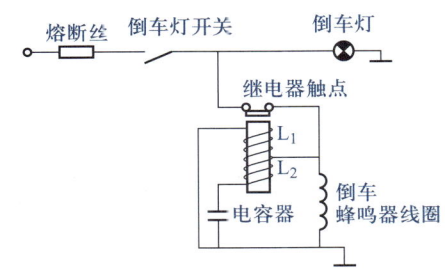

图 6-20　倒车蜂鸣器电路原理图

微课
倒车灯电路
分析

2. 倒车雷达装置

倒车雷达装置在倒车时起到辅助警报功能，使倒车更加安全。当驾驶人挂入倒挡后，倒车雷达侦测器进入自我检测。当自我检测通过后，就开始检测汽车后部障碍物，及时发出警报声，以提醒驾驶人注意。

倒车雷达装置由倒车雷达侦测器、控制器、蜂鸣器等组成。倒车雷达侦测器安装在车辆后部保险杠上，如图 6-21 所示。它向汽车后部发射超声波，并接收反射回来的超声波。控制器接收从侦测器传来的信号，经计算判断障碍物离车尾的距离。如达到警报位置，就传送信号给蜂鸣器。

倒车雷达装置利用声呐原理工作,如图 6-22 所示。当发射的超声波遇到障碍物时,会有反射波产生,被传感器接收后,控制器就会利用发射波和反射波计算出障碍物与雷达发射器之间的距离,并据此采取相应的报警提示。

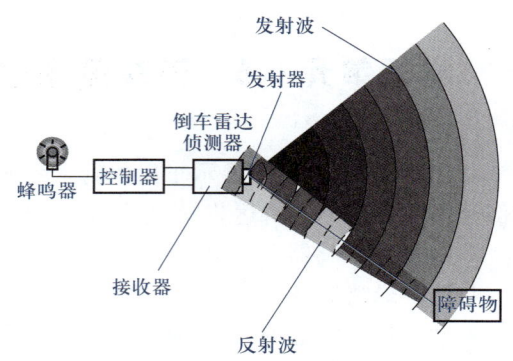

图 6-21 倒车雷达侦测器安装位置   图 6-22 倒车雷达原理图

倒车雷达装置的有效侦测范围如图 6-23、图 6-24 所示。

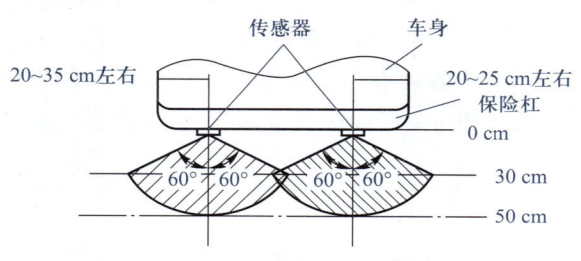

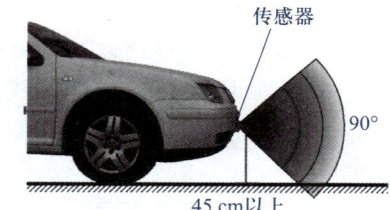

图 6-23 倒车雷达左、右有效侦测范围   图 6-24 倒车雷达上、下有效侦测范围

学习单元 6.7 照明、信号系统控制

6.7.1 迈腾轿车照明、信号系统控制

微课
前照灯电路
读图

1. 特点

迈腾轿车照明、信号系统由中央电气控制单元 J519(车载电源控制单元)控制,如图 6-25 所示。其基本特点如下。

1) 灯光开关、信号开关安装在 J519 前侧,只是提供相应的"电信号",不具备直接向灯具提供电流的功能,J519(中央电气控制单元)、J527(转向柱控制单元)检测到开关向中央电气控制单元所定义的不同端子提供的不同"电信号"来判断不同灯具点亮或者实现不同挡位的控制,由中央电气控制单元将电源和灯具接通。

2) 灯具和 J519 之间不设置熔断器,熔断器在电控单元或者开关的前侧,这样熔

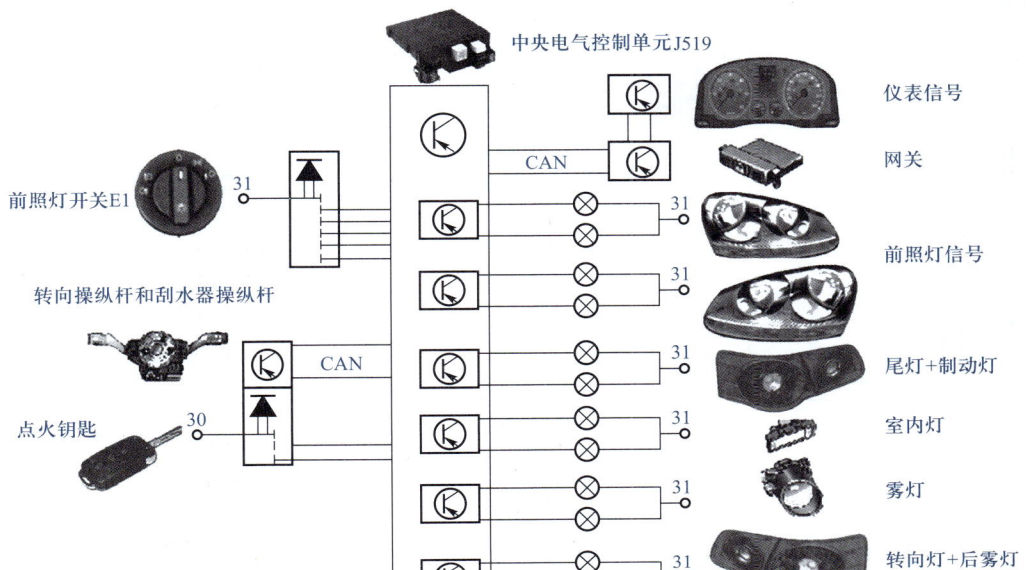

动画
前大灯控制
原理

图 6-25　迈腾轿车照明、信号系统控制系统

断器出现断路、短路故障时不只是影响灯具工作,而是会影响整个系统工作。

3) 中央电气控制单元输出的不一定是 12.7 V 稳定电压电源,而是具有一定调频的占空比信号(如尾灯控制信号、转向灯控制信号、制动灯控制信号),使得灯具工作时更省电,寿命更长。

4) 由于实现了闭环控制,J519 可以实现对灯具的监控等一些特殊的功能。

5) 故障诊断更多依赖于专用仪器,例如 VAS505X 系列等。

2. 迈腾轿车前照灯电路

迈腾轿车前照灯电路如图 6-26、图 6-27 所示。

3. 外部灯光系统控制

（1）冷监控

在线路接通后(灯光开关没有打开),每 500 ms 进行 4 次检测。图 6-28 所示为使用 VAS5051 示波器功能检测到的冷监控波形。

（2）热监控

灯光开关打开后,将一直对使用中的灯泡进行监控,检测是否有过载、短路或断路现象发生。

（3）前照灯自动控制

1) 黄昏功能。如果将前照灯开关 E1 设定在"自动挡",雨量和光强传感器(G397)会自动检测外界雨量和光强信号。例如:当车辆经过隧道时,传感器会将信号传递给 J519,J519 点亮行车灯,如图 6-29 所示。

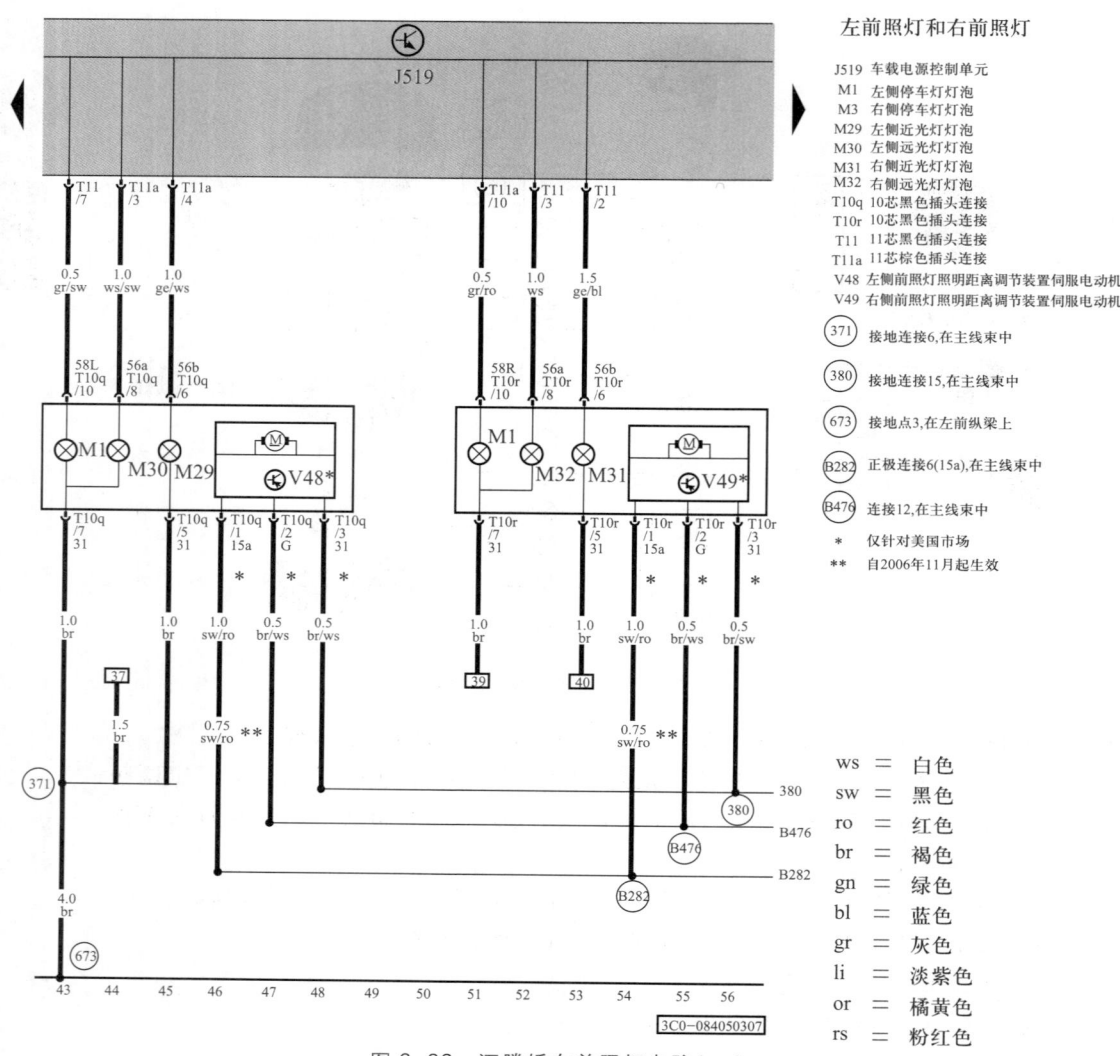

右前照灯和右前照灯

J519 车载电源控制单元
M1 左侧停车灯灯泡
M3 右侧停车灯灯泡
M29 左侧近光灯灯泡
M30 左侧远光灯灯泡
M31 右侧近光灯灯泡
M32 右侧远光灯灯泡
T10q 10芯黑色插头连接
T10r 10芯黑色插头连接
T11 11芯黑色插头连接
T11a 11芯棕色插头连接
V48 左侧前照灯照明距离调节装置伺服电动机
V49 右侧前照灯照明距离调节装置伺服电动机

371 接地连接6,在主线束中

380 接地连接15,在主线束中

673 接地点3,在左前纵梁上

B282 正极连接6(15a),在主线束中

B476 连接12,在主线束中

* 仅针对美国市场
** 自2006年11月起生效

ws ＝ 白色
sw ＝ 黑色
ro ＝ 红色
br ＝ 褐色
gn ＝ 绿色
bl ＝ 蓝色
gr ＝ 灰色
li ＝ 淡紫色
or ＝ 橘黄色
rs ＝ 粉红色

图 6-26　迈腾轿车前照灯电路(一)

2)高速路功能。当车速超过 140 km/h 的时间达 10 s 以上时,高速路功能会启动并激活行车灯。当车速降到 65 km/h 的时间超过 150 s,行车灯会自动关闭高速路功能。这一功能的实现需要将前照灯开关 E1 设定在"自动挡"。

3)下雨灯光功能。当前刮水器刮臂被激活时间超过 5 s 时,下雨灯光功能会启动并点亮行车灯。当刮水器刮臂停止工作时间超过 255 s,行车灯自动关闭。下雨灯光功能的实现需要将前照灯开关 E1 设定在"自动挡"。

4)灯光应急模式。如果 J519 检测到一个错误的组合信号,则灯光控制进入应急状态,此时驻车灯、近光灯、尾灯和牌照灯自动点亮。

5)回家/离家功能。

回家功能:驾驶人离开汽车后,汽车照明装置在设置的时间内保持点亮。

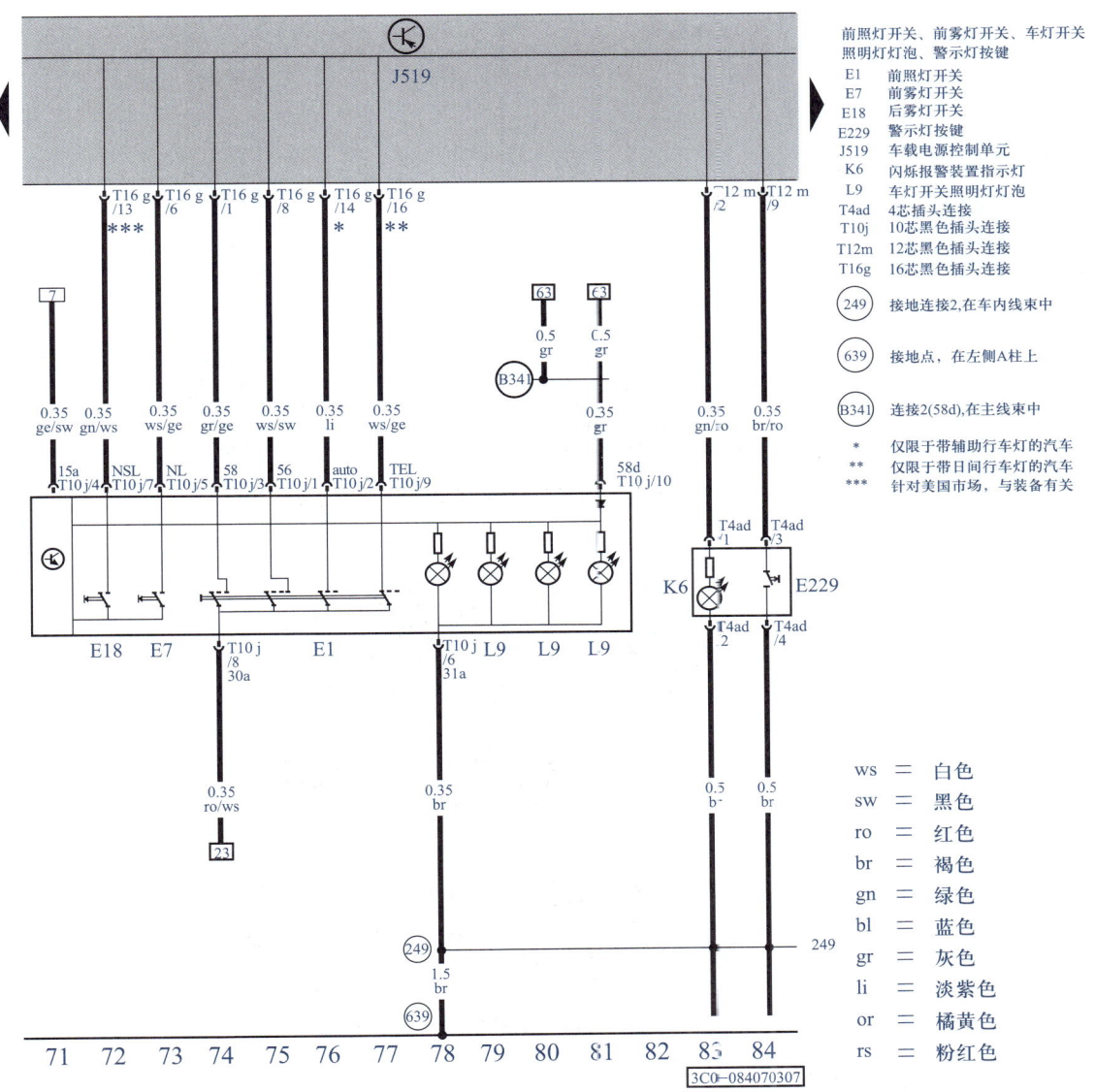

图 6-27　迈腾轿车前照灯电路（二）

离家功能：在用遥控钥匙解锁汽车时，如果光强传感器检测到处于黑暗状态，则辅助灯打开。

激活条件：必须装备光强传感器，而且光强达到激活条件。

① 回家功能激活条件：灯光开关位于 AUTO 挡或近光灯挡，拔掉钥匙，开、关车门（四个车门均可，从此时开始计时），近光灯和驻车灯将亮起，在达到预先设定的时间后两灯一起熄灭；若未拔下钥匙，在达到设定的时间后近光灯熄灭，驻车灯依旧点亮。

② 离家功能激活条件：开锁后，近光灯和驻车灯亮起至设定的时间，若在此期间打开点火开关，两灯熄灭。

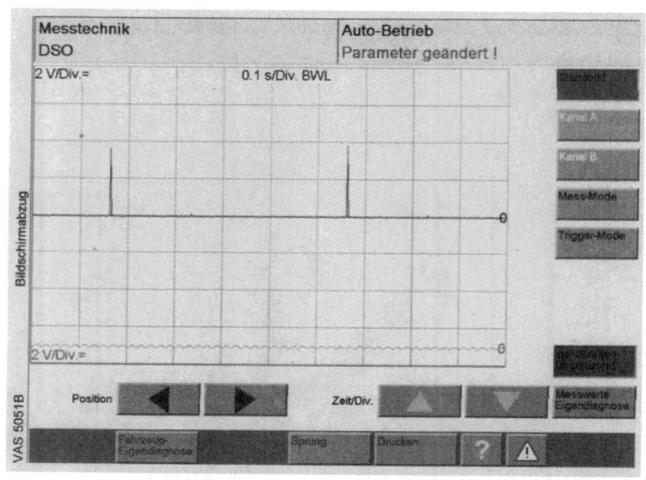

图 6-28　使用 VAS5051 示波器功能检测到的冷监控波形

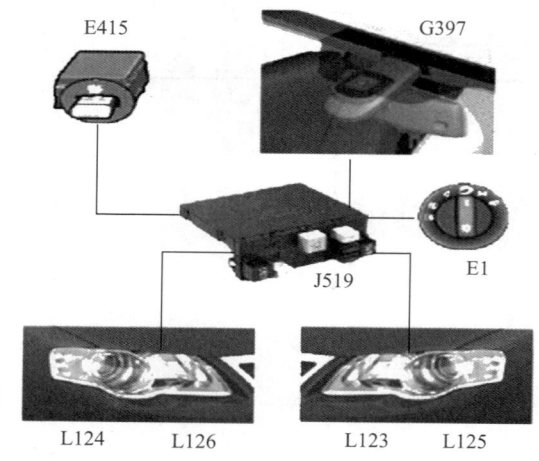

图 6-29　黄昏功能控制系统

（4）后组合灯

后组合灯总成采用了 LED 灯和普通灯泡两种灯具，如图 6-30 所示，车辆侧围上的后组合灯，集成了尾灯、制动灯和转向灯的双圆环设计，均采用 LED 技术。LED 灯的优点是响应速度快、更加醒目、亮度均匀，更重要的是 LED 灯用很低的电压就能驱动。

车辆行李舱上的尾灯采用普通的灯泡，左侧为后雾灯，右侧为倒车灯。

第三制动灯（高位制动灯）、集成在车外后视镜上的转向灯都采用了 LED 技术。

1）尾灯供电。尾灯分为两组 LED 灯，制动灯和转向灯。作为尾灯时，外圈供电电压约为电源电压的 15%，内圈供电电压约为电源电压的 10%，如图 6-31 所示。

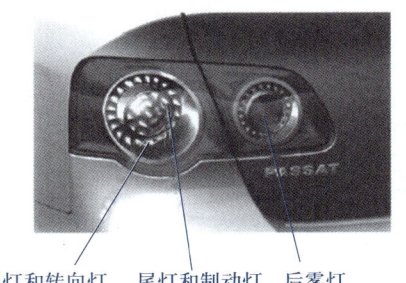

尾灯和转向灯　尾灯和制动灯　后雾灯

图 6-30　后组合灯

图 6-31　尾灯供电

2）制动灯供电。内圈 LED 灯用作制动灯时,供电电压为 100%。如果尾灯点亮并且车辆制动,J519 会将制动灯的供电电压由 10% 提高到 100%,如图 6-32 所示。

3）转向灯供电。外圈 LED 灯用作转向灯时,频率为 1.25Hz,可分为明和暗两个阶段。当尾灯点亮,同时需要开转向灯时,供电电压通过脉宽调制信号提供,最大有效电压为蓄电池电压,如图 6-33 所示。

图 6-32　制动灯供电

图 6-33　转向灯供电

4）后组合灯的控制。

① 作为驻车灯时,J519 向驻车灯提供具有一定占空比的脉冲供电电压,如图 6-34 所示。

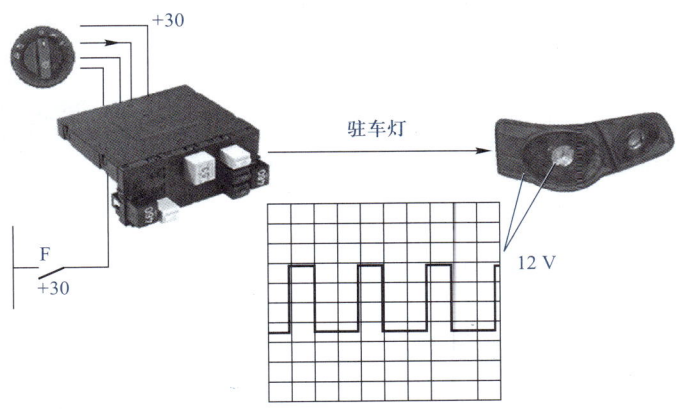

图 6-34　驻车灯控制

② 作为制动灯时,J519 向尾灯提供占空比为 100% 的脉冲供电电压,如图 6-35 所示。

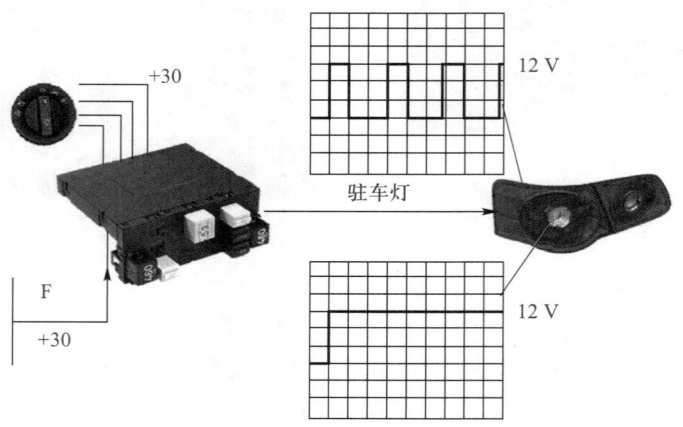

图 6-35　制动灯控制

4. 转向信号控制

转向灯的控制路径如图 6-36 所示。信号传递路线为,转向开关信号→J527→舒适 CAN 总线→J519→转向灯,J519 提供脉宽调制信号的闪烁频率为 1.25 Hz,不需要闪光继电器。

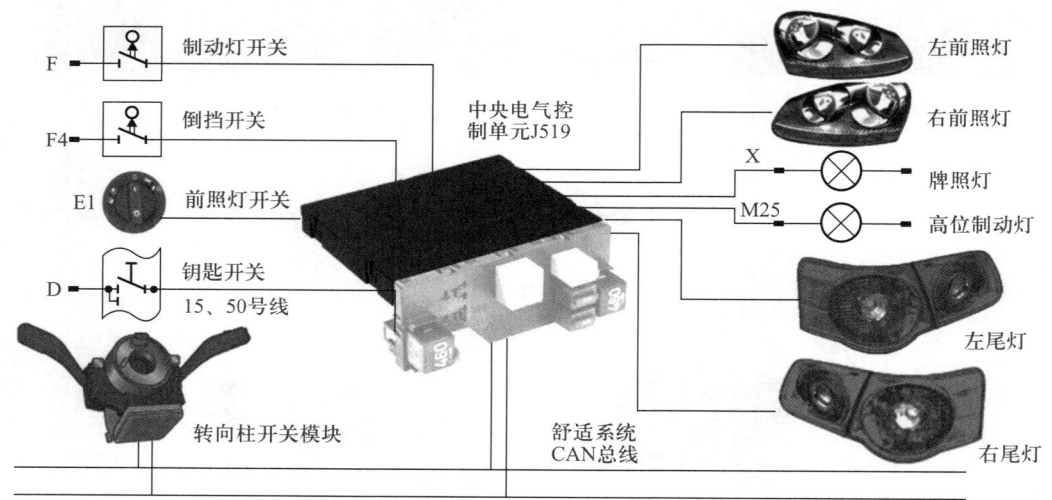

图 6-36　转向灯控制路径

6.7.2　前照灯照程自动调节

前照灯控制单元根据车辆的负载情况自动调节前照灯照程,控制单元采集安装于前、后轴车身高度传感器的信号来确定车辆的负载情况,然后命令电动机动作,使前照灯始终处于最佳照程,如图 6-37 所示。

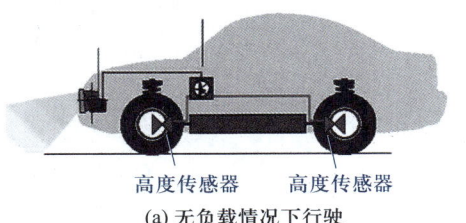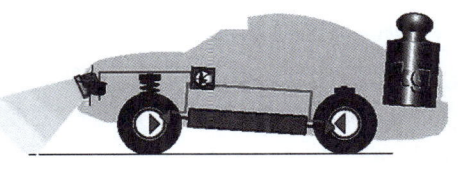

(a) 无负载情况下行驶　　　　　　　　　　　　(b) 有负载情况下行驶

图 6-37　根据负载变化调整前照灯的照程

　　传感器的工作原理为霍尔效应,霍尔传感器集成在转子上,转子处在均匀的磁场中,磁场在霍尔传感器中产生霍尔电压。该电压与磁通密度成正比,传动杆将车轴跳动传给传感器,当环行电磁铁随转子轴转动时,通过霍尔传感器的磁通密度发生变化,将跳动信号转换成与转角成比例的电信号。控制单元采集来自传感器前、后轴间的电压差经运算后控制前照灯照程。车身高度传感器如图 6-38 所示。车身高度传感器被设计成一种双腔室系统。在车身高度传感器一边(腔室 1)装备了转子,而在另一边(腔室 2),则装备了带有定子的电路板。转子和定子是分别安装的,因此它们可独立密封。转子包含了一根黏合了稀土磁铁的无磁性的不锈钢轴。稀土磁铁用于强磁场且要求磁铁尺寸极小的场合,转子通过操纵杆连接到连接杆上,操纵杆也用来驱动转子。转子安装在操纵杆内的轴密封环里面,这样能有效地保护机件不受其他零件的干扰。定子由一个霍尔传感器组成,并被安装在电路板上。电路板由 PU 块(聚氨酯)塑成,这样能保护其不受外部的干扰。图 6-39 所示为右前车身高度传感器 G289 的安装位置。

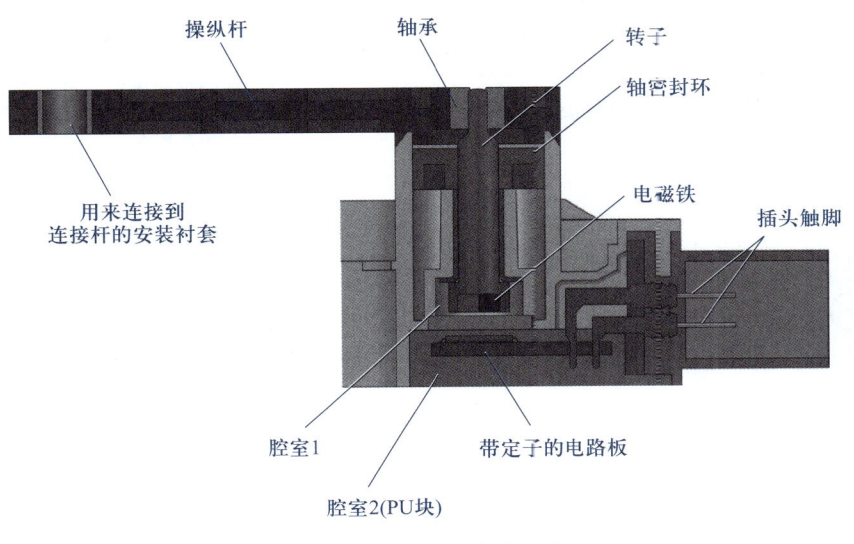

图 6-38　车身高度传感器

6.7.3 本田车系照明系统控制电路

图6-40所示为本田雅阁轿车灯光照明系统电路。灯光组合开关在Ⅰ挡时,可控制仪表灯、前小灯、尾灯、牌照灯和后位灯;灯光开关在Ⅱ挡时,上述灯具继续点亮的同时,灯光开关使前照灯继电器接通,前照灯近光灯工作。灯光开关中的前照灯变光开关可通过前照灯变光继电器控制远光灯的工作:灯光开关向上,前照灯变光继电器的磁化线圈通电,触点闭合,远光灯电路接通;灯光开关向下,远光灯电路断开。此外,远光灯还可通过灯光开关中的超车挡直接控制,可在超车时使用。

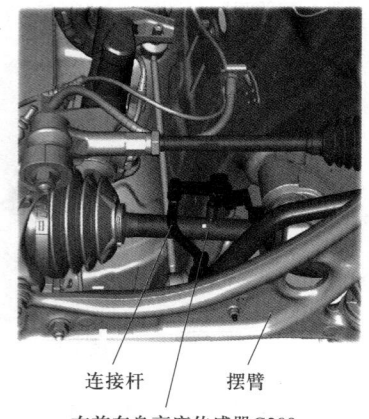

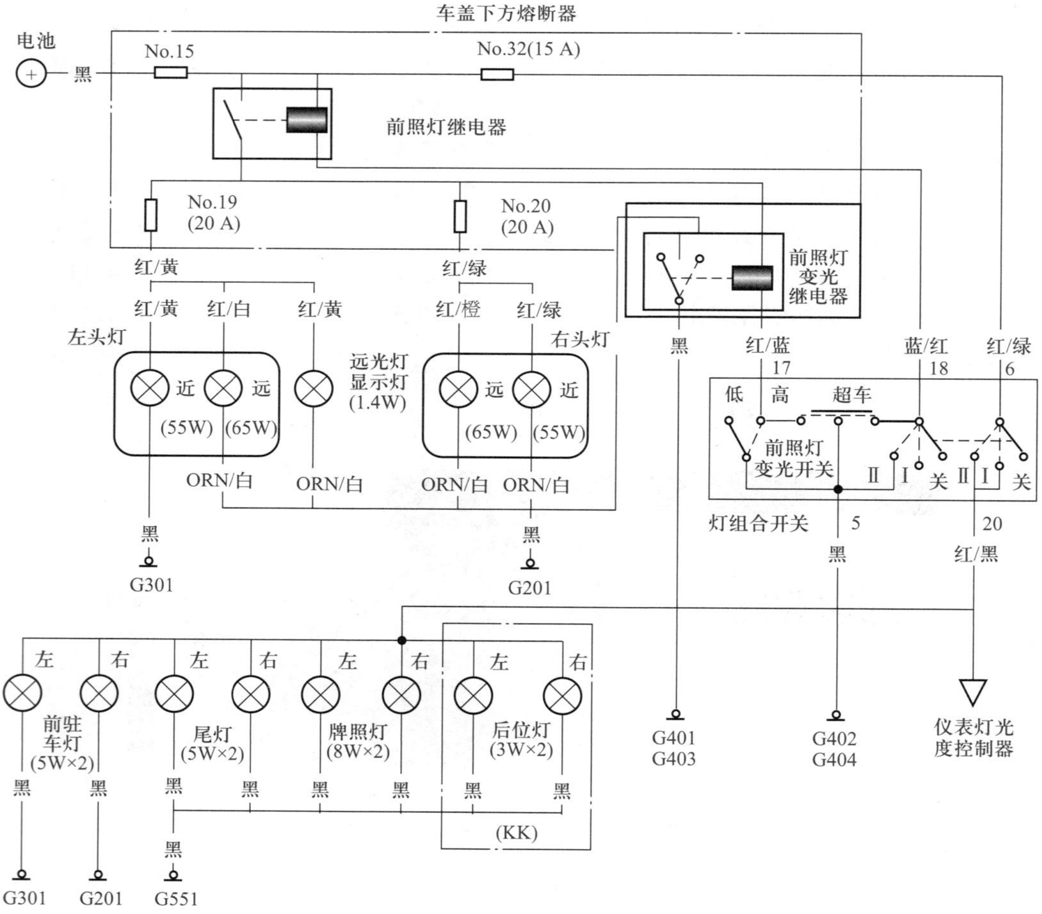

连接杆   摆臂

右前车身高度传感器G289

图6-39 右前车身高度传感器
G289 的安装位置

图6-40 本田雅阁轿车灯光照明系统电路

任务实施

任务一　前照灯远近光灯不全亮故障检修

【任务要求】

1. 通过该任务的实施,能够对前照灯照明系统进行拆装与调整,并掌握前照灯照明系统常见故障诊断与检测的步骤与方法。

2. 实施该任务应具有完成项目的车辆和该车辆的电路图等资料。

3. 实训设备及仪器:教学车辆、VAS5051B、金奔腾、X431、KT600、万用表等。

【任务指导】

一、前照灯远、近光灯不全亮

1. 故障现象

灯关开关处于2挡位置,用变光开关变换打开远、近光,只有远光灯或只有近光灯亮。

动画
转向灯控制
原理

2. 故障原因

1) 变光开关损坏。

2) 远、近光中的一个导线断路。

3) 双灯丝灯泡中某灯丝烧断。

3. 故障诊断与排除

这种故障出在变光开关→熔断器→灯丝的线路中。可先检查熔断器是否熔断。如熔断,更换新熔断器,如灯仍不亮,可直接在变光开关上连接电源接线柱与不亮的远光或近光接线柱进行试验。如灯变亮,则是变光开关损坏,更换变光开关即可;若不亮,则说明故障在变光开关往后的线路中,可用电源跨接法,直接在灯的插头上给远、近光灯供电,若灯亮,表明导线断路或插头接触不良,若灯仍不亮,则说明灯泡已损坏。

实训视频
灯光不亮故
障诊断

二、左、右前照灯的亮度不同

1. 故障现象

前照灯开关接通后,不论是远光还是近光,有一侧灯灯光暗淡。

2. 故障原因

1) 灯光暗淡一侧的双丝灯泡搭铁不良。

2) 灯光暗淡的一侧灯泡插头松动或锈蚀使接触电阻增大。

3) 灯光暗淡的一侧灯泡反射镜积有灰尘或氧化。

4) 左、右两侧灯泡的功率不同。

3. 故障诊断与排除

首先,检查左、右两侧灯泡的功率是否相同,可采用互换左、右灯泡的办法进行判断。在灯泡的功率相同的情况下,用一根导线,一端接车身,另一端和灯光暗淡的灯泡搭铁接柱相连,如恢复正常,则表明该灯搭铁不良。

若灯泡单丝发光微弱,常为连接该灯泡灯丝的插头松动或锈蚀使接触电阻过大所致。可用电源跨接法迅速判断故障部位。

灯泡搭铁不良时,灯光暗淡的灯泡其两根灯丝在不论接通远光还是近光时,都同时发出微弱灯光。若发现灯泡亮度正常,就不是灯泡搭铁不良故障,一般是前照灯反射镜有灰尘或氧化,可通过消除灰尘(用压缩空气吹净)或更换反射镜来排除故障。

实训视频
灯光检测手
势双人操作

【任务工单】

任课教师		时间	
班级		学生姓名	
项目	汽车照明与信号系统检修	学时	
任务	前照灯远近光灯不全亮故障检修	学习地点	
仪器与设备	捷达轿车、速腾轿车或迈腾 B8 轿车 VAS6150、万用表		
参考资料	1. 捷达轿车维修手册 1984 电路图 2. 迈腾轿车维修手册 Magotan B8L 2016 电路图 3. 速腾轿车维修手册 Sagitar_2009_电路图		
课前预习	1. 灯光控制原理 2. 灯光系统常见故障		
课堂学习	1. 下图为一般照明系统的工作电路图,试说明其工作特点 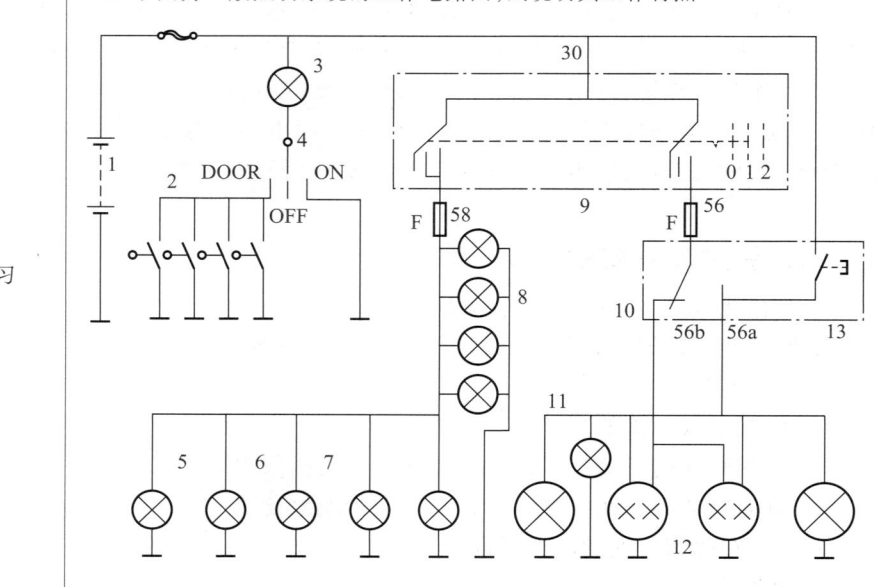		

续表

| 课堂学习 | 2. 下图为捷达轿车照明系统的部分电路,试在电踣图上用红笔标出左前大灯工作时通过的电流的流向,同时用其他颜色的笔标出远近光切换的工作电流的流向,并结合教具车找出故障的位置 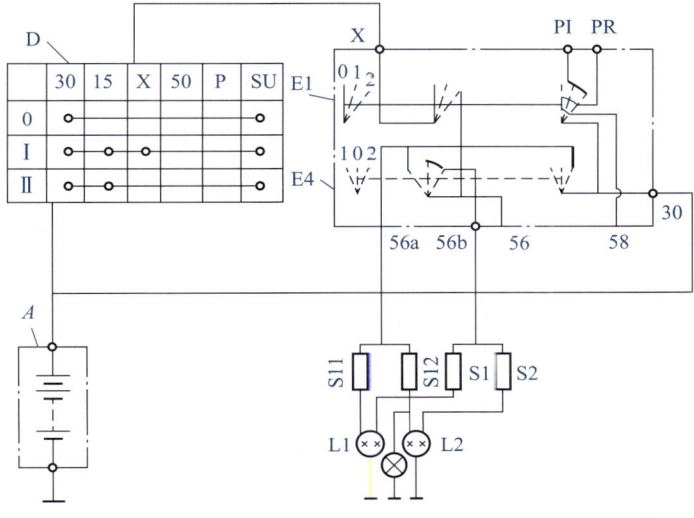 3. 请画出速腾、迈腾前照灯电路简图(保险、控制单元、开关) 4. 针对左前近光灯不亮故障,请分析列出可能的故障原因 (1)如何检查故障灯灯泡 (2)测量灯泡两点之间电压 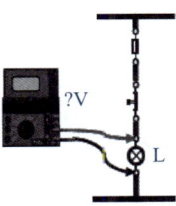 灯泡两点之间电压为(　　)V |

续表

课堂学习	（3）圈出电路图中故障线路需要测量的点位
	┌─────────────────────────┐

课堂学习

（3）圈出电路图中故障线路需要测量的点位

```
┌───────────────────────────────────┐
│              J519                 │
├──────┬──────┬──────┬──────────────┤
│ A/7  │ D/11 │ D/3  │    D/4       │


  58L    BLL    56a      56b
 T10i/10 T10i/9 T10i/8  T10i/6

  M1     M5     M30      M29
  ⊗      ⊗      ⊗        ⊗
```

若 M29 不亮，测量点是（　　　）和（　　　），并做好记录。灯泡的供电端子电位为（　　　）V；J519 的输出端电位为（　　　）V

指出电路中的故障线路，并进行测量。测得阻值为（　　　）欧姆

5.确定故障原因

总结与记录

任务二　转向信号灯不亮故障检修

【任务要求】

1.通过该任务的实施，能够对转向信号灯系统进行拆装与调整，并掌握转向信号灯系统常见故障诊断与检测的步骤与方法。

2.实施该任务应具有完成项目的车辆和该车辆的电路图等资料。

3.实训设备及仪器：教学车辆、VAS5051B、金奔腾、X431、KT600、万用表等。

【任务指导】

一、转向信号灯不工作

1.故障现象

打开点火开关（针对转向信号灯系统受点火开关控制的车辆），接通转向信号灯开关，转向信号灯都不亮。

2.故障原因

1）熔断器熔断、电源线路断路或转向信号灯系统中有地方短路。

2）闪光继电器损坏。

3）转向信号灯开关损坏。

3. 故障诊断与排除

1）检查熔断器是否熔断。若熔断器熔断，一般是转向信号灯系统中有搭铁故障，可在断路的熔断器两端串联一只试灯，再把转向信号灯开关的进线拆下，此时熔断器上串联的试灯亮着，则确认为熔断器至转向信号灯开关这一段中有搭铁故障，然后用断路法，在这一段线路中找出有搭铁故障部位；若在转向信号灯进线拆下后，试灯熄灭，则应接好拆下的导线后拨动转向信号灯开关，拨到哪一边试灯变暗，说明此边正常，拨到另一边试灯亮度不变，说明该侧有搭铁故障，进一步找出具体部位，排除故障。

2）若上述检查中熔断器未熔断，一般是线路中有断路故障，但应注意，有时某一边转向信号灯线路搭铁，闪光继电器烧坏，会造成看上去像是断路故障，实际是搭铁故障，故应首先跨接闪光继电器的两个接线柱，接通转向信号灯开关，此时如转向灯亮，说明闪光继电器损坏，应更换；若出现一边转向信号灯亮，而另一边不但不亮，而且当跨接上述两接线柱时，出现强火花，这表明不亮的一边转向灯线路中某处搭铁，以致烧坏闪光继电器，必须先排除搭铁故障，再换上新的闪光继电器。排除搭铁故障的方法是用一只试灯串联于闪光继电器两接线柱上，将转向信号灯开关拨至有搭铁故障的一边，再采用断路法找出搭铁部位。

若在跨接闪光器两接线柱，接通转向信号灯开关时，转向信号灯仍都不亮，接通危险警示灯开关，若此时转向灯全亮，则说明转向开关或转向开关到闪光器接线有故障；如果转向灯仍不亮，应按电路图重点检查线路故障。

二、转向信号灯闪光频率不正常

1. 故障现象

转向信号灯工作时，左、右转向信号灯的闪光频率不一致或闪光频率都不正常。

2. 故障原因

1）导线接触不良。

2）灯泡功率选用不当或某一侧有灯泡烧坏。

3）闪光器故障。

3. 故障诊断与排除

检查闪光器、转向信号灯开关接线柱上接线是否松动，灯泡功率是否与规定相符，左、右灯泡功率是否相同。若灯泡功率都符合规定，则应检查是否有灯泡烧坏。

若左、右转向信号闪光频率都高于或低于规定值，一般为闪光器故障，应更换新闪光器。

【任务工单】

任课教师		时间	
班级		学生姓名	
项目	汽车照明与信号系统检修	学时	
任务	转向信号灯不亮故障检修	学习地点	

续表

仪器与设备	捷达轿车、速腾轿车或迈腾 B8 轿车 VAS6150、万用表
参考资料	1. 捷达轿车维修手册 1984 电路图 2. 迈腾轿车维修手册 Magotan B8L 2016 电路图 3. 速腾轿车维修手册 Sagitar_2009_电路图
课前预习	1. 转向系统工作原理 2. 喇叭工作原理 3. 制动系统工作原理
课堂学习	1. 下图为转向系统的工作原理图,试分析其工作过程 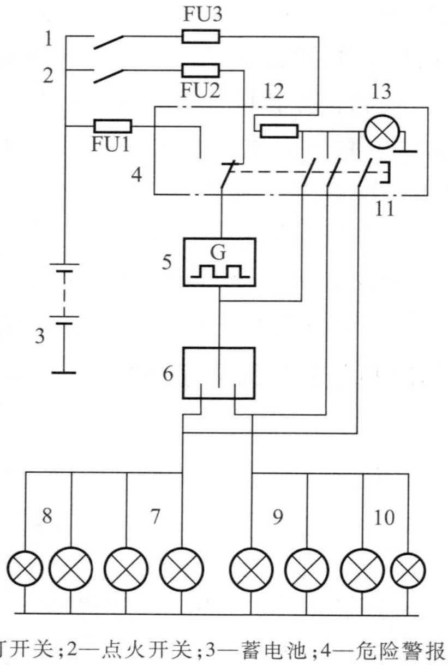 1—照明灯开关;2—点火开关;3—蓄电池;4—危险警报灯开关; 5—转向闪光继电器;6—转向灯开关;7—左转向信号灯; 8 左转向指示灯;9—右转向信号灯,10—右转向指示灯; 11—危险警报灯开关;12—降压电阻;13—危险警报指示灯 2. 下图是捷达轿车转向系统的部分电路,试在电路图上用红笔标出转向系统工作过程

课堂学习

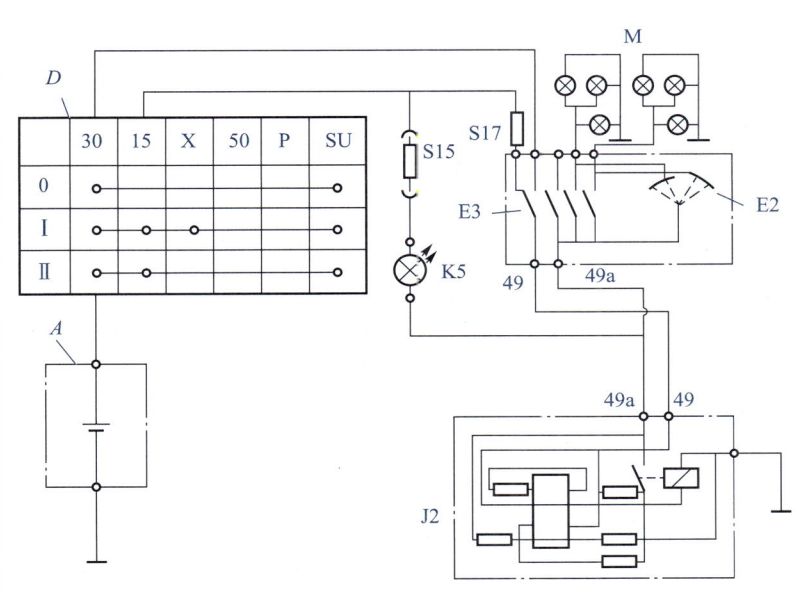

A—蓄电池;D—点火开关;S15、S17—熔断器;M—转向灯泡;
K5—转向指示灯;E3—危险警报灯开关;E2—转向灯开关;J2—闪光器

3.请画出速腾、迈腾转向系统电路简图(电源、保险、网络、控制单元、开关)

总结与记录

习题

一、选择题

1.前照灯的近光灯丝位于(   )。

A.焦点上方   B.焦点上   C.焦点下方

2. 牌照灯要求夜间认清牌照上号码的距离为( )。

A. 10 m B. 20 m C. 30 m

3. 工作灯灯光的颜色为( )。

A. 红色 B. 黄色 C. 白色

4. 前照灯的远光灯功率一般为( )。

A. 20~30 W B. 31~40 W C. 45~60 W

5. 转向信号灯闪光频率一般为( )。

A. 65~120 次/min B. 45~60 次/min C. 125~145 次/min

6. 转向信号灯的最佳闪光频率应为( )。

A. 40~60 次/min B. 70~90 次/min C. 100~120 次/min

7. 制动灯要求其灯光在夜间能明显指示( )。

A. 30 m 以外 B. 60 m 以外 C. 100 m 以外

8. 制动灯灯光的颜色应为( )。

A. 红色 B.黄色 C.白色

二、判断题 (正确打 "√" ,错误打 "×")

( )1. 反射镜的作用是将灯泡的光线聚合并导向前方。

( )2. 有些现代汽车前照灯照明距离已达到 200~250 m。

( )3. 卤钨灯泡内的工作气压比其他灯泡高得多。

( )4. 转向信号灯的灯泡功率一般不小于 20 W。

( )5. 转向信号灯的闪光信号要求行人和车辆在距车辆 35 m 以外能看清楚。

( )6. 汽车上除照明灯外,还有用以指示其他车辆或行人的灯光信号标志,这些灯称为信号灯。

( )7. 汽车上安装喇叭继电器可以防止喇叭触点烧蚀。

三、简答题

1. 对前照灯的基本要求是什么? 前照灯的反射镜、配光镜及配光屏各有何作用?

2. 试述前照灯自动点亮系统的工作原理。

3. 试述电磁振动式电喇叭的工作过程和音量、音调的调整方法。

项目七　汽车仪表与警报系统检修

任务目标

1. 知识目标

（1）掌握汽车仪表系统的结构与工作原理。

（2）掌握汽车警报系统的结构与工作原理。

2. 技能目标

（1）能够拆卸、安装、调整车辆组合仪表。

（2）能够根据汽车电路图排除仪表控制电路的故障。

3. 素养目标

（1）具有良好的团队合作精神。

（2）具有吃苦耐劳的劳动精神。

（3）具有严谨、规范、精益求精的工匠精神。

任务描述

汽车仪表与警报系统经常出现的故障是仪表指针不动，警报灯常亮等，通过本任务的学习，能够掌握汽车各种仪表及警报装置的工作原理，了解各种仪表及警报装置的基本结构和电子显示系统的组成。

学习单元 7.1　汽车仪表系统的构造及工作原理

7.1.1　汽车仪表概况

1. 汽车仪表的作用

为了使驾驶人随时掌握车辆的各种工作状况，保证行车安全，并及时发现和排除车辆存在的故障，现代汽车上都安装有多种监控仪表和警报信息装置，这些装置一般都集成在汽车仪表上形成仪表总成。汽车仪表是车辆和驾驶人进行信息沟通的最重要、最直接的人机界面。

2. 汽车仪表的分类

传统汽车仪表按工作原理可分为机械式仪表、电气电子式仪表。随着电子技术的发展又出现了数字化电子仪表，相对于传统式仪表具有集成度和精确度高、信息含量大、可靠性好及显示模式自由等优点。

汽车仪表按安装方式可分为分装仪表和组合仪表两种。分装仪表的各仪表单独安装，这在早期汽车以及赛车上比较常见。

组合仪表是将各种仪表在设计时就组合在一起，结构紧凑，便于安装。现代汽车最常用的是组合仪表。组合仪表又分为可拆式和整体不可拆式两种。可拆式组合仪表由仪表和仪表指示灯等部件组成，如果损坏可以单独更换。而整体不可拆式组合仪表，若部件损坏就要更换总成，代价较高。

现代轿车的仪表总成一般分成两部分,一般是指方向盘前的主仪表板和驾驶人旁通道上的副仪表板以及仪表罩构成的平台。主仪表板上一般集中了全车的监控仪表,如车速表、发动机转速表、油压表、冷却液温度表、燃油表等。有些仪表还设有变速挡位指示、时钟、环境温度、路面倾斜度和海拔表等。按照当前流行的仪表设计款式,一般将空调、音响、导航、娱乐等设备的显示和控制部件安装在副仪表板上,以方便驾驶者的操作,同时也显得整车布局紧凑、合理,图7-1所示为奥迪A6L轿车主、副仪表板的布局形式。

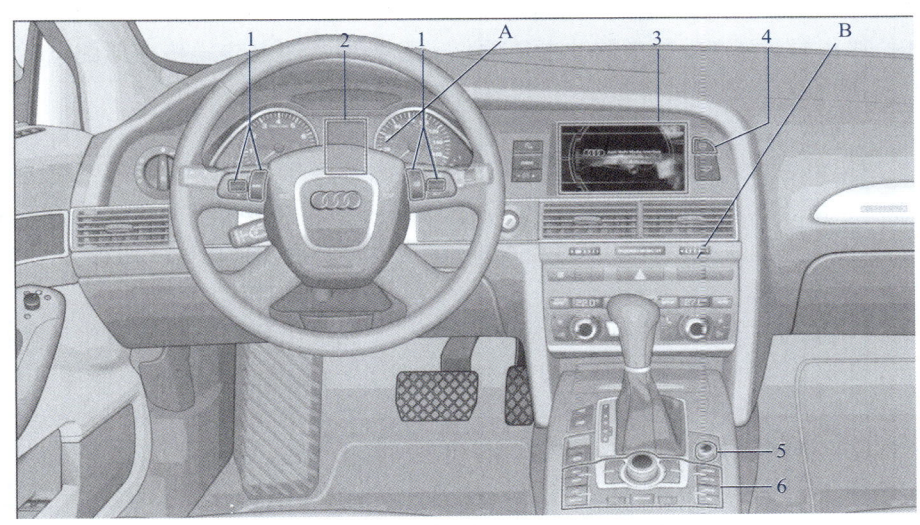

图 7-1　奥迪 A6L 轿车主、副仪表板的布局形式

1—多功能转向盘;2—组合仪表显示屏(驾驶人信息系统);3—MMI 显示屏;
4—MMI 显示屏伸出和缩进的按钮;5—打开和关闭 MMI 按钮;6—MMI 终端(操作单元);
A—主仪表板;B—副仪表板

汽车仪表装在仪表台上最便于驾驶人观察的位置,并且以最清晰、直观、简便的方式来显示信息。主仪表板上最醒目的位置都是用来指示车辆最基本也最重要的工况信息,同时也用其他指示形式来指示一些次要信息。一般,汽车仪表都具备最基本最重要的如车速、里程、发动机转速、冷却液温度、燃油量等信息的指示功能,以及发动机电控、灯光、电源、安全、润滑、制动等系统相关工况信息的指示及报警功能。

微课
报警灯的分类与作用

7.1.2　传统式仪表

1. 组成

传统式仪表包括燃油表、冷却液温度表和机油压力表(油压表)。上述仪表由指示表和相应的传感器组成。

指示表在原理上分为电热式(双金属片式)、电磁式、动磁式。

传感器可分为电热式和可变电阻式,可变电阻式又分为滑线变阻器式和热敏电阻式。电热式传感器提供的是断续的脉冲电流信号,而可变电阻式传感器提供的是连续变化的电流信号。将上述类型指示表和传感器组合在一起,就产生了 4 种不同形式的仪表,具体如下。

1)电热式指示表+电热式传感器。

2)电磁式指示表+可变电阻式传感器。

3)电热式指示表+可变电阻式传感器。

4)电磁式指示表+电热式传感器。

其中,前 3 种组合形式的仪表在汽车上得到广泛的应用,如常见的燃油表、冷却液温度表和机油压力表。电热式指示表需要断续的脉冲电流,当搭配可变电阻式传感器时,往往配有可产生断续脉冲电压的仪表稳压器。因电热式传感器配电磁式指示表会因断续电流造成指针指示不稳,故这种形式没有被广泛应用。

2. 机油压力表

机油压力表用来指示发动机机油压力的大小,以便了解发动机润滑系统工作是否正常。它由装在发动机主油道上的机油压力传感器和仪表板上的机油压力指示表组成。常用的机油压力表有双金属片式(电热式或热偶片式)、电磁式两种。

(1)工作原理

热偶片是两片膨胀系数相差很大的金属片,一般使用黄铜与弹簧钢相重叠在一起制成,如图 7-2 所示,将膨胀率极小的弹簧钢置于上侧,膨胀率大的黄铜置于下侧,当加热后,尾端即向上弯,热偶片的弯曲量 A 与温度的变化成正比。热偶片若只用一片,则热偶片会因外界温度的变化而弯曲,使表的指示失准,如图 7-3(a)所示。为避免表的指示受外界温度的影响,使用两片热偶片成“U”字形,如图 7-3(b)所示,如此当外界温度变化时,固定端与自由端的弯曲量相同,因外界温度变动所产生的弯曲量相互抵消,因此表的指针不会因温度变动而发生指示误差,这就是热偶片的温度补偿原理。

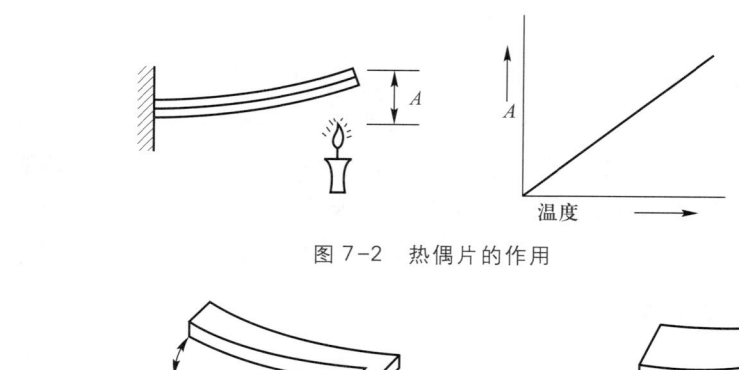

图 7-2 热偶片的作用

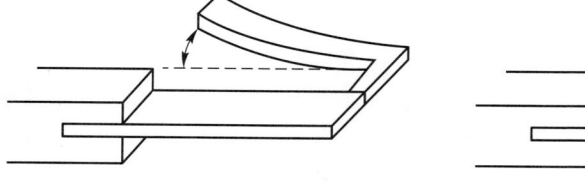

(a)仅一片热偶　　　　　　　　　(b)两片均为热偶

图 7-3 热偶片的温度补偿

（2）工作过程

图 7-4 所示为双金属片式机油压力表的结构。机油压力表传感器内部装有弹性膜片 2，膜片下的内腔 1 与发动机主油道相通，机油压力可直接作用在膜片上，膜片的上面顶着弓形弹簧片 3，弹簧片的一端与外壳固定搭铁，另一端的触点与双金属片 4 端部触点接触，双金属片上绕有电热线圈，校正电阻 8 与双金属片 4 上的线圈并联。

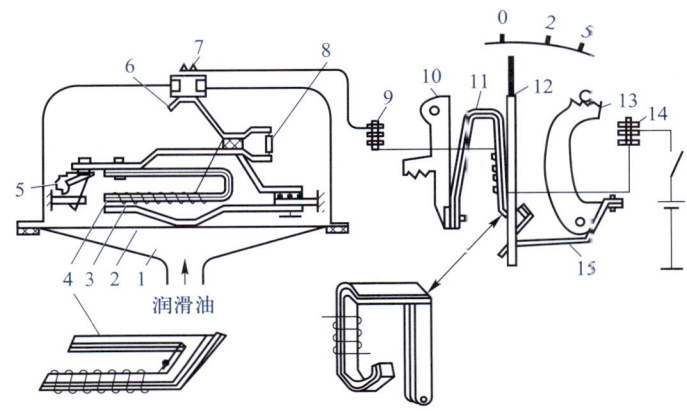

图 7-4　双金属片式机油压力表的结构

1—油腔；2—膜片；3、15—弹簧片；4—传感器双金属片；5—调节齿轮；
6—接触片；7—传感器接线柱；8—校正电阻；9、14—指示表接线柱；
10、13—调节齿扇；11—指示表双金属片；12—指针

机油压力指示表内装有特殊形状的双金属片 11，它的直臂末端固定在调节齿扇 10 上，另一钩形悬臂端部与指针 12 相连，其上也绕有电热线圈，线圈的两头构成指示表的两个接线柱。

当电源开关接通时，电流由蓄电池正极→电源开关→接线柱 14→指示表双金属片 11 的电热线圈→接线柱 9→接触片 6→分两路，一路流经传感器双金属片 4 的电热线圈（另一路流经校正电阻 8→双金属片 4）→双金属片 4 的触点→弹簧片 3→搭铁→蓄电池负极构成回路。由于电流流过双金属片 4 和 11 上的电热线圈，使双金属片受热变形。双金属片是用两种膨胀系数不同的金属制成，受热时，膨胀系数大的一面向膨胀系数小的一面弯曲。当电路中有电流通过时，绕在双金属片上的线圈产生热量，造成传感器双金属片受热弯曲，使触点断开，切断电路；而指示表双金属片受热弯曲，使指针偏转，指示机油压力的大小。

当机油压力很低时，膜片 2 几乎没有变形，这时作用在触点上的压力甚小。当电流流过而温度略有上升时，双金属片 4 就受热弯曲，使触点分开，切断电路并停止产生热量，一段时间后，双金属片冷却伸直，触点又闭合，电路又被接通。因此触点闭合时间短，而打开时间长，通过指示表电热线圈的平均电流值小，使指示表双金属片 11 因温度较低而弯曲程度小，指针 12 偏转角度很小，即指示出较低的油压。

当机油压力升高时，膜片 2 向上拱曲增大，加在触点上的压力增大，双金属片 4 需要在较高温度下，即其上电热线圈通过较大电流、较长时间后，才能弯曲，使触点分

开,而触点分开后稍加冷却就会很快闭合,因此触点打开时间短,而闭合时间长,通过指示表电热线圈的平均电流值大,指针 12 偏转增大,指示出较高的油压。

为使机油压力的指示值不受外界温度的影响,双金属片 4 制成 U 形,其上绕有电热线圈的一边称为工作臂,另一边称为补偿臂。当外界温度变化时,工作臂的附加变形被补偿臂的相应变形所补偿,使指示表的读数不变。在安装传感器时,必须使传感器壳体上的箭头向上,不应偏±30°位置,这样可保证工作臂位于补偿臂之上,使工作臂产生的热气上升时,不致影响补偿臂,造成读数误差。

微课
冷却液温度
表的原理

3. 冷却液温度表

冷却液温度表用来指示发动机内部冷却液温度。它由装在气缸盖水套中的温度传感器和装在仪表板上的指示表组成。其型式有双金属片式和电磁式两种。由于双金属片式冷却液温度表的结构和原理与双金属片式机油压力表基本相同,下面主要介绍电磁式冷却液温度表。

图 7-5(a)所示为电磁式冷却液温度表的结构原理图。它主要由热敏电阻式冷却液温度传感器和电磁式冷却液温度表组成。传感器中装有负温度系数热敏电阻,其电阻值会随冷却液温度升高而减小。当电源开关接通时,电流由蓄电池正极→电源开关分两路:一路经 L_1→搭铁→蓄电池负极,构成回路。另一路经线圈 L_2→经热敏电阻搭铁→蓄电池负极,构成回路,其等效电路如图 7-5(b)所示。

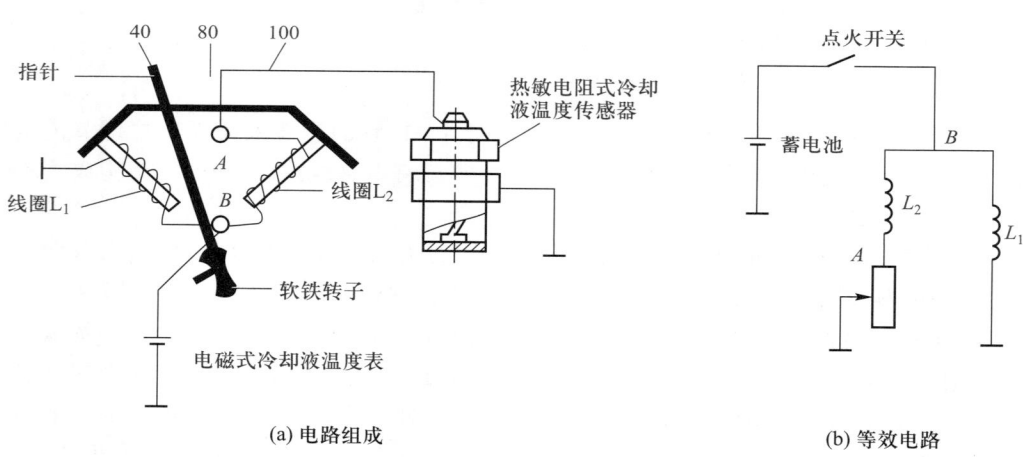

(a) 电路组成　　　　　　　　　　　　(b) 等效电路

图 7-5　电磁式冷却液温度表

这时线圈 L_1、L_2 各形成一个磁场,同时作用于软铁转子,软铁转子便在合成磁场的作用下转动,使指针指在某一刻度上。

当冷却液温度降低时,传感器热敏电阻阻值增大,线圈 L_2 中电流变小,合成磁场主要取决于线圈 L_1,使指针指在低温处;反之,当冷却液温度升高时,传感器热敏电阻阻值减小,线圈 L_2 中电流增大,磁场增强,合成磁场偏移,使指针指在高温处。

检查电磁式温度传感器和冷却液温度指示表时,可拆下传感器上的接线,测量传感器输入端与搭铁之间的电阻,若室温下热敏电阻的阻值为 100 Ω 左右,则表明传感器良好;另用一阻值为 80~100 Ω 的电阻代替传感器直接搭铁,当接通电源时,如果冷却液温度指示表的表针指在 60~70 ℃ 之间,则表明冷却液温度指示表良好。

4. 燃油表(油量表)

燃油表用来指示燃油箱内燃油的储存量。它由装在燃油箱内的传感器和装在仪表板上的燃油指示表组成。燃油指示表有电磁式、动磁式和双金属片式,近年来还出现了新型的电子燃油表,传感器均为可变电阻式。由于电磁式和双金属片式指示表的结构与原理与前述仪表基本相同,下面主要介绍动磁式和电子燃油表。

(1)动磁式燃油表

图 7-6 所示为动磁式燃油表的结构原理图,它的两个线圈互相垂直地绕在一个矩形塑料架上,塑料套筒轴承和金属轴穿过交叉线圈,金属轴上装有永久磁铁转子,转子上连有指针。可变电阻式传感器由滑片电阻和浮子组成。

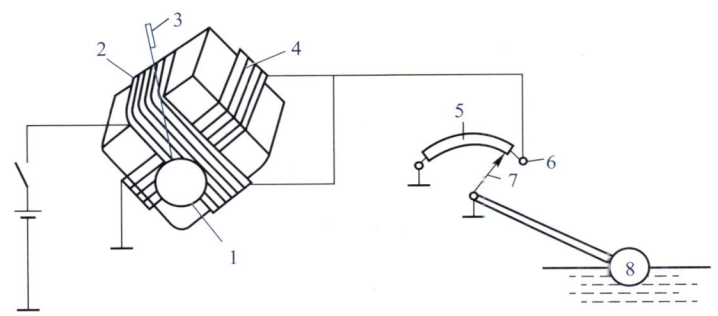

图 7-6　动磁式燃油表

1—永久磁铁转子;2—左线圈;3—指针;4—右线圈;5—可变电阻;
6—接线柱;7—滑片;8—浮子

当接通电源开关后,燃油表中的电流回路是:蓄电池正极→电源开关→左线圈 2→分两路,一路经右线圈 4(另一路经接线柱 6→可变电阻 5→滑片 7)→搭铁→蓄电池正极。

当油箱无油时,浮子 8 下沉,可变电阻 5 上的滑片 7 移至最右端,可变电阻 5 和右线圈 4 均被短路,永久磁铁转子 1 在左线圈磁力作用下向左偏转,带动指针 4 指示油位为"0"。随着油量的增加,浮子上升,可变电阻部分接入,使左线圈 2 中的电流相对减小,右线圈中的电流相对增大,永久磁铁转子在合成磁场作用下转动,使指针向右偏转,指示出与油箱油量相应的标度。

动磁式燃油表的优点是当电源电压波动时,通过左、右两线圈的电流成比例增减,使指示值不受影响;又因为线圈中没有铁心,所以没有磁滞现象,指示误差小。

(2)电子燃油表

图 7-7 所示为电子燃油表电路图,其传感器仍采用浮子式可变电阻传感器。R_x 是传感器的可变电阻,油箱无油时,其电阻值约为 100 Ω,满油时约为 5 Ω。电阻 R_{15} 和二极管 VD_8 组成稳压电路,其稳定电压作为电路的标准电压,通过 $R_8 \sim R_{14}$ 接到由集成电路 IC_1 和 IC_2 组成的电压比较器的反向输入端;传感器的可变电阻 R_x 由 A 端输出电压信号,经电容器 C 和电阻 R_{16} 组成的缓冲器后,接到电压比较器的同向输入端,电压比较器将此电压信号与反向输入端的标准电压进行比较、放大,然后控制各

自对应的发光二极管,以显示油箱内燃油量的多少。

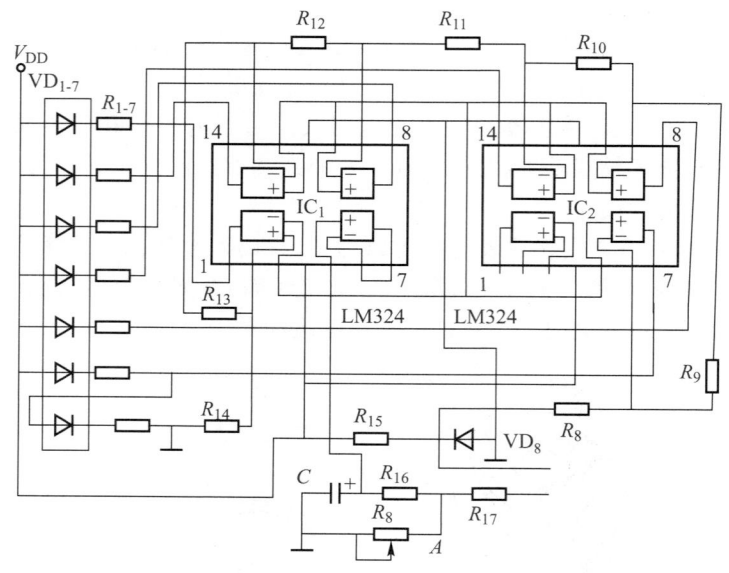

图 7-7 电子燃油表电路图

当油箱内燃油加满时,传感器可变电阻 R_x 阻值最小,A 点电位最低,各电压比较器输出为低电平,此时,六只绿色发光二极管 VD_2 ~ VD_7 全部点亮,而红色二极管 VD_1 因其正极电位变低而熄灭,这表示油箱已满。随着汽车的运行,油箱内的燃油量逐渐减少,绿色发光二极管按 VD_7、VD_6、VD_5……VD_2 依次熄灭。燃油量越少,绿色发光二极管亮的个数越少。当油箱内燃油用完时,R_x 的阻值最大,A 点电位最高,集成块 IC_2 第 5 脚电位高于第 6 脚的标准电位,第 7 脚可输出高电位,此时红色发光二极管亮,其余六只绿色发光二极管全部熄灭,表示燃油量过少,必须给油箱补加燃油。

5. 电流表

电流表串接在蓄电池充电电路中,主要用来指示蓄电池充、放电电流值,同时还可通过它检视电源系统的工作是否正常。电流表通常为双向工作方式,表盘中间的示值为"0",两侧分别标有"+""−"标记,其最大读数为 20 或 30。当发电机向蓄电池充电时,示值为"+",蓄电池向用电设备放电时,示值为"−"。汽车上使用的电流表分为电磁式和动磁式两种。其工作原理基本相似。

图 7-8 所示为电磁式电流表的结构原理图。条形永久磁铁 6 两端分别与黄铜片 4 固定连接,再用螺栓将黄铜片固定在绝缘底板上,两个螺栓即形成电流表的两接线柱。永久磁铁内侧转轴上装有带指针 2 的软钢转子 5。当电

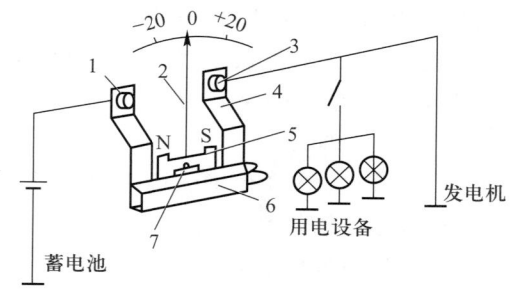

图 7-8 电磁式电流表的结构原理图
1、3—接线柱;2—指针;4—黄铜片;
5—软钢转子;6—永久磁铁;7—转轴

流表中无电流通过时，软钢转子 5 在永久磁铁 6 的作用下被磁化，由于磁场方向相反，使指针 2 停在中间"0"标度上。当蓄电池放电时，放电电流通过黄铜片产生的环形磁场垂直于永久磁铁的磁场，形成逆时针偏转的合成磁场，吸动软钢转子也逆时针偏转，使指针指向表盘的"−"侧标度值。放电电流越大，合成磁场越强，偏转角度越大，指针指示读数越大。当发电机向蓄电池充电时，流过黄铜片的电流方向相反，磁场也反向，合成磁场顺时针偏转，指针指向"+"侧。

电流表的接线原则：① 电流表应与蓄电池串接，由于汽车为负极搭铁，蓄电池的负极也搭铁，故电流表的负极必须与蓄电池的正极相连接；② 电流表只允许通过较小电流。一般，对点火系、仪表等长时间连续工作的小电流可通过电流表；而对短时间断续用电设备的大电流，如起动机、转向灯、电喇叭等均不通过电流表。

6. 发动机转速表

发动机转速表用来指示发动机运转速度。常用的有机械式和电子式两种。由于电子式转速表具有结构简单、指示准确、安装方便等优点，因此被广泛应用。

图 7-9 所示为汽油机用的电容放电式转速表电路图。当初级电路导通时，晶体管 VT 截止，电容 C_2 被充电，电流流向为：蓄电池正极→点火开关→电阻 R_3→电容 C_2→二极管 VD_2→蓄电池负极。

当初级电路截止时，晶体管 VT 导通，电容器 C_2 放电，放电电流通过晶体管 VT→电流表→二极管 VD_1。

当发动机工作时，点火系统初级电路不断地导通与截止，电容 C_2 不断地充放电。因为初级电路通断的次数与发动机转速成正比，所以电流表中电流平均值与发动机转速成正比，从而可用电流平均值标定发动机的转速。

7. 车速里程表

车速里程表是用来指示汽车的行驶速度和行驶里程的仪表，由车速表和里程表组成。常见的车速里程表有磁感应式和电子式两种，以下以电子式车速里程表为例予以说明。电子式车速里程表的工作系统主要由车速传感器、电子电路、车速表和里程表四部分组成。图 7-10 所示为奥迪 100 轿车的电子式车速传感器。

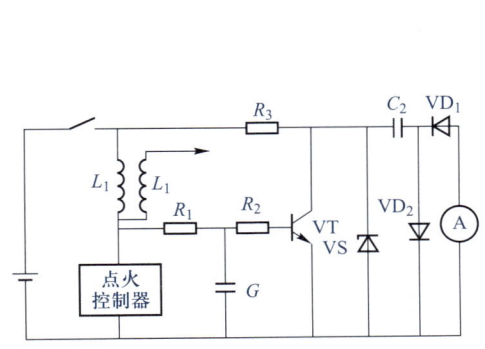

图 7-9　电容放电式转速表电路图

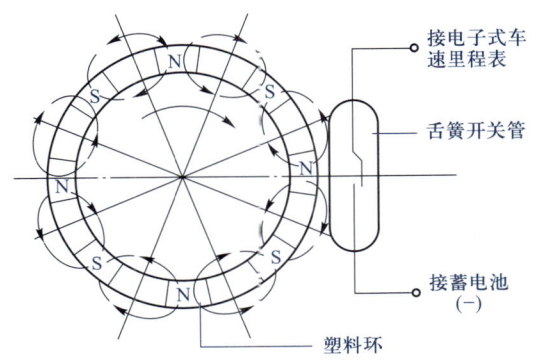

图 7-10　奥迪 100 轿车车速传感器

1）车速传感器。车速传感器作用是产生正比于车速的电信号。它由一个舌簧开关和一个含有 4 对磁极的转子组成。变速器驱动转子旋转，转子每转一周，舌簧开关中的触点闭合、打开 8 次，产生 8 个脉冲信号，该脉冲信号频率与车速成正比。

2）电子电路。电子电路作用是将车速传感器送来的电信号整形、触发，输出一个电流大小与车速成正比的电流信号。其基本组成主要包括稳压电路、单稳态触发电路、恒流源驱动电路、64 分频电路和功率放大电路。

3）车速表。车速表是一个电磁式电流表，当汽车以不同车速行驶时，从电子电路接线端 6 输出的与车速成正比的电流信号驱动车速表指针偏转，即可指示相应的车速（图 7-11）。

4）里程表。如图 7-11（a）所示，里程表由一个步进电动机和六位数字的十进位数字轮组成。车速传感器输出的信号，经六四分频后，再经功率放大器放大到足够的功率，驱动步进电动机，带动数字轮转动，如图 7-11（b）所示，从而记录行驶的里程。

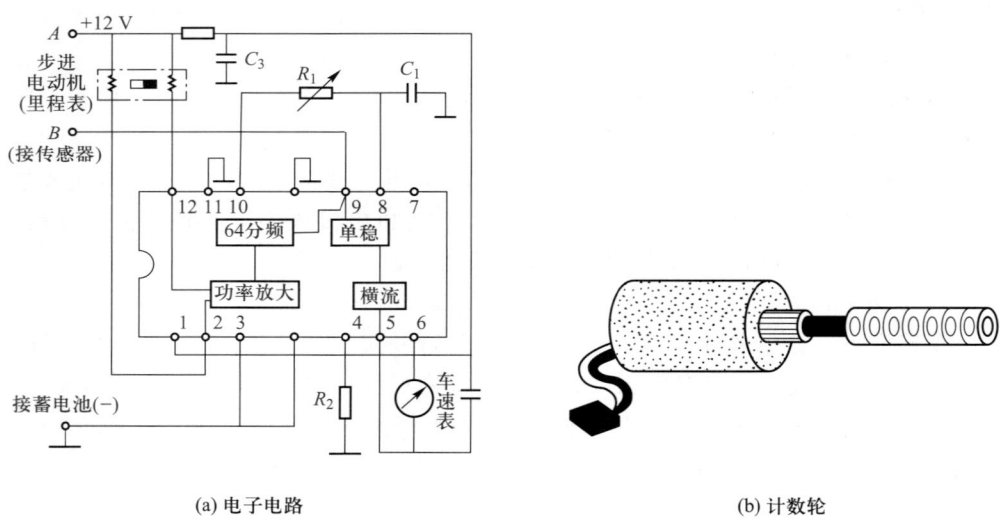

(a) 电子电路　　　　　　　　　　　　　　　　(b) 计数轮

图 7-11 奥迪 100 轿车电子式车速里程表电子电路

随着车载网络技术的发展，电子仪表结构和方式也发生改变，如图 7-12 所示。

其中，J104 为 ABS 控制单元将车速传感器信号传到总线上，仪表控制单元（J285）从总线上接收到车速传感器信号后驱动相应的步进电动机，驱动相应表针或相应计数转轮。

8. 仪表稳压器

双金属片式冷却液温度表和燃油表配用可变电阻式传感器时，应在电路中串入仪表稳压器，其作用是当电源电压变化时稳定仪表平均电压，避免仪表的指示误差。仪表稳压器常见有电热式和电子式两类。

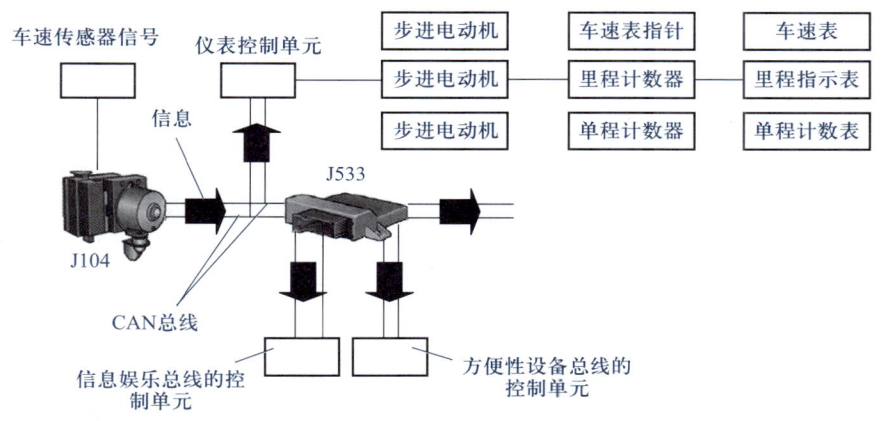

图 7-12　电子仪表的驱动方式

J104—ABS 控制单元；J533—网关

（1）电热式仪表稳压器

电热式仪表稳压器的结构如图 7-13 所示，它由双金属片、一对常闭触点、电热线圈、座板和外壳等组成。电热线圈一端搭铁，另一端焊在双金属片上。双金属片的一端用铆钉固定，另一端铆有活动触点。固定触点铆在调节片上，调节片的一端也用铆钉固定并与电源接线柱相连。两触点之间的压力可通过调节螺钉调整。

仪表稳压器的原理如图 7-14 所示，当电源电压偏高时，电热线圈中的电流增大，产生热量大，使触点在较短的时间里断开，断开的触点又需较长时间冷却才能重新闭合，于是触点闭合时间短，断开时间长，从而将偏高的电源电压降低为某一输出电压平均值。若电源电压偏低时，电热线圈中的电流减小，产生热量少，使触点断开时间短而闭合时间长，从而将偏低的电源电压提高到同一输出电压平均值。

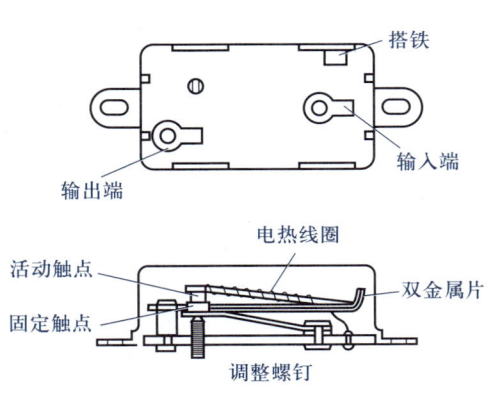

图 7-13　电热式仪表稳压器结构

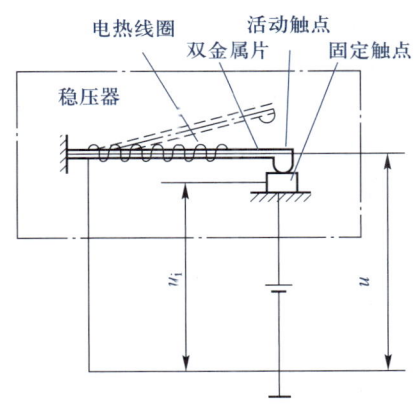

图 7-14　电热式仪表稳压器原理

电热式仪表稳压器工作时的电压波形如图 7-15 所示。

电热式仪表稳压器在使用中应注意以下几点：

1）仪表稳压器安装时,两接线柱的接线不得接错。

2）凡使用仪表稳压器的燃油表及冷却液温度表,不允许直接与电源相接,否则会烧坏仪表。

（2）电子式仪表稳压器

采用三端集成稳压器可简化仪表结构,降低仪表成本,提高稳压精度,延长仪表寿命。

桑塔纳、奥迪轿车仪表板采用了专用的三端式电子稳压器,如图 7-16 所示。图中 A 脚为输出脚,⊥脚为搭铁,E 为电源输入端。该稳压器输出电压为 9.5~10.5 V。

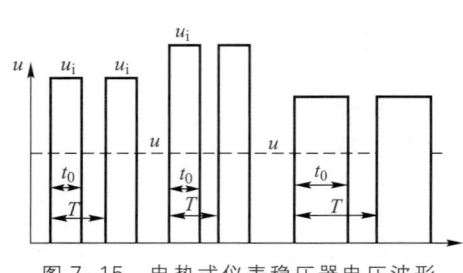

图 7-15 电热式仪表稳压器电压波形

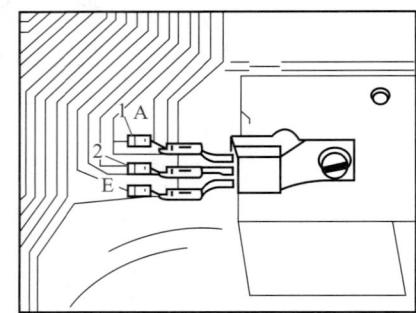

图 7-16 电子式仪表稳压器

7.1.3 数字式仪表

数字式电子仪表板应用数字显示、字母数字混合显示、曲线图和柱状图表等形式向驾驶员发出汽车各种工作状态的信号和故障警告信号。不论采用何种显示形式,其结构基本相同。

1. 数字式电子仪表板的多路复用传输

数字电子仪表板需要很多导电接头向光柱或光点供电。7 笔画字形显示需要 7 个电接头来形成 1 位数字,车速显示需要 3 位数,因此需要 21 个电接头和 21 根缆线,同时还需用 1 个搭铁接头。为降低成本、节省空间,电子仪表板采用了多路复用传输,即几个数字采用独立的搭铁接头,3 位数字共用 7 位电接头。仪表板启动后,电流在各位数字间快速扫描,并通过独立的搭铁接头形成回路,虽然每次仅有 1 个数字发亮,因为每个笔画每秒都要开关数千次,加上人眼具有暂留图像的特点,因此看到的还是连续发亮而不是闪烁的数字和图像,如图 7-17 所示。

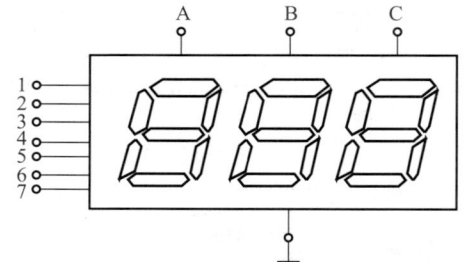

图 7-17 7 笔画显示的多路复用传输

2. 信息选送

汽车一旦起动,发动机转速、温度、燃油液位等多种信息同时传输给计算机进行处理。由于传输信息项目多,需要采用多路传输技术(总线把各种不同信号分开),因此采用多路传输(总线)信号转换开关选择信号源。

信息经计算机处理后,还需要 1 个与其能正确配合的开关,以把信号适时传输给相应的显示装置,为此采用了信号分离开关。

安装在数字电子仪表板上的计算机在同一时刻能处理一项信息,而传输给它的信息量大且数目多。为解决这一问题,设计人员根据各项信息的快慢,如冷却液温度变化慢、发动机转速变化快的特点,计算出不同信息源开关接通的时间,即确定对某一信号源在一段时间内选送信息的次数,再根据项目数据的多少,编出相应的控制电路,以实现上述控制功能。图 7-18 所示为用多路传输信号转换开关进行信息传输的示意图。

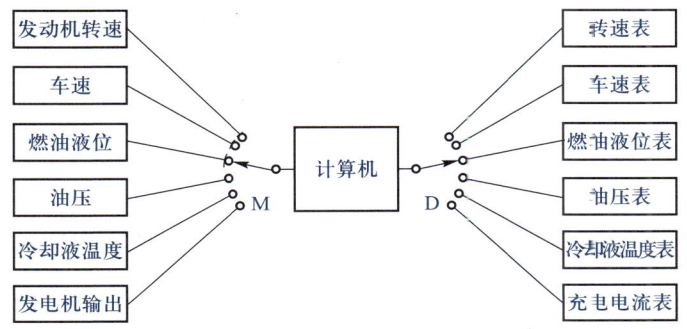

图 7-18　用多路传输信号转换开关进行信息传输的示意图

3. 显示系统结构

图 7-19 所示是一个有 6 个仪表,包含 3 种显示方式,由 1 个计算机系统控制的显示系统。传感器信号经 A/D 转换成 8 位数码后,由信号转换开关传输给中央处理装置。显示系统由模拟显示、开闭型警告灯和 7 笔画数字显示等不同方式组成。信号经过中央处理装置处理后,再以 8 位数码式开关信号形式由信号分离开关输出,以起动相应的显示装置。

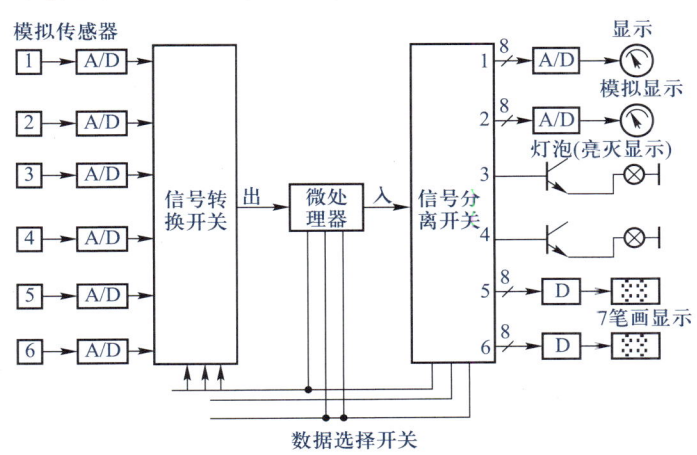

图 7-19　各种显示装置的多路传输系统

4. 仪表控制单元

由于使用电子仪表系统和各种相关的传感器,因此可以比较方便地利用这些信号为行车控制单元提供信息输入。

仪表控制单元系统显示日期和时间,还能计算平均车速、行车时间、燃油消耗量、瞬时耗油量和平均耗油量等。除里程表和时钟所需信号外,基本仪表系统中还要安装相应传感器,以满足行车微机系统的需要。

5. 语音合成器

除主仪表显示外,为了在紧急情况下向驾驶人发出警告,还装有语音合成器,用来弥补视觉信号可能没有引起驾驶人注意的问题。这种系统由仪表显示板发出警告主信号,同时由语音合成器发出音频信号,视觉和音响信号通常包括发动机温度、油压、蓄电池充电状况、制动蹄片磨损、制动力不足、驻车制动未解除、灯泡故障、车门未关、大气温度状况、已到维护时间、各种液位不足等。各种信息依据其重要程度分为几个等级,如"油压低"和其他同时显示的次要信息相比较,就属于优先项目。

语音合成器是通过采用计算机技术和音响装置的扬声器来实现的。事先将所需的单元词或词组的语音转换成信号存储在控制单元中,当发出警告时,控制单元产生所需要的语音电信号,再由声响装置的扬声器把电信号转换成声音,控制单元可以储存几种不同的声音,还可以模仿男、女语音以供选用。

学习单元 7.2　汽车警报系统的构造及工作原理

7.2.1　汽车警报信息系统

现代汽车为保证行车安全和提高车辆的可靠性,安装了许多警报装置。警报装置一般由传感器、警报灯(或蜂鸣器)等组成。

汽车仪表除了指示基本的车辆行驶工况信息外,还要对其他的一些工况进行监控并向驾驶者发出指示或警告信息,这些信息通常以指示灯的形式显示在仪表板上或者以文字信息显示在液晶显示器上,有的还伴随蜂鸣声,使驾驶者引起注意或重视。汽车仪表上的指示灯系统一般由光源、刻有符号图案的透光塑料板和外电路组成。指示灯的光源以前大多采用小的白炽灯泡,损坏可以更换。目前电子仪表上更多地采用体积小、亮度高、易于集成的 LED 作为光源。仪表指示灯一般都使用国际标准化组织(ISO)规定的通用符号,易于为全世界的人识别和理解,图 7-20 所示为奥迪 A6L 轿车警报显示系统,常用符号的含义见表 7-1。

目前汽车仪表上的指示灯比较多,一般来说,指示灯可分为 3 种类型:第 1 种是工作状态指示灯,如转向信号指示灯,前照灯远、近光指示灯等,一般颜色为绿色或蓝色;第 2 种是警告指示灯,如制动片磨损、燃油不足、清洗液不足等警告指示灯,这类灯光一般为黄色,用以警告驾驶者尽快进行处理,一般不影响行驶安全;第 3 种为警报灯,如机油压力低、冷却液温度高、充电系统故障及 ABS 故障等警报灯,一般采用红色,用来指示车辆某系统出现故障或异常情况,此类灯亮时应引起驾驶者高度重视,说明系统出现故障,必须进行排除。

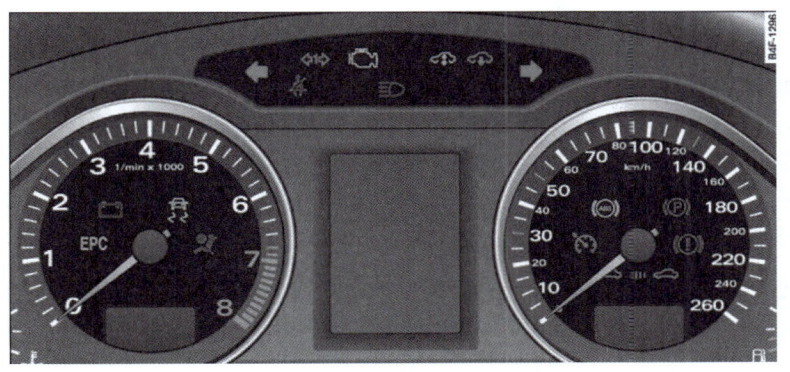

图 7-20　奥迪 A6L 轿车警报显示系统

表 7-1　常用仪表指示与警报信息指示灯符号

EPC	发动机功率电子控制系统		安全带警告灯
	预热装置（汽油发动机）		转向信号装置（右转向信号灯）
	发电机警报灯		远光灯
	电控行车稳定系统（ESP）		定速巡航装置
	安全气囊系统	(ABS)	制动防抱死系统（ABS）
	转向信号装置（左转向信号灯）	(P)	电动机械式驻车制动器
	拖车转向信号装置	(!)	制动装置故障
EPC	发动机功率电子控制系统		安全带警报灯
	冷却液温度警报灯		机油压力低警报灯
	发动机故障指示灯		需驾驶者自行采取措施行驶
	adaptive air suspension（可调空气悬架）		前方无车行驶
	adaptive air suspension（可调空气悬架）		跟车行驶

7.2.2　汽车上常用的警报装置

1. 制动系统低压警报装置

在采用气制动的汽车上,一旦制动气压低于最小允许值时,制动系将不能正常工作而危及安全。所以此种汽车需装备制动系统低压警报装置,当气压过低时警报灯随即点亮,以引起驾驶者注意。低气压警报传感器(开关)装在制动系储气筒或制动阀压缩空气输入管道中,红色警报灯装在仪表板上。低气压警报传感器的结构如图 7-21 所示,当电源接通后,制动系气压下降到340~370 kPa 时,由于作用在膜片 4 上的压力减小,于是在复位弹簧 3 的作用下触点闭合,电路接通,警报灯亮。当气压升高到400 kPa 以上时,由于膜片 4 所受推力增大,压缩复位弹簧使触点打开,电路切断,警报灯熄灭。

2. 机油压力警报装置

(1) 弹簧管式机油压力警报装置

有些汽车上除装有机油压力表外,还装有机油压力警报装置。当润滑系统机油压力低于允许值时,警报灯即亮,以引起驾驶者注意。图 7-22 所示为弹簧管式机油压力警报装置原理图,它由装在发动机主油道的弹簧管式传感器和装在仪表板上的红色警报灯组成。其传感器内管形弹簧 4 的一端经管接头 1 与发动机主油道相连,另一端与动触点 2 相连,静触点 3 经接触片勾接线柱 5 相连。当电源开关闭合后,机油压力低于 50~90 kPa 时,管形弹簧 4 变形很小,触点闭合,电路接通,警报灯发亮,表示机油压力过低;当油压超过该值时,管形弹簧 4 产生的变形较大,使触点分开,电路切断,警报灯熄灭。

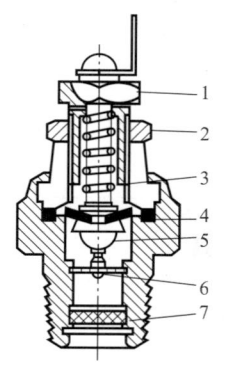

图 7-21　低气压警报传感器

1—调整螺钉;2—锁紧螺母;3—复位弹簧;4—膜片;
5—动触点;6—静触点;7—滤清器

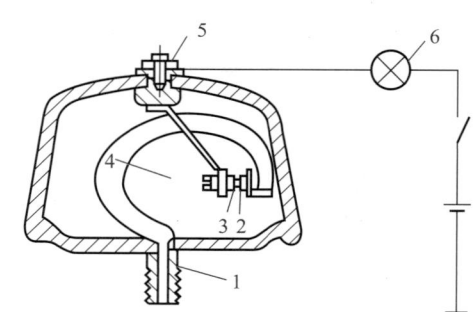

图 7-22　弹簧管式机油压力警报装置

1—管接头;2—动触点;3—静触点;
4—管形弹簧;5—接线柱;6—警报灯

(2) 膜片式机油压力警报开关

膜片式机油压力警告灯电路采用的是膜片式机油压力警告开关,如图 7-23 所示。当润滑系统油压降到一定值时,油压警告开关中的活动触点下降并与固定触点相接触,即可接通油压警告灯电路,使油压警告灯点亮。

3. 燃油量警报装置

燃油量警报装置的作用是当油箱内燃油减少到规定值以下时,仪表板上的燃油量警报灯点亮,提醒驾驶者注意。图 7-24 所示为热敏电阻式燃油量警报装置,它由热敏电阻式传感器和警报灯组成。当燃油多时,具有负温度特性的热敏电阻 1 浸泡在燃油中散热快,其温度较低,电阻值大,所以电路中电流很小,报警灯不亮。当燃油减少到规定值以下时,热敏电阻 1 露出油面,散热慢,温度升高,电阻值减小,电路中电流增大,警报灯亮。

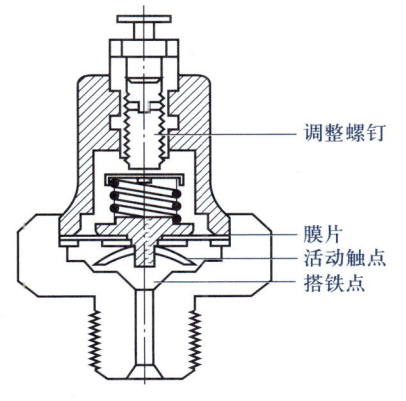

图 7-23　膜片式机油压力警报开关

4. 制动信号灯断线报警装置

图 7-25 所示为制动信号灯断线警报装置电路图。汽车制动时,踩下制动踏板,制动灯开关接通,电流分别经线圈 4 和 6 使左、右制动信号灯亮。此时两线圈所产生的磁场相互抵消,舌簧开关 5 保持断开,警报灯不亮。当某一制动信号灯不亮时,线圈 4(或 6)无电流通过,则通电线圈产生电磁吸力使舌簧开关闭合,警报灯 3 亮。

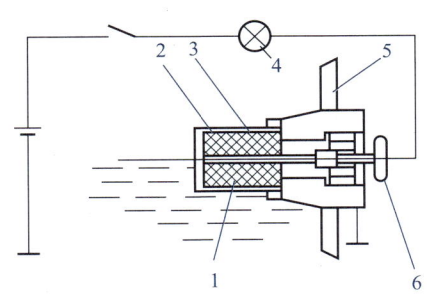

图 7-24　热敏电阻式燃油量警报装置

1—热敏电阻;2—防爆金属网;3—外壳;
4—警报灯;5—油箱外壳;6—接线杆

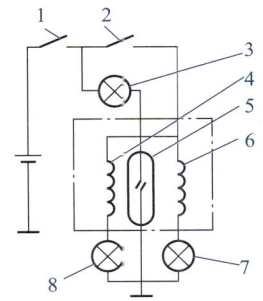

图 7-25　制动信号灯断线警报装置电路图

1—点火开关;2—制动灯开关;3—警报灯;
4、6—电磁线圈;5—舌簧开关;7、8—制动信号灯

5. 蓄电池液面警报装置

图 7-26 所示为蓄电池液面过低警报装置,它由传感器、放大器、警报灯等组成。传感器由铅棒和加液塞组成,通常安装在蓄电池正极柱数起第三个单格内。当蓄电池液面高度正常时,传感器的铅棒上的电位为 +8 V,从而使 V_1 导通,V_2 截止,警报灯不亮。当蓄电池液面在最低限以下时,传感器的铅棒就无法与电解液接触,铅棒就无正电位,从而使 V_1 截止,V_2 导通。警报灯电路接通,报警灯亮。

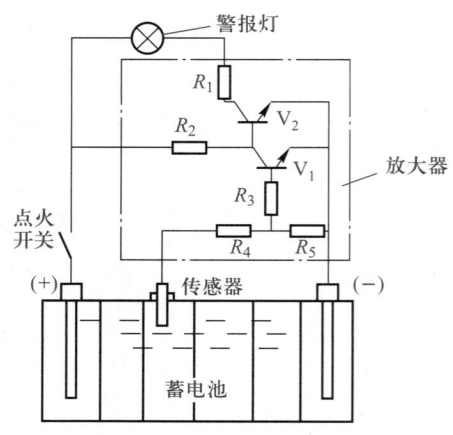

图7-26　蓄电池液面过低警报装置

6. 冷却液温度警报装置

冷却液温度警报装置的作用是当发动机冷却液的温度达到或超过规定温度时驾驶室仪表板上的冷却液温度警报灯就点亮警报,提醒驾驶人及时停车检查和冷却。

冷却液温度警报装置的结构如图7-27所示,当冷却液温度达到规定的极限温度时,双金属片受热变形,两触点相接触,警报灯点亮;当冷却液温度下降后,双金属片变形量减小,两触点又断开,警报灯熄灭。

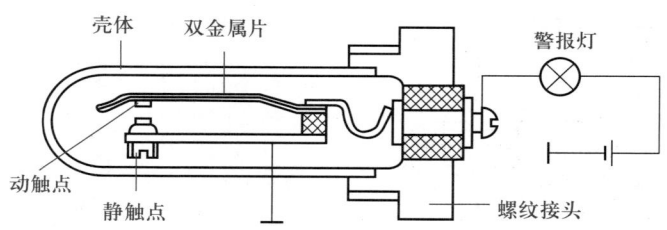

图7-27　冷却液温度警报装置

7. 制动液面警报装置

制动液面警报装置的作用是当制动液液面过低时,发出警报信号,防止制动效能下降而出现事故。制动液面警报装置由传感器和警报灯组成。传感器安装在制动液储液罐内,其结构如图7-28所示。

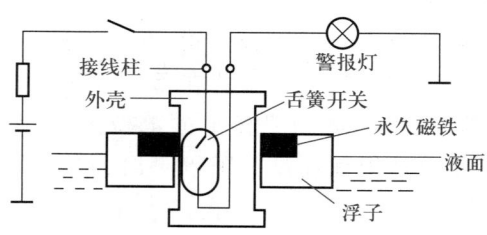

图7-28　制动液面警报装置

任务实施

任务　捷达轿车传统冷却液温度表指针不动故障检修

【任务要求】

1. 通过该任务的实施,应能够掌握冷却液温度表结构、工作原理。
2. 能够诊断与排除统冷却液温度表指针不动故障。
3. 该任务应具备完成项目的车辆和该车辆的电路图等资料。
4. 实训设备及仪器:教学车辆、V.A.G1342、V.A.G1342、万用表。

【任务指导】

一、仪表与警报系统电路特点

传统仪表与警报系统的一般电路如图 7-29 所示。仪表与警报系统电路的特点可以归纳如下。

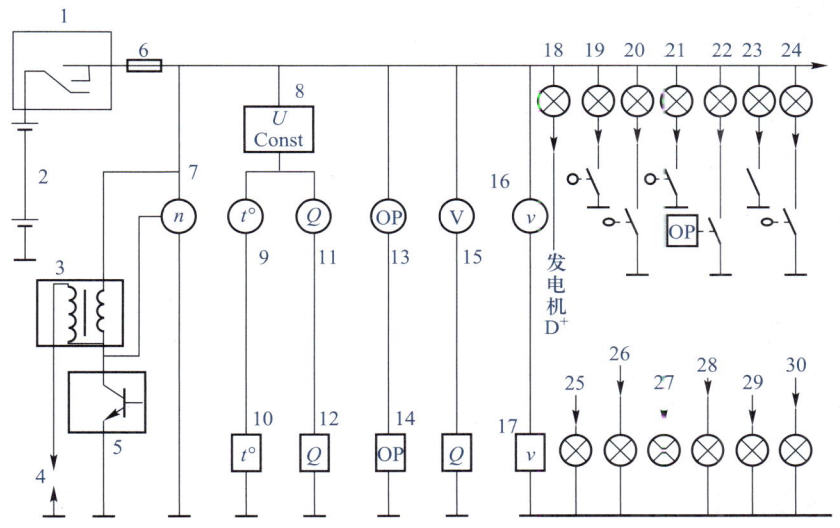

图 7-29　仪表与指示灯、警报灯电路

1—点火开关;2—蓄电池;3—点火线圈;4—火花塞;5—点火模块;6—熔断器;7—发动机转速表;
8—仪表稳压器;9—发动机冷却系温度表;10—温度表传感器;11—燃油表;12—燃油表传感器;
13—机油压力表;14—机油压力表传感器;15—电压表;16—车速表;17—车速传感器;
18—充电指示灯;19—驻车制动指示灯;20—制动液面警报灯;21—门未关警报灯;
22—机油压力警报灯;23—备用警报灯;24—水位过低警报灯;25—远光指示灯;
26、27—左右转向指示灯;28—座椅安全带未系警报灯;29—防抱死制
动指示灯(ABS);30—巡航控制指示灯

1）所有的电气仪表都要受点火开关控制,在点火开关的工作挡(ON)与起动(ST)挡与电源接通,在附件专用挡(Acc)与电源断开。

2）汽车仪表常用双金属片电热丝式结构,表头一般只有 2 根线;也有双线圈十字交叉,中间有一个磁性指针的,多为 3 条线引出,其中一条接点火开关 15 号线(IG线),另一条线搭铁,还有一条线接传感器。

3）各仪表的表头与其传感器串联,燃油表、冷却液温度表一般还串有电源稳压器。

4）指示灯、警报灯常与仪表装配在一个总成内或在附近布置,它们与仪表一起同受点火开关控制。在 ON 挡,能检验大多数仪表、指示灯、警报灯是否良好。

5）指示灯与警报灯按照电路接法可分为两种:一种是灯泡由点火开关的(15 号线或 IG 线)供电,外接传感开关。开关接通则搭铁构成通路,灯亮。如充电指示灯18、驻车制动指示灯 19、制动液面警报灯 20、门未关警报灯 21、机油压力警报灯 22、水位过低警报灯 24 等。另一种接法是指示灯接地,控制信号来自控制开关的正极端,如远光指示灯 25,转向指示灯 26(左)、27(右),座椅安全带指示灯 28,防抱死制动指示灯 29,巡航控制指示灯 30 等。

二、冷却液温度表指针不动故障与分析

1. 故障现象

发动机工作时,冷却液温度表指针不动,反应不出发动机冷却液温度。

2. 故障原因

1）稳压器工作不正常。

2）冷却液温度自身故障(如双金属片发热线圈断路或脱落)。

3）冷却液温度表传感器故障(如热敏电阻失效)。

4）线路有断路。

3. 故障诊断

将冷却液温度表传感器的接线插头拔下,使该导线直接搭铁,打开点火开关,观察冷却液温度表的指针情况,如指针开始移动,则说明故障在传感器;如表针仍无指示则说明故障在仪表自身、稳压器或线路有断路。如果冷却液温度表与燃油表同时出现故障,稳压器或线路出现故障的可能性较大,应首先检查稳压器工作是否正常。在排除稳压器和线路故障之后即可断定故障发生在仪表自身。

【任务工单】

任课教师		时间	
班级		学生姓名	
项目	汽车仪表与警报系统检修	学时	
任务	捷达轿车传统冷却液 温度表指针不动故障检修	学习地点	
仪器与设备	捷达轿车、速腾轿车或迈腾 B8 轿车 VAS6150、万用表		

续表

参考资料	1. 捷达轿车维修手册 1984 电路图 2. 迈腾轿车维修手册 Magotan B8L 2016 电路图 3. 速腾轿车维修手册 Sagitar_2009_电路图 4. 速腾轿车维修手册 5. 迈腾轿车维修手册 6. 高尔夫轿车维修手册
课前预习	1. 汽车仪表工作原理 2. 警报系统工作原理
课堂学习	1. 汽车仪表上各个仪表的作用分别是什么 2. 写出下列各个警报灯的名称和作用 3. 查找手册,写下如何对速腾轿车、迈腾、高尔夫轿车做保养周期复位
总结与记录	

习题

一、判断题(正确打"√",错误打"×")

( )1. 双金属式汽车仪表一定要与稳压器配合工作。

( )2. 电流表用来指示蓄电池充、放电的电压。

( )3. 冷却液温度表有动磁式和电磁式两种。

( )4. 冷却液温度表传感器采用的是热敏电阻式。

( )5. 当捷达轿车怠速运转油压警报灯亮,预示机油压力低于 30 kPa。

( )6. 在捷达轿车的仪表警报系统中,当油压高于 180 kPa 时,警报灯亮。

( )7. 汽车发动机未起动,点火开关打到点火挡时,油压警报灯不亮。

( )8. 在双金属片式机油压力表中,校正电阻与双金属片串联。

二、简答题

1. 汽车常用仪表有哪些?各有何作用?

2. 汽车上有哪些警报装置?各有何作用?

3. 仪表稳压器有什么作用?

4. 汽车电子显示系统有哪些优点?

项目八　汽车车窗清洁装置检修

🔧 任务目标

1.知识目标

掌握汽车风窗清洁装置结构与工作原理。

2.技能目标

（1）能够拆、装汽车风窗清洁装置。

（2）能够诊断与排除风窗清洁装置故障。

3.素养目标

（1）具有良好的团队合作精神。

（2）具有吃苦耐劳的劳动精神。

（3）具有严谨、规范、精益求精的工匠精神。

✖ 任务描述

汽车风窗清洁装置常出现的故障是刮水器不工作故障、喷水泵不喷水故障、风窗除霜装置不工作故障，通过本情境的学习使学生能够掌握上述装置的工作原理并排除故障。

学习单元 8.1　刮水器与洗涤器的结构及工作原理

微课
电动刮水器
的功用与结
构

8.1.1　电动刮水器

1. 电动刮水器的结构

刮水器的作用是用来清除车窗玻璃上的雨水、雪或尘土，以确保驾驶人良好的能见度。刮水器有前车窗刮水器和后车窗刮水器之分。因驱动装置的不同，刮水器有真空式、气动式和电动式三种。目前，汽车上广泛使用的是电动刮水器。电动刮水器由直流电动机和一套传动机构组成，如图 8-1 所示。电动机旋转经减速和连动机构的作用变成刮水臂的摆动。

2. 电动刮水器的变速原理

刮水器的变速是利用直流电动机变速原理来实现的，由直流电动机电压平衡方程式可得转速公式为

$$n = \frac{U - IR}{kZ\Phi}$$

式中：U——电动机端电压；

　　　I——通过电枢绕组的电流；

　　　R——电枢绕组的电阻；

　　　k——常数；

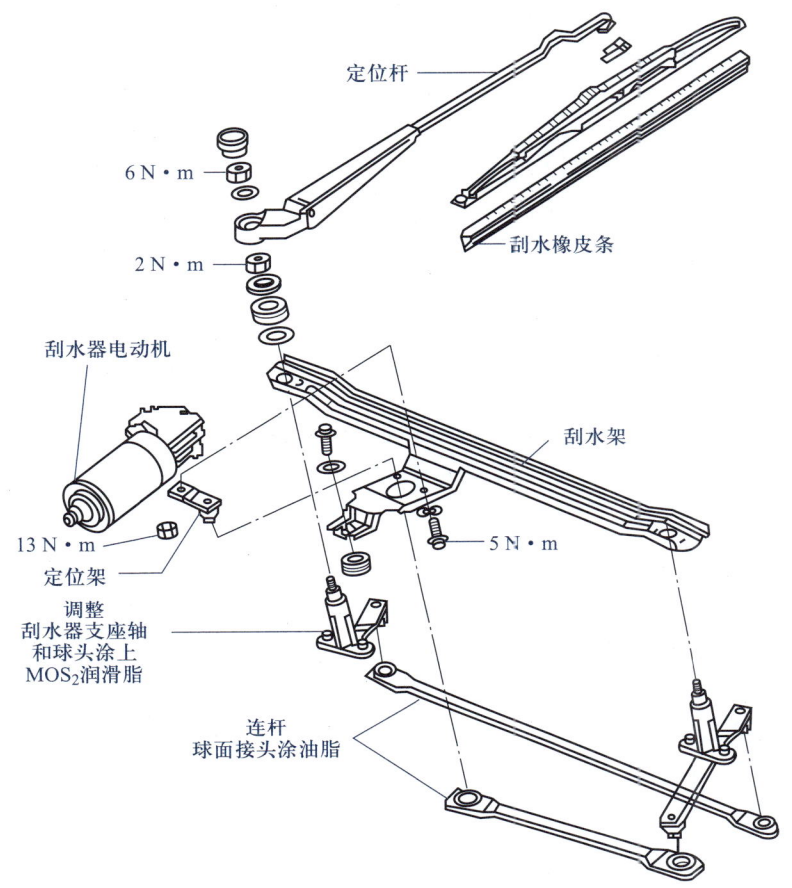

定位杆

6 N·m

2 N·m

刮水橡皮条

刮水器电动机

刮水架

13 N·m

定位架

调整
刮水器支座轴
和球头涂上
MOS₂润滑脂

5 N·m

连杆
球面接头涂油脂

图 8-1　电动刮水器结构及传动路线

Z——正、负电刷间串联的绕组(导体)数;

$\varPhi$——磁极磁通。

在电压 U 和直流电动机定型的条件下,即 I、R、k 均为常数时,当磁极磁通 $\varPhi$ 增大时,转速 n 下降,反之则转速上升。若两电刷之间的电枢绕组(导体)数 Z 增多时,转速 n 也下降,反之则上升。所以,刮水器变速是在直流电动机变速的理论基础上,采取改变电动机磁极磁通的强弱,或者改变两电刷之间的导体(绕组)数多少来实现的。

(1)改变磁通变速

采用改变电动机磁极磁通变速的方法,只适合于线绕式直流电动机。线绕式电动刮水器的工作原理如图 8-2 所示。

当刮水器开关在 I 挡位置(低速)时,电流由蓄电池正极经电源开关→熔断器→接线柱②→接触片,然后分两路:一路通过接线柱③→串励绕组 1→蓄电池负极,形成回路;另一路通过接线柱④→并励绕组 3→蓄电池负极,形成回路。此时,在串励绕组 1 和并励绕组 3 的共同作用下,磁场增强,电动机以低速运转。

当刮水器开关在 II 挡位置(高速)时,电流由蓄电池正极经电源开关→熔断器→

微课
电动刮水器
的变速原理

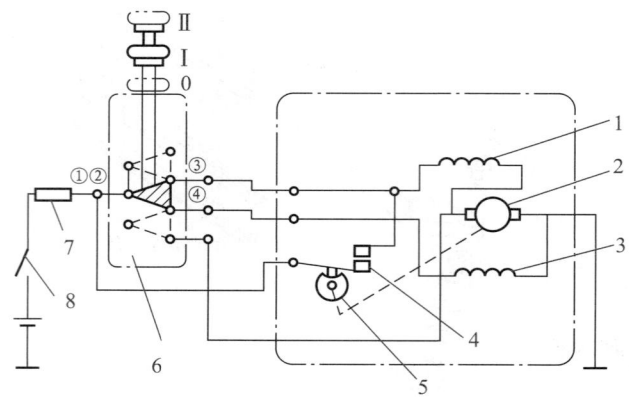

图 8-2　线绕式电动刮水器原理
1—串励绕组；2—电枢；3—并励绕组；4—触点；
5—凸轮；6—刮水器开关；7—熔断器；8—电源开关

接线柱②→接触片接线柱③→串励绕组 1→电枢 2→蓄电池负极，形成回路；此时只有在串励绕组 1 作用，磁场减弱，电动机以高速运转。

（2）改变电刷间的导体数

改变电刷间的导体数变速改变电刷间导体数变速的方法只能通过永磁电动机（三刷永磁式直流电动机）来实现，它的磁极为铁氧体永久磁铁，具有不易退磁的优点，能够实现高、低转速，其工作原理如图 8-3 所示。

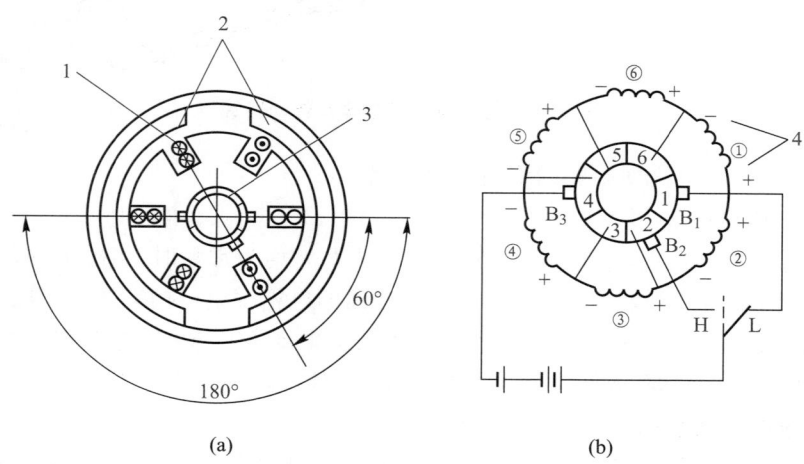

(a)　　　　　　　　　　(b)

图 8-3　永磁式刮水器电动机的工作原理
1—电枢绕组；2—永久磁铁；3—换向器；4—反电动势
B_1 为低速运转电刷，B_2 为高速运转电刷，B_3 为公共电刷。B_1、B_2 安装位置相差 60°

当电动机工作时，在电枢内同时产生反电动势，其方向与电枢电流的方向相反。如要使电枢旋转，外加电压 U 必须克服反电动势的作用，当电枢的转速上升时，反电动势也相应上升，只有当外加电压 U 几乎等于反电动势时，电枢的转速才趋于稳定。

当开关拨向 L 时,如图 8-3(b)所示。电源电压 U 加在 B_1 和 B_3 之间,由于①、⑥、⑤和②、③、④组成两条并联支路,支路中串联的线圈(导体)均为有效线圈,串联线圈(导体)数相对较多(每条支路串联 3 组绕组),故反电动势较大,电动机以较低转速运转。

当开关拨向 H 时,电源电压 U 加在 B_2 和 B_3 之间,由于线圈①和线圈②产生方向相反的电动势,互相抵消,故组成两条并联支路中串联线圈(导体)数相对较少(每条支路串联 2 组绕组),故反电动势较小,电动机以较高转速运转。

3. 电动刮水器的自动复位装置

汽车上装用的电动刮水器都设有自动复位装置。所谓的自动复位,就是指在切断刮水器开关时,刮水片能自动停在驾驶人视野以外的指定位置。

图 8-2 中的触点 4 及凸轮 5,就是线绕式电动刮水器的自动复位装置。凸轮与电枢轴连动,触点由凸轮控制。如果断开刮水器开关时,刮水片没有停在指定位置,凸轮继续将触点顶在闭合位置,电动机继续转动;只有当刮水片停在指定位置时,凸轮的凹处把触点断开,电动机才停转。

永磁式电动刮水器的自动复位装置原理如图 8-4 所示。当刮水器开关推到 0 挡时,如果刮水片没有停在规定的位置,由于触点 6 与铜环 9 接触,则电流继续流入电枢。电流由蓄电池正极→电源总开关 1→熔断器 2→电动机电刷 B_3→电枢绕组→电刷 B_1→刮水器开关接线柱②→刮水器开关接线柱①→触点臂 5→触点 6→铜环 9→蓄电池负极,构成回路,电动机以低速运转如图 8-4(b)所示,直至蜗轮 8 转到图 8-4(a)所示的位置时,触点 6 通过铜环 7 与触点 4 连通,将电动机电枢绕组短路。与此同时,电动机因惯性不能立即停转,以发电机方式运行,产生很大的反电动势,产生制动力矩,电动机迅速停转,使刮水片停在指定位置。

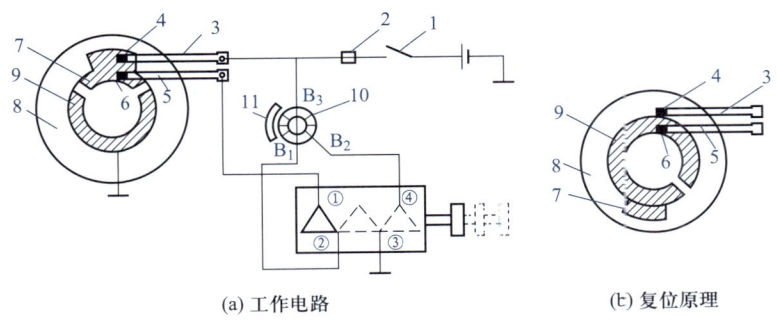

(a) 工作电路　　　　　　　　　(b) 复位原理

图 8-4　永磁式刮水器电动机自动复位装置原理图

1—电源总开关;2—熔断器;3、5—触点臂;4、6—触点;7、9—铜环;

8—蜗轮;10—电枢;11—永久磁铁

4. 电动刮水器的间歇控制

电动刮水器间歇控制的作用,一是在与洗涤器配合使用时,可以达到先洗后刮的循环刮洗工序,以提高刮洗效果;二是在雨量稀少时,如果刮水器仍按原来那样不断地工作,不仅会引起刮片的颤动,而且也会对玻璃有损伤。

电动刮水器的间歇控制按其间歇时间能否调节可分为可调式和不可调式。

下面以无稳态方波发生器控制的间歇刮水器为例介绍其工作过程,电路如图 8-5 所示。由 VT_1、VT_2 组成无稳态多谐振荡器。R_1、C_1 决定 K 的通电吸合时间,R_2、C_2 决定 K 的断电时间。当刮水器开关处在 0 挡时,刮水器电动机电枢被电刷 B_3 与 B_1、继电器的动断触点和自停开关短路,电动机不工作。此时,若接通间歇开关,则 VT_1 导通,VT_2 截止,K 通电使动合触点闭合,刮水器以低速运转。当 C_1 充电到一定值后,VT_2 导通,VT_1 迅速截止,K 断电,动断触点闭合,电动刮水器自动复位后停止工作。当 C_2 充电到 VT_1 导通电压时,VT_1 导通,VT_2 截止,K 动作,动合触点闭合,重复上述过程。

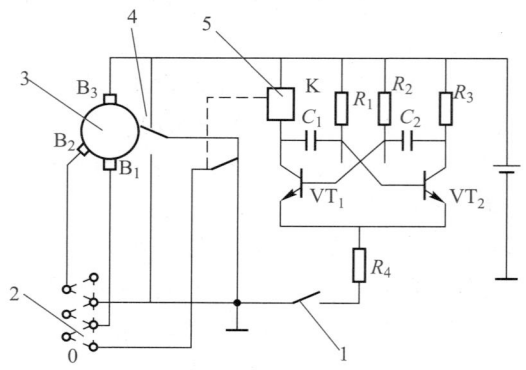

图 8-5 电子间歇刮水器电路图

1—间歇刮水开关;2—刮水器开关;3—刮水电动机;4—自停开关;5—继电器

8.1.2 典型车系车窗清洁装置系统控制电路

1. 奥迪轿车前车窗清洁装置

图 8-6 所示是奥迪轿车前车窗清洁装置电路,当刮水器开关在 I 挡位置时,刮水器处于间歇工作状态,利用自动复位触点及 C_2 充放电时间来实现间歇控制;刮水器开关处于 1 挡时,刮水器以低速工作;刮水器开关处于 2 挡时,刮水器以高速工作;当刮水器开关置于 TIP 位置时,刮水器电动机短时间工作;松开刮水器开关,开关自动返回至 0 位置。

刮水器开关置于 W_a 位置时,将完成洗涤器和刮水器两项工作。具体工作过程如下:

1) 洗涤器工作电路中的工作电流由蓄电池正极(经卸荷继电器触点)→熔断器→刮水器开关 2 的 53a 触点→刮水器开关 2 的 53c 触点→洗涤器电动机 3→搭铁→蓄电池负极,构成回路,于是洗涤器开始工作,将洗涤液喷洒到车窗玻璃上。

2) 上述电路中除洗涤器工作外,同时电路中的工作电流由刮水器开关 2 的 53c 触点→间歇控制器 1 的 53c 触点→二极管 VD_1 →电容 C_1 →蓄电池负极,构成回路,为 C_1 充电。在 C_1 充电的同时,电阻 R_8 与电阻 R_4 电路中的电流由小增大,B 点的电位逐渐升高。在此电压作用下,晶体管 VT_1 导通,间歇控制器的继电器线圈通电,触点

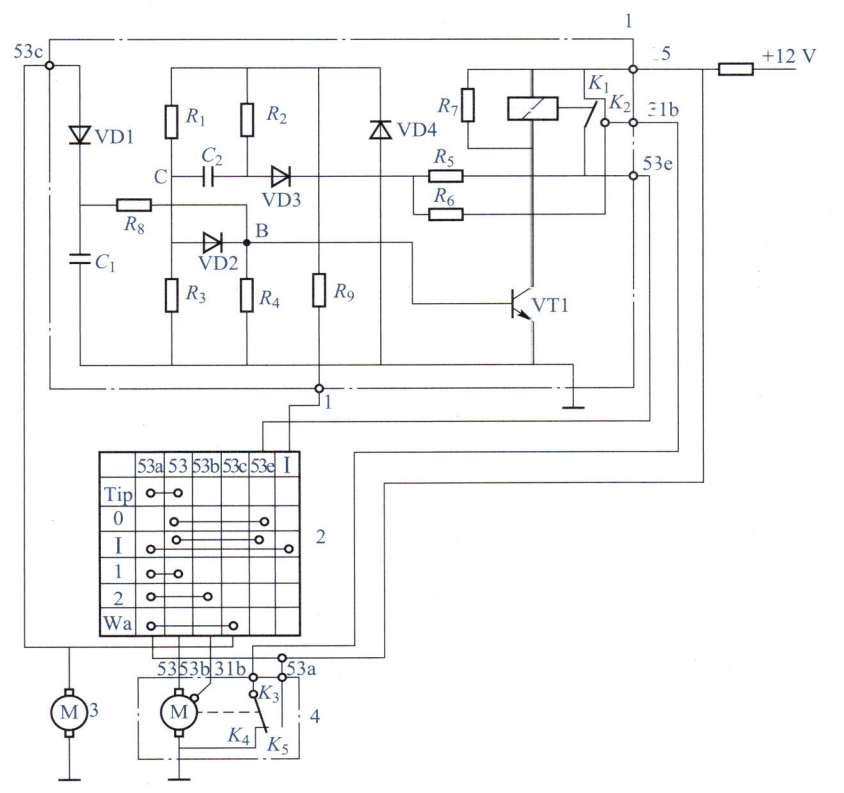

图 8-6 奥迪轿车前车窗清洁装置电路

1—刮水器间歇控制器;2—刮水器及洗涤器开关;3—洗涤器电动机;4—刮水器电动机

K_1 闭合,使间歇控制器中的触点 15 与 53e 接通,于是刮水器电动机的电路接通。电路中的工作电流由蓄电池正极→熔断器→间歇控制器触点 15 与 53e→刮水器开关的触点 53e 与 53→刮水器电动机→蓄电池负极,构成回路,于是刮水器电动机慢速工作。

松开开关手柄时,刮水器开关自动复位,洗涤泵立刻停止喷水工作。但这时间歇控制器中的电容 C_1 开始向电阻 R_8 及电阻 R_4 放电,使晶体管 VT_1 继续导通,刮水器电动机仍慢速工作 4s,即电容 C_1 放电的时间,其目的是为了刮干前车窗玻璃上的水滴。

2. 丰田皇冠轿车车窗清洁装置系统控制电路

丰田皇冠轿车电动刮水器与风窗洗涤器电路如图 8-7 所示。当点火开关处于 IG 时,电源通过刮水器组合开关控制洗涤电动机及前刮水器电动机的动作。组合开关 HI 为高速挡,LO 为低速挡,INT 为间歇挡,OFF 为关闭,MIST 为喷雾挡。

(1) 当刮水器组合开关打在 HI 挡时

前刮水器开关的+B 端子和+2 端子导通,电路为:蓄电池(+)→点火开关→25A 刮水器熔丝→刮水器组合开关+B 端子→前刮水器刮水器开关+B 端子→前刮水器开关+2 端子→刮水器组合开关+2 前子→前刮水器电动机+2 端子→前刮水器电动机 E 搭铁→蓄电池(−)。此时刮水器电动机高速运转。

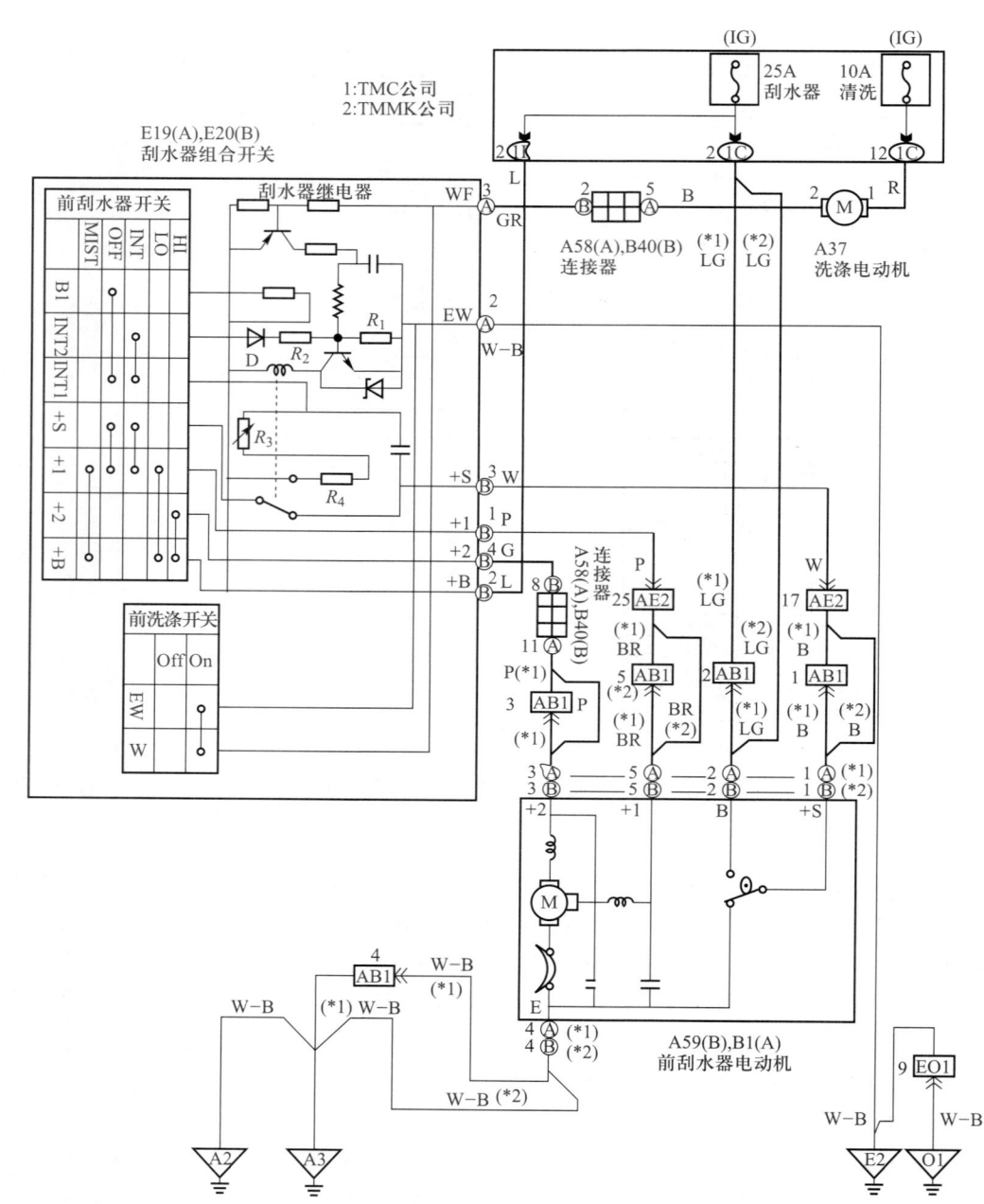

图 8-7　丰田皇冠轿车电动刮水器与风窗洗涤器电路图

（2）当刮水器组合开关打在 LO 挡时

前刮水器开关的+B 端子和+1 端子导通,电路为:蓄电池→点火开关→25A 刮水器熔丝→刮水器组合开关+B 端子→前刮水器刮水器开关+B 端子→前刮水器开关+1端子→刮水器组合开关+1 前子→前刮水器电动机+1 端子→前刮水器电动机 E 搭铁→蓄电池(-)。此时刮水器电动机低速运转。

（3）当刮水器组合开关打在 INT 挡时

前刮水器开关的+S 端子和+1 端子导通，INT1 端子和 INT2 端子导通，电路为：蓄电池（+）→25A 刮水器熔丝→刮水器组合开关+B 端子→刮水器继电器电阻 R_4→滑线电阻 R_3→前刮水器刮水器开关 INT1 端子→前刮水器开关 INT2 端子→刮水继电器二极管 D→电阻 R_2→电阻 R_1→刮水器组合开关 EW 端子→E2 搭铁。使得三极管 T 导通，同时为电容器 C 充电。继电器线圈通电。

电路为：蓄电池（+）→点火开关→25A 刮水器熔丝→刮水器组合开关+B 端子→刮水继电器线圈→E2 搭铁→蓄电池（-）。

继电器常闭触点断开，常开触点闭合，刮水器电机慢速旋转，电路为：蓄电池（+）→点火开关→25A 刮水器熔丝→刮水器组合开关+B 端子→前刮水器刮水器开关+B 端子→刮水器继电器常开触点→前刮水器开关+S 端子→前刮水器开关+1 端子→刮水器组合开关+1 端子→前刮水器电动机+1 端子→前刮水器电动机→前刮水器电动机 E 搭铁→蓄电池（-）。

随着三极管 T 导通，电容 C 开始通过三极管 T 放电。当放电达到一定时间以后，三极管 T 截止，继电器线圈失电。常开触点断开，常闭触点闭合，刮水器电机停转。当三极管 T 截止以后，电容器 C 停止放电。电路又为电容器 C 充电，当电压达到一定电压之后，三极管 T 又导通，开始下一个工作循环。

当刮水器电动机未停在停止位置时，雨刮器开始复位。电动机凸轮盘开关动作，电路为蓄电池电压→25A 刮水器熔丝→前刮水器电动机 B 端子→电动机内部凸轮盘开关→前刮水器电动机+S→刮水器组合开关 B1 端子→刮水器继电器常闭触点→前刮水器开关+S→前刮水器开关+1→刮水器组合开关+1 端子→前刮水器电动机+1 端子→前刮水器电动机→前刮水器电动机 E 端子搭铁→蓄电池负极。此时刮水器电动机低速运转到停止位置。

（4）当刮水器组合开关打在 MIST 挡时

前刮水器开关的+B 端子和+1 端子导通，电路为：蓄电池→点火开关→25A 刮水器熔丝→刮水器组合开关+B 端子→前刮水器刮水器开关+B 端子→前刮水器开关+1 端子→刮水器组合开关+1 前子→前刮水器电动机+1 端子→前刮水器电动机→E 搭铁→蓄电池（-）。此时刮水器电动机低速运转。

当前洗涤开关在 ON 挡时，电路为：蓄电池→点火开关→10A 刮水器熔丝→洗涤电动机→刮水器组合开关 WF 端子→前洗涤开关 W 端子→前洗涤开关端子→前刮水器组合开关 EW 端子→E2 搭铁→蓄电池负极。此时洗涤器电动机运转。

3. 雨滴感知型刮水系统

电动刮水器虽然能够实现间歇控制，但不能够随雨量的变化及时调整刮水器的刮水频率。雨滴感知型刮水器则能根据雨量的大小自动调节刮水器的刮水频率，使驾驶人始终保持良好的视线。

（1）雨滴感知型刮水器的组成

雨滴感知型刮水器主要由雨滴传感器、间歇刮水放大器和刮水器电动机组成，如图 8-8 所示。雨滴传感器的作用是将雨量的大小转变为与之相对应的电信号，其结构如图 8-9 所示。

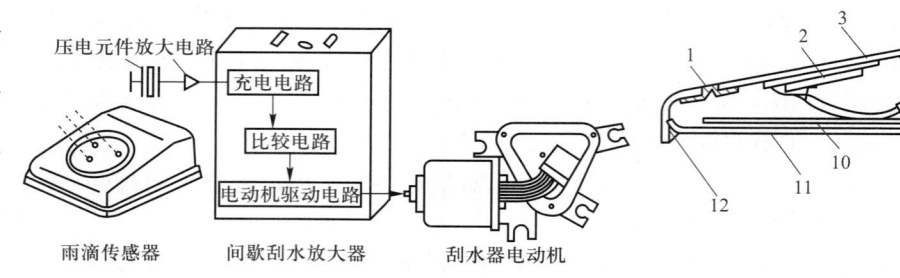

图 8-8　雨滴感知型刮水器

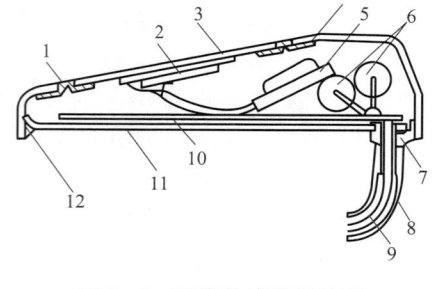

图 8-9　雨滴传感器结构图

1—阻尼橡胶;2—压电元件;3—振动片（不锈钢）;4—上盒(不锈钢）;5—集成电路;6—电容器;7—衬垫;8—线束套筒;9—线束;10—电路基板;11—下盒（不锈钢）;12—密封件

（2）工作原理

雨滴感知型刮水器控制系统原理框图如图 8-10 所示。

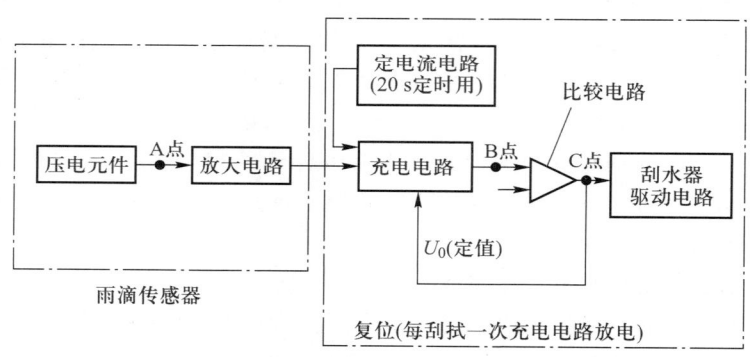

图 8-10　雨滴感知型刮水器控制系统原理框图

工作时,由于雨滴下落撞击到传感器的振动片 3 上,振动片 3 将振动能量传给压电元件 2（见图 8-9）。压电元件受压而产生电压信号,电压值与撞击振动片上的雨滴的撞击能量成正比。电压信号经过放大后送入间歇刮水放大电路,对放大器的充电电路（电容）进行 20 s 的定时充电,电容电压上升。该电压输入比较电路,比较电路将其与基准电压 U_0 比较。当电容电压达到 U_0 时,比较电路向刮水器电动机发出信号,使其工作一次。当雨量大时,压电元件产生的电信号强,充电电路电压达到基准电压值 U_0 所需时间就短,刮水器的工作间歇时间就短;反之,雨量小时压电元件产生的电压小,充电电路电压达到基准电压 U_0 所需时间就长,刮水器的工作间歇时间就长。当雨量很小,雨滴传感器没有电压信号输出时,只有定电流电路对充电电路进行充电,20 s 后充电电路的输出电压达到基准电压 U_0,刮水器动作一次。这样,雨滴感知型刮水器就把刮水器的间歇时间控制在 0~20 s 范围内,以适应不同雨量的需要。

4. 大众迈腾轿车自动刮水器系统辅助控制

图 8-11 所示为迈腾轿车刮水器系统控制系统图,刮水器除了具有正常的自动刮水功能外还有以下功能:在车辆停止时,当打开发动机舱盖后,刮水器的功能将被禁止工作。当发动机舱盖被打开,车速在 2~16 km/h 时,刮水器的功能同样被禁止,但当再次拨动刮水器开关后,功能将被激活。当车速大于 16 km/h 时,尽管发动机舱盖被打开,刮水器功能会保持工作状态不受影响。直至车速低于 2 km/h 后,重新被禁止工作。

实训视频
电动刮水器的间隙控制原理

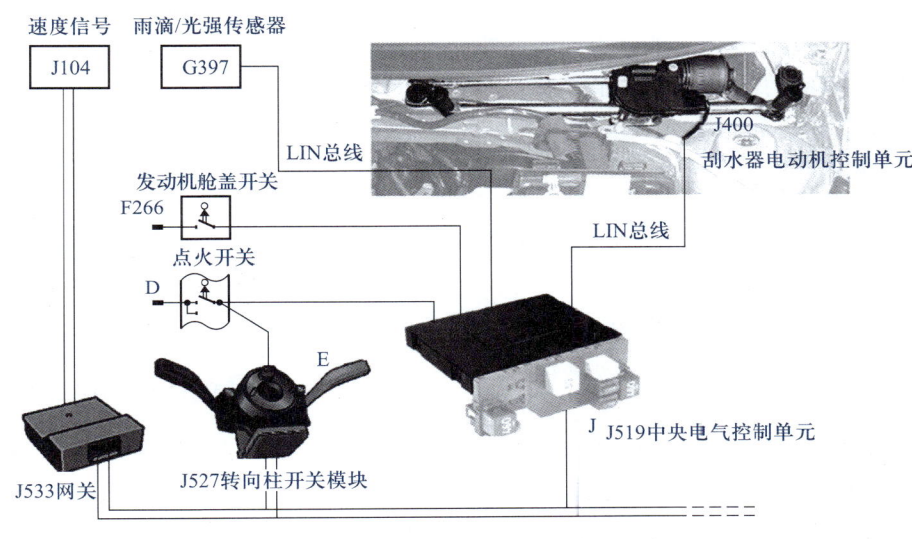

图 8-11 迈腾轿车刮水器系统控制系统图

学习单元 8.2 洗 涤 器

为了更好地消除附在车窗玻璃上的污物,在汽车上增设了车窗玻璃洗涤器,与刮水器配合工作,保证驾驶人有良好的视野。车窗玻璃洗涤器由洗涤液罐、洗涤液泵、软管、三通、喷嘴及刮水器开关组成,如图 8-12 所示。

洗涤液泵由永磁直流电动机和离心式叶片泵组成。喷射压力约为 70~88kPa。喷嘴安装在车窗玻璃下面,其喷嘴方向可以调整,使水喷射在车窗玻璃的合适位置。洗涤液泵连续工作的时间一般不超过 1min,使用时应先开洗涤液泵后开刮水器。在喷水停止后,刮水器应继续刮 2~5 次,这样配合使用才能达到良好的洗涤效果。所以,洗涤器的电路一般与刮水器开关联合工作。

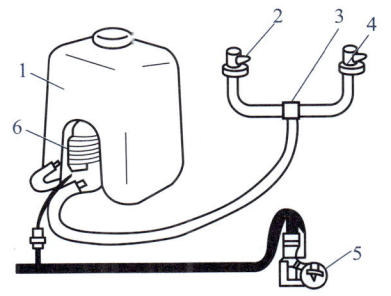

图 8-12 车窗玻璃洗涤器

1—洗涤液罐;2、4—喷嘴;3—三通;
5—刮水器开关;6—洗涤液泵

学习单元 8.3　除 霜 装 置

　　冬季车窗玻璃上易结冰霜,用刮水器是无法清除的,除去霜雾有效的方法是加热玻璃。前车窗玻璃和侧窗玻璃可利用暖风进行除霜;轿车的后车窗玻璃一般利用电阻丝组成的电栅加热除霜,即电热式除霜,如图8-13所示。

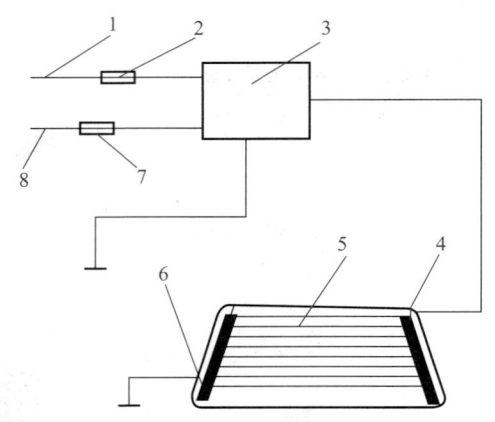

　　后车窗玻璃除霜器一般是在玻璃成型过程中,将很细的电阻丝烧结在玻璃表面上。它由一组平行的含银陶瓷电阻丝组成,在玻璃两侧有汇流条,各焊有一个接线柱,其中一个用以供电,另一个是搭铁接线柱。这种除霜器的工作电流较大,因此电路中除设有开关外,有的还设有一个定时继电器。这种继电器在通电10 min后即能自动断电,如霜还没有除净,驾驶人可再次接通开关,但在这之后每次只能通电5 min。

图8-13　电热式后窗除霜电路原理图

　　除霜器的电阻随温度的变化而变化,具有正温度系数。温度低时,阻值减小,电流增大;温度高时,阻值增大,电流减小。因此,除霜器自身具有一定的调节功能。对电阻丝通电的控制方式可分为手动和自动两种。自动控制除霜装置由开关、自动除霜传感器、自动除霜控制器、电阻丝电栅等组成,如图8-14所示。

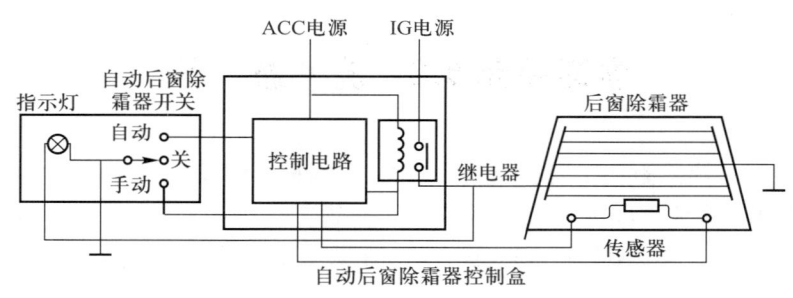

图8-14　后窗自动控制除霜装置

　　工作过程如下:

　　1)除霜开关位于"关"位置时,除霜装置不工作。

　　2)将除霜开关拨至"自动"位置时,当后窗玻璃下缘所装传感器检测到冰霜达到一定厚度时,传感器电阻值急剧减小到某一设定值,控制器便控制继电器使电路接通,继电器触点闭合。于是,由点火开关IG接线柱向电阻丝供电,同时仪表板上的指示灯(设在除霜开关旁边)点亮,指示除霜装置正在工作。随着玻璃上冰霜减少到某一程度后,传感器电阻值增大,控制器便将继电器电路切断,触点断开,指示灯熄灭,后窗电栅断电,除霜装置停止工作。

　　3)将除霜开关拨至"手动"位置时,继电器电磁线圈可经"手动"开关直接搭铁使除霜电路接通。

 **任务实施**

任务　电动刮水器不工作故障检修

【任务要求】

1. 通过该项目的实施,应能够对捷达轿车车窗清洁装置进行检修。
2. 该项目应具备完成项目的车辆和该车辆的电路图等资料。
3. 实训设备及仪器:VAS6150等诊断仪。

【任务指导】

　　电动刮水器和清洗器的常见故障有电动刮水器不工作或动作迟缓无力、不能复位、清洗器系统不工作或喷射压力过低等。

1. 电动刮水器不工作故障检修

　　电动刮水器的故障现象很多,但其故障原因归纳起来无外乎两个方面。从刮水器电动机上拆下机械传动装置,打开刮水器开关后,如电动机不能正常运行,说明是电动机或控制电路有故障,如电动机运行正常,则说明是机械故障。

　　对于电动刮水器不工作故障,先观察其故障现象是某一个速度挡不工作,还是所有挡位均不工作。如果仅是某一速度挡不工作,通常是电气方面故障,需结合该刮水器的电气原理图,确定其不工作的原因。如果是所有挡位均不工作,一般先检查是否有外来机械物品妨碍刮水器机械传动机构的动作。可接通刮水器开关,若电动机微微振动或发热,则可能是刮水片、传动机构、减速机构或电动机转子卡住。根据具体情况,排除异物,或者更换局部机构零件,重新安装调整好刮水器,并加以润滑。若排除了上述故障可能,则应检查刮水器控制电路,如电源电压是否足够,熔丝是否熔断,搭铁及连接线是否松脱、开关接触是否良好等,若前述各项完好,则故障可能在电动机上。

2. 清洗器不工作故障检修

　　发现风窗清洗器不工作时,可先检查电源电压是否过低、清洗泵电动机接线是否良好、搭铁是否可靠,若有故障予以排除。然后接通清洗泵开关,用手触摸电动机外壳,若电动机无反应,则说明清洗泵电动机有故障,进一步拆检电动机。

　　如若电动机正常,接下来应检查储液罐有无清洗液、输液管路及喷嘴是否堵塞或泄漏等。查清故障后,根据相应的故障进行处理,若是管道破裂则应换上相同规格的输液管,若是喷嘴和三通阻塞,可用细钢丝疏通,若滤网堵塞则应拆下清洗,若清洗液喷射位置不合要求,则应对喷嘴位置进行调整,若是电动机损坏则应更换。

【任务工单】

任课教师		时间	
班级		学生姓名	
项目	汽车车窗清洁装置检修	学时	
任务	电动刮水器不工作故障检修	学习地点	
仪器与设备	捷达轿车、速腾轿车或迈腾 B8 轿车 VAS6150、万用表		
参考资料	1. 捷达轿车维修手册 1984 电路图 2. 迈腾轿车维修手册 Magotan B8L 2016 电路图 3. 速腾轿车维修手册 Sagitar_2009_电路图		
课前预习	1. 雨刮器工作原理 2. 风窗清洁系统常见故障		
课堂学习	1. 观察车辆并确认刮水器电动机的位置,确认刮水器开关位置及相应的挡位 2. 根据对刮水器电动机与刮水器开关的基本认识,找到和刮水器开关相关的部件后在"( )"打"√" 　　刮水器电动机( ) 　　刮水器电动机接线器( ) 　　刮水器电动机熔丝( ) 　　刮水器开关( ) 3. 打开刮水器开关,观察开关各个位置的作用 　　高速挡( );低速挡( );间歇挡( )。 4. 分析捷达轿车刮水器电动机电路 涉及刮水器电动机的熔丝分别为:_____ 5. 画出迈腾轿车雨刮器控制电路简图(包括控制器、开关、电源、网络)		
总结与记录			

习题

一、判断题（正确打"√"，错误打"×"）

（　　）1. 宝来轿车的电动刮水器是带有雨滴传感器。

（　　）2. 捷达轿车刮水器间歇挡可以调整间歇时间。

（　　）3. 捷达轿车刮水器电动机是永磁式的。

（　　）4. 轿车刮水器没有自动复位功能。

（　　）5. 奥迪轿车刮水器开关有五个挡位。

（　　）6. 为了更好地清除风窗玻璃上的污物，在汽车上增设了风窗玻璃洗涤器和刮水器配合工作。

（　　）7. 电动刮水器改变转速的方法有两种，一种是改变磁通，另一种是改变电刷间的个数。

（　　）8. 电动刮水器由交流电动机和一套传动机构组成。

（　　）9. 雨滴感知型刮水器主要由雨滴传感器、间歇刮水放大器和刮水器电动机组成。

（　　）10. 前风窗玻璃和侧窗玻璃可利用暖风除霜，轿车的后风窗玻璃一般用加热除霜。

二、简答题

1. 永磁式电动刮水器是如何实现自动复位的？电动刮水器采用间歇控制的目的是什么？

2. 分析雨滴感知型电动刮水器的工作原理？

参考文献

[1] 谭本忠.看图学修汽车电器[M].北京:机械工业出版社,2013.

[2] 陈凡主.汽车电子与电气系统诊断与维修[M].北京:人民交通出版社,2012.

01